CB017220

Música de Invenção

COLEÇÃO SIGNOS/MÚSICA

DIRIGIDA POR

livio tragtenberg
gilberto mendes (1922-2016)
augusto de campos
lauro machado coelho (1944-2018)

REVISÃO DE PROVAS
ingrid basílio

PROJETO GRÁFICO
lúcio gomes machado

DIAGRAMAÇÃO DAS FOTOS
augusto de campos

PRODUÇÃO
ricardo w. neves, sergio kon e
lia n. marques

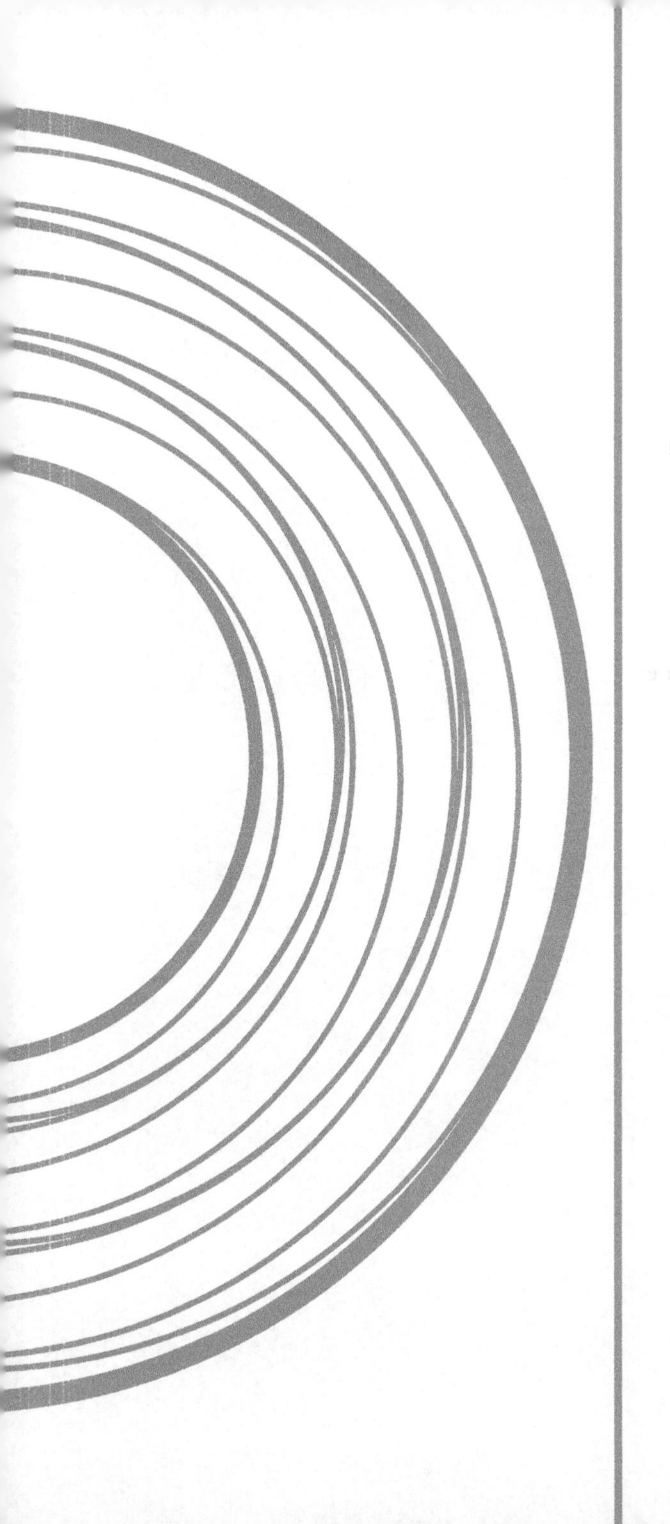

MÚSICA DE INVENÇÃO

AUGUSTO DE CAMPOS

CIP-Brasil. Catalogação-na-Fonte
Sindicato Nacional dos Editores de Livros, RJ

C21M
Campos, Augusto de, 1931-
Música de invenção / Augusto de Campos. - 1. ed. - São Paulo: Perspectiva, 2007.
286 p. : il. ; 21 cm. (Signos ; 05)

1ª reimpressão da 1ª edição de 1998
ISBN 9788527311168

1. Música - Brasil - História e crítica. 2. Música e sociedade - Brasil. I. Título. II.

17-46746 CDD: 780.981
CDU: 78(81)

15/12/2017 18/12/2017

1ª edição - 1ª reimpressão
[PPD]

EDITORA PERSPECTIVA LTDA.
Av. Brig. Luís Antônio, 3025
01401-000 – São Paulo – SP – Brasil
Telefax: (011) 3885-8388
www.editoraperspectiva.com.br

2020

SUMÁRIO

Introdução

No mosaico musical deste livro, composto basicamente de artigos publicados sem um propósito sistemático, a partir da década de 70, há, por certo, um desenho dominante. Falo, sempre, de músicos-inventores, na acepção poundiana do termo "invenção". Não são os únicos, é claro. Tento apenas dar a minha contribuição – tratando de alguns compositores da estirpe dos *inventors*, quase sempre pouco divulgados entre nós – para que essa forma de criação possa ser melhor identificada e fruída.

Há outros caminhos e outros sons que merecem atenção e amor, no imenso universo da música. Eu mesmo, em outros passos, me concentrei em áreas diferentes, como a da nova música popular brasileira, nos anos 60, quando o seu movimento de proa, o Tropicalismo, era mais combatido e incompreendido, para defender os seus jovens protagonistas. Dirão que, ainda aí, se tratava de músicos-inventores, na faixa de proposta da música popular. É verdade. Essa, porém, é uma batalha vencida, com os principais expoentes daquela notável geração de artistas da canção hoje entronizados em merecida posição de destaque e com ampla difusão em nosso cenário cultural. E aquele foi um caso excepcional de tensão da música popular para a informação nova – um momento privilegiado que mobilizava as forças vivas da cultura brasileira para o seu entendimento.

Preocupa-me, nos últimos tempos, sobretudo, a dessensibilização auditiva em relação à música contemporânea. Não me conformo com o fato de a maravilhosa aventura da música de alto repertório criada em nosso século, uma das mais ricas de toda a história da humanidade, ser tão mal conhecida e divulgada entre nós, desfavorecida, como tem sido, pela preguiça auditiva e pela avidez mercantil das mídias.

A audição qualificada não pode reduzir-se à música de entretenimento, por mais agradável e bem realizada que seja esta. Já é tempo de dar um tempo aos colchões sonoros da música palatável e aprender a ouvir aquela outra música, a música-pensamento dos grandes mestres e inventores, que impõe uma outra escuta, onde a reflexão, a concentração, a sensibilidade e a inteligência são ativadas ao extremo. Curtir as excelências da nossa música popular, cuja sofisticação e qualidade são inegáveis, é altamente positivo. Saber ler os traços da originalidade e da criatividade dos seus autores - inventores, também, no seu âmbito repertorial - é indispensável. Nada, porém, pode substituir a exemplaridade da aventura ética e estética dos grandes inventores da música contemporânea, os santos e mártires da nova linguagem, aqueles que enfrentaram preconceitos e perseguições e, às vezes, até a pobreza material e a humilhação para alargar o horizonte da nossa sensibilidade e levar a indagação musical aos seus últimos limites.

O trabalho dos inventores é o mais pedregoso e sofrido, pela própria natureza da sua atividade, que é a de desbravar caminhos, conflitando com o repertório habitual. Por isso mesmo, se alguns conseguiram sucesso após os primeiros percalços de suas carreiras, quase todos só chegaram a ter sua obra resgatada em idade provecta, ou até *post mortem*. Faz-se necessário lutar ainda - e muito - por eles. É preciso que as pessoas se conscientizem de que não saber ouvir a sua música é o mesmo que não saber ver um quadro de Picasso ou de Klee, de Maliévitch ou de Mondrian, não acompanhar as aventuras escultóricas de Brancusi ou de Calder, ser incapaz de compreender as intervenções liberadoras de Duchamp. Ou ignorar a poesia de Pound e de cummings, a prosa antinormativa de Joyce ou de Oswald. É, em suma, privar-se de uma fonte preciosa e insubstituível de alimentação cultural.

O Brasil é um país que tem a fama de musical mas se permite o luxo de jamais ter prensado ou reprensado alguns dos ítens mais decisivos e fundamentais da música do século - de Schoenberg, Webern, Berg, Varèse, Cage, tão escassa ou nulamente representados em nossos catálogos. Nem falar de Ruggles, Cowell, Scelsi, Nancarrow, Ustvólskaia, Nono, Feldman, e dezenas de outros inovadores, grandes músicos, quase todos nunca editados entre nós.

Quem quiser que aceite esse escândalo-recorde de desinformação. Este livro o denuncia e o renega.

Aqui são abordadas questões a que a música contemporânea de invenção deu respostas admiráveis ou a propósito das quais formulou perguntas imprevistas e instigantes e, talvez, "perguntas sem resposta", como as quis Charles Ives. As relações entre a palavra e o som, que Pound fez aflorar, a partir do *motz e'l son* provençal, em sua "ópera" *Le Testament*, e a inovadora experiência "intermídia" do cantofalado de Schoenberg. A antimúsica, do humor pré-dadá de Satie aos *caoskoans* de Cage. A nova música: Webern, o limiar, o arquiteto do som-silêncio e da "melodia de timbres". Varèse, o insubornável profeta do som-ruído. As explosões sonoras de Cowell, Antheil e Nancarrow. As últimas e radicais perquirições da música-limite dos compositores-enigma, Scelsi, Nono, Ustvólskaia. A retomada das propostas em prol da regeneração da escuta. *Happy new ear*! *Risvegliare l'orecchio*! Ouvir as pedras! Nas entrelinhas e apêndices, um pouco da história da guerrilha artística.

A novela da publicação do livro *De Segunda a Um Ano*, de John Cage, que levou anos para ser editado no Brasil, e uma apaixonada defesa da música de Boulez, na década de 50, quando poucos ainda o conheciam e valorizavam.

Como disse Smetak, outro compositor da linhagem dos pesquisadores--inventores, coisa nossa: "Salve-se quem souber". Sem abertura e aventura, a música tende ao conformismo e à mediocridade. "Baste a quem baste o que lhe basta / o bastante de lhe bastar! / A vida é breve, a alma é vasta: / Ter é tardar."

De acordo com as mais fidedignas estimativas, cerca de 95% da música erudita reproduzida em discos, tocada no rádio, executada em concertos, é música do passado. Nem a literatura, nem as artes visuais conhecem tal proporção. Os compositores vivos estão lutando por 5% ou menos do tempo total e dos meios de acesso acústico. É uma situação fantasticamente distorcida.

GEORGE STEINER, *The Politics of Music*, 1977.

As pessoas perguntam o que é vanguarda e se ela acabou. Não acabou. Sempre haverá uma. Vanguarda é flexibilidade de mente e ela surge como o dia após a noite para libertar do controle e da convenção.

JOHN CAGE, *X Writings* 79-82, 1983.

John Cage dizia o seguinte: se você introduz 20% de novidade, perde 80% de público. Acho que ele era otimista.

PETER GREENAWAY, 1996.

É culpa do compositor se um homem tem apenas dez dedos?

CHARLES IVES

I
Palavra e Música

Arnaut Daniel – iluminura de manuscrito do séc. XIII

(Bibliothèque Nationale, Paris).

The unfolding of the music of the Troubadour must have therefore followed closely the rhythm of the text. The music (a chaos of written notes without definite outline or duration) shapes itself by this process into distinct groups having a distinct rhythm and beat.–

A characteristic of the mediæval music was the so-called *ligature*, or grouping of several notes on but one syllable of he text:–

These ligatures seem not to have been governed by any rhythmic law and in a way resembled our grace notes. They could be sung either slowly or fast, stretched out indefinitely or condensed into quick grace-notes. Following are but two of the many ways of realising such ligatures:–

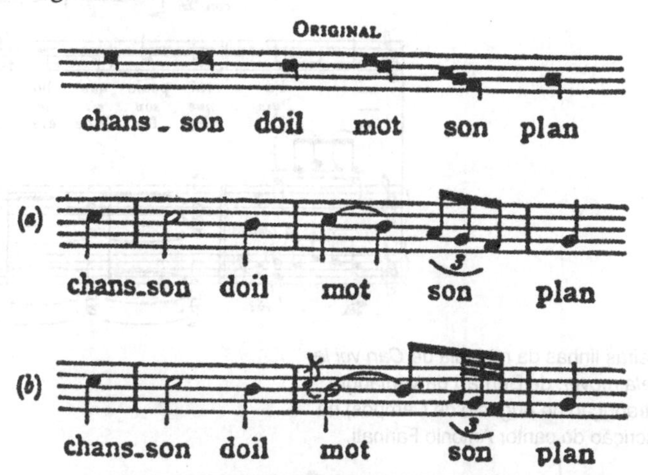

Let us not forget that in old music, a great part was left to the imaginative quality of the interpreter, to improvisation; that taste played a far greater role in the interpretation of that music than it did later on; that probably the distribution of these ligatures within the song form remained more or less a mather of the performer's taste.

The writer with the help of Mr. Ezra Pound, an ardent proclaimer of the artistic side of mediæval poetry, has given these melodies the rhythm and the ligature, the character which, from an artistic point of view, seems the most descriptive of the mediæval spirit.

Trecho do livro *Hesternae Rosae*, de Walter Morse Rummel (e Ezra Pound), de 1913, contendo explicações sobre os métodos de transcrição das melodias provençais (no caso, a *Chanson doil mot son plan e prim*, de Arnaut Daniel, em notação moderna).

Trecho inicial da partitura de *Chanson doil mot son plan e prim*, de Arnaut Daniel, na transcrição em notação moderna de Walter Morse Rummel/Ezra Pound (com harmonização da melodia para piano).

Primeiras linhas da melodia de *Can vei la lauzeta mover*, de Bernart de Ventadorn (em tradução de Augusto de Campos) na transcrição do cantor Antonio Farinati.

Can vei la lauzeta mover
De joi sas alas contra 'l rai
Que s'oblida e's laissa cazer
Per la douçor qu'al cor li vai

Ao ver a ave leve mover
Alegre as alas cotra a luz
Que se olvida e se deixa colher
Pela doçura que a conduz

Uma Proeza: A Música de Provença*

Dentre os doze discos de música antiga, da série alemã *Reflexe*, que a EMI-Odeon vem de lançar entre nós – todos eles de altíssimo nível – há um que merece reflexão particular, pela excepcionalidade: trata-se, possivelmente, do primeiro registro da poesia-música dos trovadores provençais da Idade Média que aparece entre nós.

Refiro-me a *L'Agonie du Languedoc* (*A Agonia do Languedoc*), uma realização recente (1976) do grupo Studio der Frühen Musik (Estúdio de Música Antiga), de Munique, sob a direção de Thomas Binkley, contendo produções da última fase da arte trovadoresca (século XIII). "Agonia", diz o título. É a época do esmagamento da civilização e da cultura provençais, desencadeado pela cruzada contra os albigenses (habitantes de Albi, cidade do sul da França), acusados de heresia, e pela ocupação francesa. Languedoc era, como Provença, o nome de uma das regiões compreendidas na comunidade geográfica e linguística que abrangia extensa área meridional da França e cuja influência direta atingia ainda o norte da Itália e parte da Espanha (especialmente a Catalunha). Ali, entre os séculos XII e XIII, floresceu a grande poesia trovadoresca que é a ponta de meada das poéticas europeias, a de Dante e a de Petrarca, a de Villon e a de Chaucer, e a dos primeiros poetas portugueses.

O idioma dos *trobadors* constitui uma modalidade de língua neolatina, a *langue d'oc* (língua do *oc* ou do sim, por oposição ao *oil* do francês do norte, antepassado do *oui*) ou occitano ou provençal, como é mais conhecido. Para nós, brasileiros, tem um interesse especial. É que o provençal fica a meio caminho entre o francês e o nosso próprio idioma, já que se avizinha do catalão e do ramo ibero-romano (espanhol e português). Palavras como "amor", "flor", "folha", "joia" (alegria, mas também joia), "saber", "pensar", "dormir" (estou citando ao acaso), e até mesmo o pronome pessoal "eu" (mais comumente grafado "ieu"), só reencontrável em português, afloram, de quando em quando, no curso melódico dessa língua esquecida, em que ressoam ecos familiares. Não só isso. Também o parentesco próximo com os trovadores

* Publicado na revista *SomTrês*, n. 5, maio de 1979.

galego-portugueses, e remoto, com os nossos cantadores nordestinos – cujos desafios são herdeiros da *tensó* (tensão) provençal – dá um sabor único a esse reencontro, não se tratasse ainda de grande poesia de grandes poetas. Os estudos iniciados por filólogos no século passado, o entusiasmo de um notável poeta do nosso tempo, Ezra Pound, e a progressiva divulgação das obras dos cancioneiros medievais vêm colocando esses poetas cada vez mais perto de nós. É um pouco de sua presença o que nos traz o disco ora editado.

Por que disco e não livro? Os trovadores provençais eram poetas-músicos, compunham poemas e melodias. Quando não interpretavam, eles próprios, as suas composições, as faziam interpretar por cantores profissionais, os *joglars* (jograis). Lembram-nos, por alguns aspectos, a nova safra de poetas-compositores da linha mais sofisticada da nossa música popular – um Caetano Veloso, um Chico Buarque, um Gilberto Gil, um Walter Franco. Com uma nota diferencial: os textos poéticos eram, então, de elaboração extremamente culta e virtuosística. Exigiam do trovador enorme perícia artesanal e absoluto domínio técnico, pois os esquemas rímicos e rítmicos, às vezes complicados, de uma estrofe deviam ser repetidos rigorosamente em todas as demais. Por isso mereceram o elogio do próprio Dante Alighieri, que chegou a classificar um deles, Arnaut Daniel, de *il miglior fabbro del parlar materno*, o melhor artífice da língua materna. Trata-se, em suma, de uma poesia capaz de resistir, enquanto poesia, mesmo independentemente da música, o que não acontece com grande parte das letras da música popular, quando desvestidas da aura melódica.

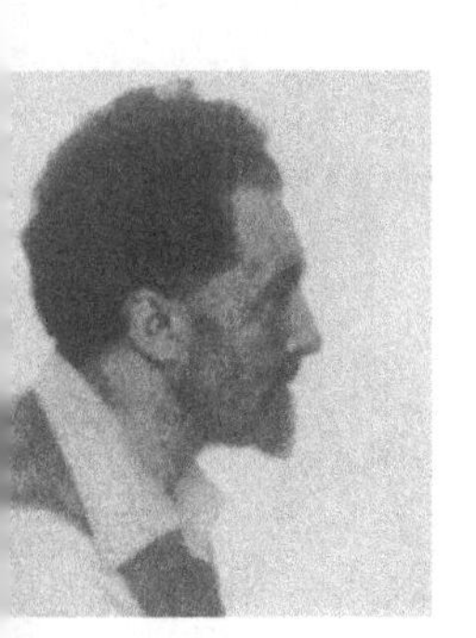

A lírica trovadoresca forma um acervo de 2.542 composições de cerca de 350 poetas, dentre os quais sobressaem os nomes de Guilhem de Peitieu, Jaufre Rudel, Marcabru, Bernart de Ventadorn, Raimbaut d'Aurenga, Arnaut Daniel, Bertran de Born, Giraut de Bornelh, Peire Vidal, Peire Cardenal. Dessas composições – todas, presumivelmente, feitas para serem cantadas – conservaram-se apenas 256 melodias, encontradas nos textos de alguns manuscritos, em notação incompleta, que permite identificar só a linha melódica. Não há indicação de ritmo nem de acompanhamento. A reconstituição dessas composições é, assim, obra difícil e até certo ponto conjectural.

Pode-se dizer que a poesia-música dos trovadores é uma descoberta moderna. As primeiras antologias de textos – a de Raynouard (1816-1821) e a de Bartsch (1868) – foram sendo lentamente seguidas de outras coletâneas e mono-grafias, que prosseguem ao longo do nosso século. A dedicada por Lavaud a Peire Cardenal, por exemplo, é de 1957! Trabalho de eruditos, e que talvez ficasse a eles confinado, se Ezra Pound não tivesse injetado vida e criatividade na "questão provençal" com seus estudos descontraídos e suas traduções não ortodoxas – obra também pioneira, que começou a aparecer em 1909. As transcrições em notação moderna são todas deste século. Só em 1958 veio a ser publicada a obra definitiva de F. Gennrich, reunindo todas as melodias dos trovadores. E somente a partir da década de 50 começaram elas a ter registro fonográfico. A esta altura a discografia específica não vai além de três dezenas de discos, com um repertório de cerca de 50 canções (1/5 das melodias que sobreviveram).

O que ouvimos em disco é o resultado da pesquisa de grupos de músicos e musicólogos modernos que se especializaram em música e instrumentos antigos e que se vêm ocupando de recriar as composições da época numa complexa operação de leitura e interpretação. Um dos melhores desses grupos é, precisamente, o de Thomas Binkley, que realizou o disco *L'Agonie du Languedoc* e que já tem a seu crédito, nesse setor, duas obras anteriores de valor excepcional: *Chansons der Troubadours* (Telefunken, série *Das Alte Werk*, SAWT 9567-B, de 1970) e as *Chansons d'Amour de Bernart de Ventadorn*, acopladas às *Canciones de Amigo de Martin Codax* (EMI, série *Reflexe*, C 063-30118, de 1972). Há quem entenda que a monodia provençal deve ser apresentada sem acompanhamento ou com mínimo concurso de instrumentos. Apoiado na tradição hispano-arábica, que se supõe haja influenciado a arte provençal, Binkley segue critério diverso: há, em geral, um prelúdio instrumental que estabelece a tonalidade e as características da melodia e do ritmo, um diálogo dos instrumentos com o cantor e, entre as estrofes, interlúdios musicais formados com o mesmo material ou concebidos independentemente. Essa orientação admite maior e mais rica participação dos instrumentos – organeto, rabeca mourisca, guitarra sarracena, vielas, alaúdes, guizos, tamborim, matraca, tambor –, vários deles de origem árabe.

Em *Agonie du Languedoc* há outras inovações. As duas primeiras canções têm suas estrofes entremeadas pela leitura de textos extraídos da *Canção da Cruzada* e de outros poemas da época ligados à temática do disco. Além disso, ao lado das recriações de melodias antigas, a cargo do Studio der Frühen Musik, comparecem as interpretações de Claude Marti – o mais famoso dos modernos *chanteurs* occitânicos, de tendências separatistas –, que canta trechos de poemas originais dos trovadores, por ele musicados. O resultado é uma colagem interessante, de intenções polêmicas – trata-se, afinal, da canção de protesto da Provença de ontem e de hoje –, além de musicais, mas que fica prejudicada, na edição brasileira, pela ausência de um fascículo contendo os poemas em provençal e a sua tradução, o que é indispensável para a completa fruição do disco.

Dentre as canções, destacam-se as quatro de Peire Cardenal, um dos mestres do poema satírico, o sirventês, com o qual fustiga os franceses e o clero. A primeira, *Tartarassa ni Voutor*, tem para nós esta curiosidade: tartarassa é uma ave de rapina, aparentada, quem sabe, com o nosso carcará. A suave monodia da canção contrasta com a crueza de suas palavras, que, traduzidas, dariam mais ou menos isto: "Nem carcará nem condor/farejam no ar carniça/como o padre e o pregador/ao rico que paga a missa". A apresentação vocal, às vezes semifalada, é persuasiva, e as linhas melódicas, de grande beleza, são delineadas com precisão pela voz do contratenor Richard Levit (uma voz rara, mais alta que a de tenor, como a que tem Ney Matogrosso ou Tiago Araripe). A contribuição de Marti me parece menos criativa. Seu estilo de composição e de canto lembra um pouco o de Gerges Brassens, que por sinal também pôs música em poemas antigos como a *Ballade des Dames du Temps Jadis*, de Villon. Nada que se compare a Caetano Veloso quando musicou poemas de Gregório de Matos e Sousândrade. Na última faixa, o próprio Marti diz, com muita expressividade, trechos da canção *Ab Greu Cossire* (*Com Grave Apreensão*), de Bernart Sicart Marjevols – um poema de ira e ironia que deplora a ocupação francesa com um refrão que é quase o "quem te viu, quem te vê", de Chico Buarque: "Ai Princesa, ai Tolosa... que vos vi e quo us vei" (como vos vi e como vos vejo).

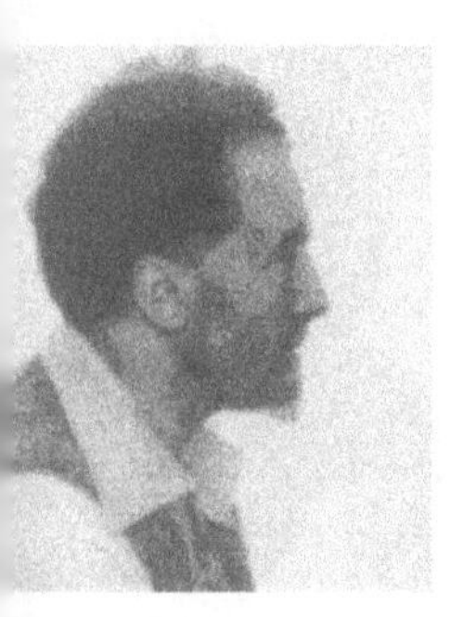

Apesar da lamentável omissão dos textos escritos, este é um lançamento corajoso e meritório. É de esperar que a EMI-Odeon se anime a outras proezas e traga para o nosso convívio mais discos dessa área, como aquele, belíssimo, da mesma coleção *Reflexe* e do mesmo grupo, reunindo canções de Bernart de Ventadorn e de Martin Codax. Bernart é o autor de um dos maiores *hits* provençais – a canção *Can Vei la Lauzeta Mover*, ou *Quant Vey la Lauzeta Mover* (literalmente: *Ao Ver a Cotovia Mover*; em minha versão: *Ao Ver a Ave Leve Mover*)[1], que figura em 23 manuscritos e já apareceu em pelo menos oito gravações diferentes. E ouvindo as canções de Codax ou as Cantigas de Santa Maria, em galego-português do século XIII, não podemos deixar de sentir uma emoção estranha. É um dos raros momentos em que se escuta a nossa língua adocicando as falas de cantores estrangeiros. Depois disso, um hiato de muitos séculos: só Villa-Lobos e alguns poucos músicos populares obrigaram os intérpretes de fora a tão incomum aprendizado...

1. A tradução completa da canção está incluída em Verso Reverso Controverso, São Paulo, Perspectiva, 1978, 2ª ed. revista, 1988.

A Música da "Geração Perdida"*

Nas primeiras décadas do século, quando Paris era o centro de convergência das vanguardas de todos os quadrantes, a América do Norte contribuiu com alguns convivas extraordinários para essa *moveabele feast* das artes. Quem não ouviu falar da "geração perdida", que celebrizou nomes como os de Gertrude Stein, Ezra Pound, e. e. cummings, John dos Passos, Ernst Hemingway, Scott Fitzgerald, Henry Miller?

Mas se a contribuição norte-americana foi enorme no reino da literatura e da poesia, parece, à primeira vista, menos expressiva na área da composição musical. Ao contrário, a América é que iria receber o impacto da presença dos *émigrés* europeus, como Varèse, já em 1915 e bem mais tarde, Schoenberg, Bartok, Stravínski, Milhaud, Krenek, Weill e outros.

O patriarca da música moderna, Charles Ives (n. em 1874, o mesmo ano que viu nascer Gertrude e Schoenberg), nunca saiu dos EUA, arquitetou suas criações à margem do contato com os seus contemporâneos europeus. Este é também o caso de Charles Ruggles (1876-1971). E o mais moço Henry Cowell (1897-1965), inventor dos *clusters* pianísticos e mestre de John Cage, não figura no grupo dos americanos expatriados em Paris. Destes, porém, dois compositores, ao menos, têm uma história significativa para a música nova: Virgil Thomson (n. 1896) e George Antheil (1900-1959).

E foram, ainda, dois escritores americanos – Ezra Pound e Gertrude Stein – que acionaram essa participação musical. Gertrude motivaria com seus textos as obras mais polêmicas de Thomson. Pound atuaria como crítico musical, como promotor das ideias e das composições de Antheil e como músico, ele próprio.

Instalada desde 1903 em Paris, Gertrude viveu mais de trinta anos no n. 27 da Rue de Fleurus, a dois passos do Jardim de Luxemburgo. Em 1921 Pound veio morar nas vizinhanças, na Rue Notre-Dame des Champs, n. 70 *bis*, rua em que também residiu Hemingway por algum tempo. Mas logo

* Publicado na revista *SomTrês*, n. 28, abril de 1981. (Trecho referente a Ezra Pound foi agora suprimido, em razão de o tema ter sido tratado mais amplamente no artigo seguinte, "O Testamento de Ezra Pound: uma Antiópera".)

Gertrude e Pound se desentenderam. Não só tinham concepções diversas de literatura. Eram dois chefes-de-fila, com as respectivas áreas de influência. Quem se aproximava de um, acabava se afastando do outro. Assim sucedeu com os músicos. Antheil pertencia ao círculo de Pound. Thomson orbitava em torno de Gertrude.

Diferentemente do autor dos *Cantos*, Gertrude Stein não era uma estudiosa de música. Seus interesses extraliterários se voltavam, como é sabido, para as artes plásticas. Mas seus textos cubistas, abstratos e absurdos, feitos de palavras elementares encadeadas pela redundância fônica, despertaram a imaginação musical de Virgil Thomson. Dessa associação resultaram várias criações, das quais as mais importantes são *Capital, Capitals* (1927), para piano e quatro vozes masculinas, e duas "óperas", *Four Saints in Three Acts* (1928) e *The Mother of Us All* (1947). Essas são, também, as mais originais produções de Thomson, cuja abundante bagagem composicional não oferece o mesmo interesse, a não ser, talvez, pela *Sonata da Chiesa* (1926), uma obra politonal, fortemente dissonante, que mereceu o aplauso do John Cage.

O extraordinário, nas composições steinianas de Thomson, é o seu domínio prosódico. Embora partindo de pressupostos diferentes, ele tem, como Pound, a preocupação do ajuste perfeito entre palavra e som. E, sem dúvida, foi sensível à lição do poeta. Sob o tratamento de Thomson, que parte da articulação da fala natural, as palavras-sons de Gertrude emergem com nitidez de contornos e impressionante cursividade. Entusiasta de Satie – o que o aproxima de Cage –, Thomson não respondeu às ousadias verbais de Gertrude com análogas complexidades musicais. Suas composições, ao contrário, surpreendem pela aparente singeleza e ingenuidade. Canções de ninar, hinos religiosos, madrigais, árias de opereta e até exercícios musicais, todo um arsenal de clichês é convocado para veicular sentenças-sem-sentido ou frases-quebra-línguas do tipo: *with wed led said with led dead said with dead led said*. Bem entendido: ele, de preferência, não cita, cria *à maneira de*. Além disso, faz uso abundante da fala natural ou ritmada (como observa Cage, já em *Capital, Capitals* chegam a ocorrer, em sequência, 71 palavras sobre uma mesma nota). O resultado é – como diria Décio Pignatari – o lugar-comum incomum, deslocado do seu contexto.

Quatro Santos em Três Atos, a mais famosa das óperas de Virgil Thomson, só veio a ser produzida em 1934, em Hartford, Connecticut (e também Nova York e Chicago). A obra causou impacto, inclusive pela inusitada orquestração, em que pontificava uma harmônica, pelo original cenário de celofone criado por Florine Stettheimer, e pela novidade de ser cantada por um elenco de negros, precedendo de um ano a *Porgy and Bess*. Era a primeira vez em que os negros eram chamados a participar de um espetáculo não folclorizante. Na peça, eles são santos, cuja principal atividade consiste em conversar abstratamente e não fazer nada. Segundo Thomson, ele os escolheu puramente "pela beleza da voz, claridade de enunciação e belo porte". Acho que sou uma das poucas pessoas, no Brasil, que possuem a gravação original dessa obra: um disco de 1964, hoje fora de catálogo (RCA - Victor LM-2756), contendo a ópera, em versão reduzida à metade por Thomson, com o elenco original, dirigido por ele. O LP reproduz edições anteriores de 1947 e 1952.

Ainda que lentamente, a música da Geração Perdida vai sendo encontrada. Pena é que o público brasileiro não possa participar desses achados musicais. Porque - mesmo depois de meio século - não há esperança de que apareçam em prensagem nacional as "óperas" sem bel-canto dos poetas revolucionários dos anos 20.

Nota para esta edição: Thomson faleceu em 1989. A gravação de *Four Saints in Three Acts* veio a ser reestampada em CD, em 1996 (centenário de nascimento do compositor), pela BMG Music (090026-68163).

O Testamento de Ezra Pound: Uma Antiópera*

No confuso capítulo final de sua *Pequena História da Música*, Mário de Andrade - que não parece ter tido conhecimento da existência do poeta Ezra Pound - arrola-o entre outros compositores sob a rubrica do experimentalismo instrumental: "Também nos trios, quartetos, quintetos, apareceu uma floração nova interessantíssima, empregando os mais desusados e curiosos agrupamentos solistas (Kurt Weill, Falla, Ezra Pound, Anton Webern)".

Não deixa de ser paradoxal que o autor dos *Cantos*, ignorado pelos nossos modernistas, em grande parte devido à impregnação francesa do movimento, tenha sido incluído, como músico, nas enumerações caóticas do sempre prolixo Mário de Andrade, travestido de musicólogo.

Músico, porém, Ezra Pound o foi, ainda que um músico *sui generis*, que só recentemente começou a ser avaliado.

Mário não esclarece a fonte de sua informação, ao que tudo indica colhida mais de ouvir dizer de que de ouvido. Mas é de presumir que lhe tenham chegado às mãos notícias da ópera *Le Testament*, de Pound, da qual alguns trechos foram apresentados em 1926, na Salle Pleyel, em Paris.

O interesse de Ezra Pound pela música se manifestou desde cedo, quando estudava a poesia provençal. Em 1913, colaborou com William Morse Rummel (pianista alemão, neto do inventor do telégrafo e consumado intérprete de Debussy, a cujo círculo pertencia) na edição de partituras das canções trovadorescas, dentre as quais as duas de Arnaut Daniel que descobriu entre os manuscritos do século XII da Biblioteca Ambrosiana em Milão. Ele se preocupava com o ajustamento da palavra e melodia - *motz el son* -, que atingira extremos de perfeição na prática dos poetas-músicos de Provença. Mais tarde (1920) cooperaria com a pianista americana Agnes Bedford na edição musical de mais cinco canções occitanas, que verteria "com palavras adaptadas de Chaucer". Interessou-se também pelo trabalho de Arnold Dolmetsch, um especialista em música antiga, que se dedicava à sua interpretação e à reconstrução de cravos (Pound o conheceu em 1914 e chegou a adquirir dele um clavicórdio).

* Publicado na *Folha de S. Paulo*, "Folhetim" n. 340, 24.7.1983.

De 1917 a 1921, vêmo-lo nos jornais londrinos, a assinar, sob o pseudônimo de William Atheling, contundentes críticas musicais, que proclamavam Beethoven "o rosbife cotidiano da música" e promoviam a revivescência da música da Idade Média e da Renascença, com ênfase nos provençais e na idade de ouro da música elisabetana, "a era de Lawes o Campion". Na década de 30, organizaria singulares concertos em Rapallo, desempenhando papel relevante, ao lado da violinista Olga Rudge, na recuperação das obras de Vivaldi.

Em 1923, Pound travou conhecimento com George Antheil em Paris, e passou a patrocinar o trabalho do jovem pianista e compositor americano, sobre o qual veio a escrever um livro, *Antheil e o Tratado de Harmonia* (1924). Influenciado por Stravínski e pelo "ruidismo" futurista, Antheil começava a criar composições de caráter acentuadamente rítmico e percussivo – *a machine music*, que culminaria no *Ballet Mécanique* (1924-1925). A obra fora prevista para 16 pianos mecânicos e ruídos de avião. Na estreia, em 1926, no Théâtre des Champs-Elysées, devido a dificuldades técnicas, só foi apresentada em oito pianos, mas com grande variedade de instrumentos de percussão e... duas hélices de avião. "Essa obra", escreveu Pound, então, "retira definitivamente a música da sala de concerto." Mas depois do escândalo da *première* nova-iorquina, em 1927, o compositor tomou outros rumos. O *bad boy* da música – como ele mesmo se intitulara – acabaria melancolicamente compondo música convencional para filmes, em Hollywood.

Dez dias depois da estreia do *Ballet Mécanique*, deu-se a apresentação de uma insólita composição musical que o poeta Ezra Pound terminara em 1923: a "ópera" *Le Testament*, numa versão reduzida para tenor e baixo, acompanhados por violino, piano e um longo corne medieval que soava apenas duas notas. A estreia foi na famosa Salle Pleyel, em 29 de junho de 1926, para um público que incluía Joyce, Eliot e Cocteau. Olga Rudge, ao violino. Antheil (que colaborou na orquestração e editou a peça em 1923), ao piano. O músico americano Virgil Thomson (que Pound considerava um "inimigo", por sua associação com Gertrude Stein, e que em 1928 comporia com textos dela também uma ópera nada ortodoxa, *Four Saints in Three Acts*) compareceu à *première* e deu, mais tarde, um depoimento que impressiona pela isenção e precisão: "Não era propriamente a música de um músico, mas talvez a mais bela música de um poeta desde Thomas Campion... e o seu som permaneceu em minha memória".

Basicamente uma montagem de baladas de Villon (acrescidas de uma canção de Williaume li Viniers, trovador provençal do século XIII), com narração intercalada, a "ópera" de Pound – como observaram Ned Rorem (em *Música e Gente*) e R. Murray Schafer, responsável por uma de suas apresentações posteriores – é mais propriamente um *chant-fable*, na tradição medieval, evocando *Le Jeu de Robin et Marion* do *trouvère* Adam de La Halle (*c.* 1240 – *c.*

1286), uma espécie de teatro cantado, precursor da ópera cômica, expresso através de uma sucessão de árias ou canções.

A "ópera" de Pound foi revivida pela BBC, em 1931 e 1962, e no Festival de Spoletto, em 1965, sempre de forma abreviada. Somente em 1971 produziu-se a sua versão integral, sob a direção de Robert Hughes, da Universidade de Califórnia, Berkeley. Um ano depois, fez-se também a primeira gravação da obra (LP *Fantasy* 12001). No comentário de capa, Hughes enfatiza a originalidade do conceito instrumental poundiano: ele teria chegado a uma espécie de *Klangfarbenmelodie* (melodia-de-timbres) independentemente de Webern. A orquestração completa abrange um bizarro grupo de instrumentos para 17 executantes, com variada percussão, incluindo ossos secos, lixas e um assobio percussivo de curioso efeito. E a partitura se permite liberdades inusitadas como a de exigir que os executantes da *Balada da Gorda Margô* – um cantor (*whiskey bass*) e dois trombones – a interpretem como se estivessem bêbados, tropeçando em dissonâncias bitonais, entre soluços e arrotos.

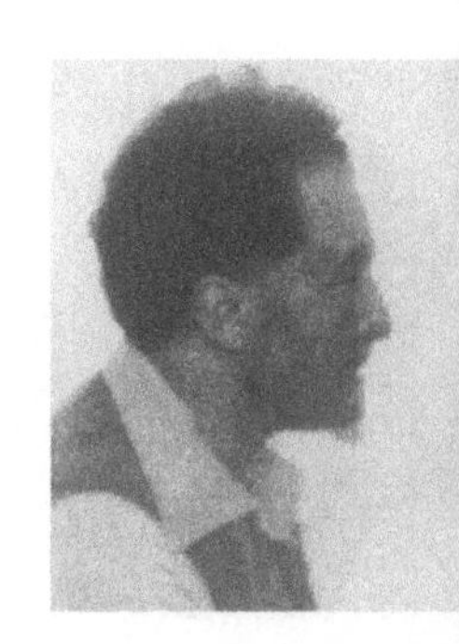

Além dessa "ópera", Pound deixou uma outra, *Cavalcanti* (1931), ainda não reconstituída, e peças menores para violino, algumas delas interpretadas, à época, por Olga Rudge. *Ezra Pound and Music – The Complete Criticism*, um volume com mais de quinhentas páginas, reunindo os escritos de Pound sobre música, organizado por R. Murray Schafer, foi publicado em 1977. E Murray promete um segundo volume, dedicado só às composições.

O LP contendo *Le Testament de Villon* surpreendeu a crítica. Em *The New York Times*, de 25 de abril de 1973, John Rockwell saudou-o num breve mas entusiástico artigo: "Opera With Music by Ezra Pound Proves Fascinating". Nele, ressaltava: "o que torna a ópera tão idiossincrática é a instrumentação. Ela é cheia de sons exóticos (por exemplo, a flauta nasalizada) e de distribuições fragmentárias, pontilhistas, de diversos instrumentos numa única linha".

Já num comentário de 1924, Antheil advertia, comparando a obra do poeta-compositor à pintura *naif* de Rousseau: "sua música parece não ter qualquer conexão com os últimos 300 ou 400 anos!"

O interesse em torno dessa "obra de arte única e inclassificável" (M. Schafer), que é *Le Testament*, foi reaceso, mais recentemente, no Festival da Holanda, de 1980, onde foi apresentada como "uma ópera que não é uma ópera", ao lado de novidades de vanguarda, como o drama musical *Licht*, de Stockhausen, do qual se ofereceram alguns fragmentos.

Desta feita, *Le Testament* teve a direção de Reinbert de Leeuw, figura importante do cenário musical holandês. Nascido em 1938, Leeuw é, além de compositor e regente, autor de um livro sobre Charles Ives e tem um acervo de gravações muito significativo, do qual, até nós, brasileiros, já tivemos alguma ideia através de dois discos, *Erik Satie – As Primeiras Obras para Piano*, uma gravação de 1975, da Telefunken Chantecler, e *George Antheil*

– *Ballet Mécanique – A Jazz Symphony – Violin Sonatas nº 1 & 2*, do mesmo selo, ambos lançados em 1978 entre nós. Foi o crítico J. Jota de Moraes, em um de seus agudos comentários, quem chamou a atenção para a singularidade da leitura pianística de Leeuw, numa execução "lenta, lentíssima, fazendo a linguagem de Satie tocar a arte balinesa das orquestras gamelang". A mim, nunca um intérprete me pareceu tão próximo do sem-tempo sugerido por Satie (as *Gnossiennes*, como se sabe, não têm barras de compasso) e nunca o aproximou tanto de Cage, se se pensa nas obras para piano-preparado, para não falar de *Cheap Imitation* (*Imitação Barata*), uma paráfrase de Satie que o compositor americano derivou de uma apropriação aleatória da linha melódica de *Socrate*. Devo também ao nosso excelente crítico musical o conhecimento de uma outra proeza de Reinbert de Leeuw, registrada no disco *Arnold Schoenberg, Wien, Wien, Nur Du Allein* (Philips – 6570-811) em 1981: aqui, com o grupo Schoenberg Ensemble, por ele fundado em 1974, Leeuw se dedica a recriar momentos raros de uma face menos conhecida do inventor do dodecafonismo: os arranjos para as valsas de Strauss, para uma melodia de Schubert, e até (pasme-se) para a famosa canção napolitana *Funiculì Funiculà*, além de outras composições menores do próprio Schoenberg e de uma belíssima, quase-ivesiana transcrição instrumental da *Berceuse Elegiaque* de Busoni – obras em que o mestre do Grupo de Viena exibe toda a sua perícia de orquestrador, chegando a uma transparência medular nas versões de *Rosen aus dem Süden* e *Kaiserwalzer* de Strauss.

Essa digressão a respeito de Reinbert de Leeuw se faz necessária para que se identifique melhor o contexto em que a "ópera" de Pound ressurge, despertando, de novo, controvérsias e entusiasmos, como se lê na revista *Key Notes* n. 12, de 1980, editada em Amsterdã, que dá ampla cobertura ao Festival Holandês. Dois artigos, *Le Testament* de Villon, de William Schoen, crítico de ópera do semanário *Vrij Nederland*, e *Le Testament de Villon or An Error Compounded*, de Keith Freeman, jovem musicólogo, debatem a obra e a sua realização por Leeuw. Assevera Schoen que o impacto da criação de Pound sobre o estudioso da ópera contemporânea é "algo análogo à descoberta do homem de Neandertal para o paleontólogo do século XIX". Segundo o crítico, "em *O Testamento*, Pound ignora cinco séculos de arte do canto e da ópera para reconstruir a última época em que a poesia e a música formavam uma unidade indivisível; isto é, o século XV de Villon". Como observa, ainda, Schoen, "o acompanhamento de Pound consiste em formas primitivas de polifonia, mas a melodia segue as irregularidades do texto tão meticulosamente – com mais preocupação com o ritmo do que com o metro e menos ênfase no ritmo que na prolação, registrando as menores sílabas e até as letras – que qualquer definição puramente musical de melodia vai pelos ares". A complexidade rítmica da peça foi ressaltada, aliás, por todos os seus comentadores, entre os quais

Robert Hughes, que aponta as rápidas alternâncias nos metros extravagantes de 7/16, 11/16, 19/32 e 25/32, no trecho n. 5, em que se inclui a *Balada da Velha Prostituta*, *La Haulmière*, lamentando a mocidade perdida. Já Keith Freeman, acentuando que a intenção da obra é clara – não fazer nada para obscurecer e tudo para iluminar a transmissão das palavras e da música inerente à poesia –, critica a apresentação da ópera na empostação emocional que lhe deu Reinbert de Leeuw. O crítico objeta especialmente ao tom vociferante e martelado que se imprimiu ao canto, em diversas passagens, o que tolda a clareza da emissão e ao mesmo tempo empobrece a sutileza rítmica do texto.

A Harlekijn-Philips, da Holanda, editou um LP (9500 927) com a gravação ao vivo da produção de Leeuw. Foi-me assim possível cotejar os dois únicos registros discográficos da ópera de Pound. A conclusão a que cheguei é que as duas leituras de certo modo se complementam, oferecendo-nos uma oportunidade rara de conviver intimamente com as ideias musicais do poeta e com a sua bela e estranha criação. Não há como não concordar com as objeções de Freeman. Realmente, a despeito de todo o cuidado da direção de Leeuw, a vociferação declamatória é perturbadora, ensombrecendo o texto e o acompanhamento num dos momentos mais pungentes da peça, a *Balada a Nossa Senhora*, em que a mãe de Villon intercede pelo filho, condenado à morte. Leeuw – como anota Freeman – pretende que sua versão seja "irreligiosa", mas a verdade é que o texto não tem essa característica. Ouvida na gravação de Hughes, a *Balada* parece encontrar o tom certo, a voz emergindo gravemente de um severo acompanhamento de três contrabaixos tocando em trêmulo, um violoncelo, sinos e carrilhões. Por outro lado – e como o próprio crítico o reconhece – em outros momentos a leitura de Leeuw é enriquecedora. É o caso do texto provençal e, particularmente, da *Balada dos Enforcados*, onde o coral homofônico é trabalhado com acurado controle de pausas e sílabas e impressionantes alternâncias de dinâmica pelo septeto holandês, de forma a atingir uma admirável limpidez enunciativa e a lograr um grande impacto dramático – afinal, são os mortos, os enforcados, que nos dirigem a palavra – sem apelo a nenhuma retórica emocional. Nos dois discos é possível detectar alguns defeitos de pronúncia dos intérpretes da ópera, cantada em francês medieval e provençal, e que, aqui e ali, fazem claudicar a fusão de *motz el son*. Nada disso, no entanto, chega a empanar a beleza da audição: uma mistura inédita de futurismo e arcaísmo musicais revitalizados por um extraordinário tratamento prosódico.

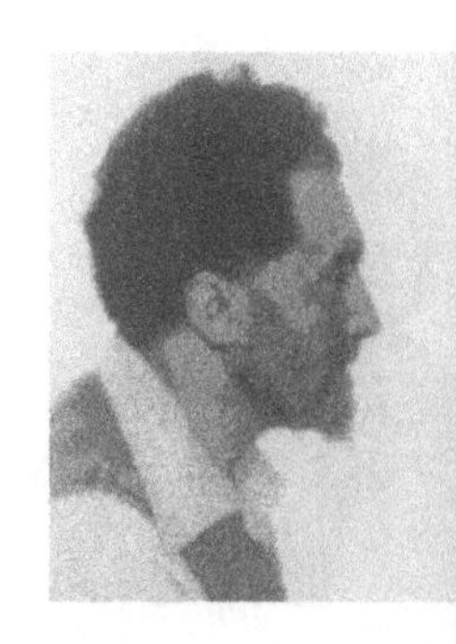

O leitor há de desculpar o caráter informativo-descritivo que acabou tomando conta deste artigo, ainda mais quando não há qualquer possibilidade de conseguir os discos no Brasil sendo difícil, senão impraticável, até mesmo a importação individual, além de onerosa. Infelizmente, não nos resta outra alternativa. Um dos sintomas da miséria intelectual a que este país foi lançado, entre outras misérias, são as dificuldades crescentes para se estar ou manter culturalmente informado. A música – e me refiro em particular à de índole culta ou erudita – é uma das áreas mais desprotegidas e mais severamente castigadas pela desinformação e pela grosseria dos veículos de comunicação. Pode-se mesmo asseverar, sem exagero, que o Brasil é um dos países mais atrasados do mundo em matéria de informação musical. Basta que se diga que, neste ano, centenário de nascimento de dois gênios, duas personalidades fundantes da música contemporânea – Anton Webern e Edgard Varèse –, as nossas gravadoras insistem, com o descaso e/ou a ignorância costumeiros, a não nos oferecer nenhum item desses autores, dos quais, até hoje, no Brasil, só foram apresentadas duas composições com selo nacional: *Ionisation* (1933) de Varèse – pouco mais de quatro minutos –, que apareceu, nos anos 50, num LP-teste de alta fidelidade, *Breaking the Sound Barrier* – Vol. I – *Percussion* (Audio-100.002), e *Variações para Piano*, Op. 27 (1937) de Webern – menos de seis minutos –, graças à iniciativa da pianista Clara Sverner, que a inclui no excelente disco que gravou para a etiqueta London (LLB 1102-S), em 1974. Sobre Webern, cuja grandeza paira acima de quaisquer ignóbeis e retrógradas tentativas de vilificação, escreveu Boulez, em 1961: "Webern permanece o limiar da música nova: todos os compositores que não experimentaram profundamente e não compreenderam a inelutável necessidade de Webern são perfeitamente inúteis". Como se vê, apesar desses 10 minutos a mais, a nossa continua sendo apenas uma pequena história da música.

Virgil Thomson estuda com Gertrude Stein o libreto de *Four Saints in Three Acts*, 1927.

Four Saints in Three Acts, na produção original, com o cenário de celofane de Florine Settheimer. A "ópera" foi assim apresentada, em fevereiro de 1934, em Hartford, Connecticut, e a seguir em Nova York, onde, segundo Thomson, apesar do frio intenso e de uma greve de táxis, "todo mundo veio, de Gershwin a Toscanini".

Ao lado, fragmento do texto de *Four Saints in Three Acts* (Cena 10, "When"), com a versão de Augusto de Campos. Abaixo, o trecho correspondente (escrito para coro) da partitura de Virgil Thomson.

Saint Teresa. When.
Saint Settlement. Then
Saint Genevieve. When.
Saint Cecilia. Then.
Saint Ignatius. Then.
Saint Ignatius. Men.
Saint Ignatius. When.
Saint Ignatius. Ten.
Saint Ignatius Then.
Saint Teresa. When.
Saint Chavez. Ten.
Saint Plan. When then.
Saint Settlement. Then.
Saint Anne. Then.
Saint Genevieve. Ten.
Saint Cecilia. Then.
Saint Answers. Ten.
Saint Cecilia. When then.
Saint Anne.
Saint Answers. Saints when.
Saint Chavez. Saints when ten.
Saint Cecilia. Ten.
Saint Answers. Ten.
Saint Chavez. Ten.
Saint Settlement. Ten.

Santa Teresa. Se.
São Fundamento. Quer.
Santa Genoveva. Se.
Santa Cecilia. Quer.
Santo Inácio. Quer.
Santo Inácio. Se.
Santo Inácio. São.
Santo Inácio. Dez.
Santo Inácio. Quer.
Santa Teresa. Se.
São Chavez. Dez.
São Plano. Quer se.
São Fundamento. Quer.
Santana. Quer.
Santa Genoveva. Dez.
Santa Cecília. Quer.
Santa Resposta. Dez.
Santa Cecilia. Se quer.
Santana.
Santa Resposta. Santos se.
São Chavez. Santos se dez.
Santa Cecilia. Dez.
Santa Resposta. Dez.
São Chavez. Dez.
São Fundamento. Dez.

ATURDAY
FTERNOON **MAY 10th, at 3**

OLGA

Rudge

(VIOLIN)

AND

GEORGE

Antheil

(PIANO)

Recital of New Works by
Ezra Pound & George Antheil

STEINWAY GRAND PIANOFORTE

TICKETS (including Tax) ... 8/6, 5/9, 3/-

At the Box Office, Aeolian Hall, usual Agents and Libraries, and of
L. G. SHARPE, 61, Regent Street, W.1

Cartaz do concerto de obras de Pound e Antheil, com execução deste (piano) e de Olga Rudge (violino), no Aeolian Hall, de Londres, 10 de maio de 1924. Nessa apresentação. Olga tocou as composições *Sujet pour violon* (*Résineux*) e *Fiddle Music, First Suite*, de Ezra Pound.

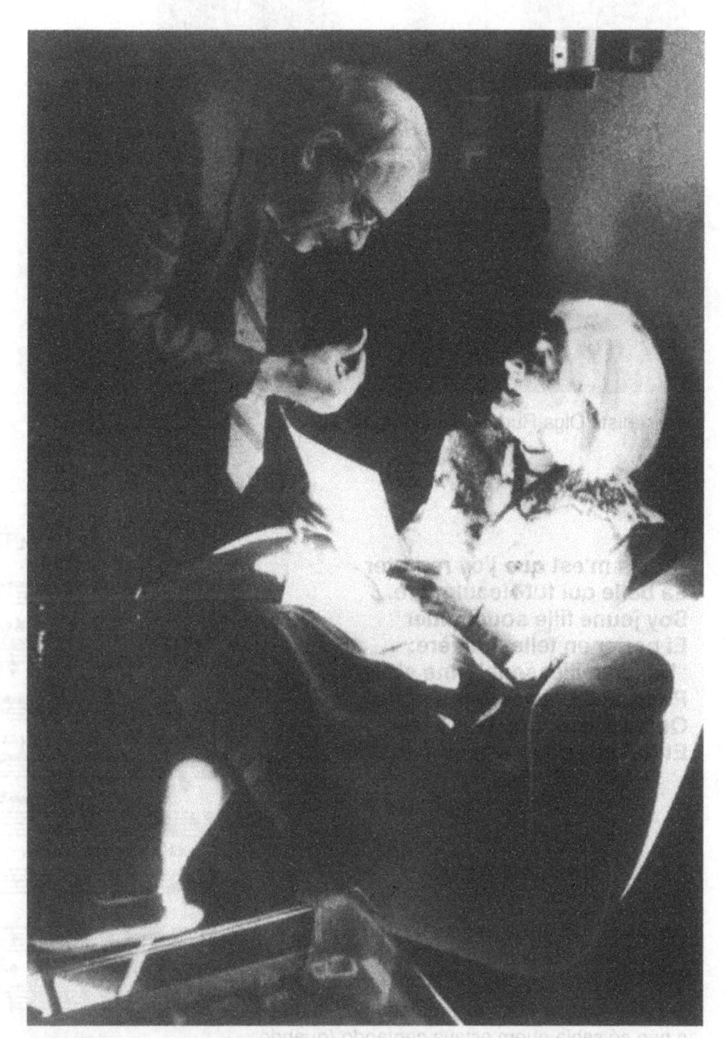

Olga Rudge conversa com Augusto de Campos no Castel Fontana, residência de Mary de Rachewiltz, filha dela e de Ezra Pound, em Merano, Itália, em 1991. Olga morreria centenária, em 1996.

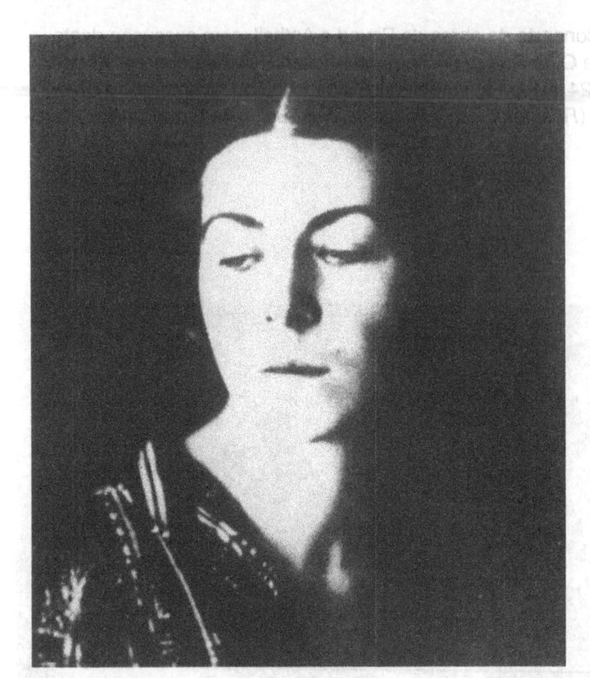

A violinista Olga Rudge, numa foto da época.

M. et Mme Ezra Pound vous invitent à une audition privée

Paroles de Villon

Airs and fragments from an opéra

LE TESTAMENT

Texte de Villon — *Musique par Ezra Pound*

à la SALLE PLEYEL

22, Rue Rochechouart

Le Mardi soir

29 *Juin* 1926

(à 9 heures 15)

PROGRAMME

(probablement)

Hommage ou ouverture	*cornet de dessus*
Et mourut Paris	*ténor et violon*
Je plains	*ténor et violon*
Mort j'appelle	*ténor et violon*
Motif	
False beauté	*ténor, violon et clavecin*

Yves Tinayre, *ténor* — Olga Rudge, *violon*

Paul Tinayre

Heaulmière	*les mêmes*

Motifs de la foule, mélange *violon, clavecin et cuivres*

Si J'ayme et sers	*basse et cuivres*
Frêres Humains	*ensemble*

Robert Maitland, *basse* — Yves Tinayre, *ténor*

Olga Rudge et Paul Tinayre, *et cuivres*

CLAVECIN PLEYEL

admet personnes

On vous prie de présenter cette fiche

Salle Pleyel, 29 Juin, 9 h. 15 du soir E. P.

“Advis m'est que j'oy regreter
La belle qui fut Heaulmière,
Soy jeune fille soushaitter
El parier en telle manière:
“Ha...! vieillesse felonne et fiere,
Pourquoi m'as si tost abatue?
Qui me tient, que jje ne me fière,
Et qu'a ce coup je ne me tue?”

Partitura (para voz e violino) da ária “Heaulmiere”, da ópera *Villon ou Le Testament*. “Sentei-me na cozinha de um eletricista de Rapallo quando *Villon* foi irradiada de Londres e não só sabia quem estava cantando (quando eu conhecia os cantores), mas podia entender as palavras e o seu sentido.” (Ezra Pound, *Guide to Kulchur*, 1952)

Pierrot, Pierrôs*

Em 1912, um ano antes do choque da *Sagração da Primavera*, de Stravínski, uma outra obra escandalizou os ouvidos do século: *Pierrot Lunaire*, de Arnold Schoenberg, um ciclo de 21 poemas de Albert Giraud, em versão alemã de Otto Erich Hartleben, para voz e pequeno conjunto instrumental (piano, flauta e flautim, clarinete e clarinete baixo, violino, viola e violoncelo). Os instrumentos crispavam de dissonâncias os breves "melodramas" fantasmagóricos, um dos quais, *Salgenlied* (*Canção da Forca*), durava pouco mais de dez segundos. A cantora não cantava nem recitava. Fazia qualquer coisa entre essas duas coisas. Era o *Sprechgesang* (cantofalado), uma prática vocal inaudita na tradição musical do Ocidente.

Schoenberg. Stravínski. Esses dois nomes polarizaram e dividiram, por muito tempo, a música moderna. *Pierrô Lunar*, 1912. *Sagração da Primavera*, 1913. Essas duas obras-chave do primeiro período de ambos os compositores são, talvez, as que melhor os representem num ideograma hipotético da Era, ainda que *Pierrot* seja anterior à criação do dodecafonismo – a bandeira de luta do mestre de Berg e de Webern – e que a *Sagração* tenha sido sucedida por numerosas outras faces e fases (inclusive a última, surpreendentemente *serial*) do inquieto e múltiplo compositor russo-franco-americano.

"É curioso constatar que o destino dos dois grandes 'escândalos' da música contemporânea, *Le Sacre e Pierrot Lunaire*, foi sensivelmente paralelo: assim como *Le Sacre* permanece, aos olhos da maioria, O fenômeno Stravínski, *Pierrot Lunaire* permanece igualmente O fenômeno Schoenberg. Nós poderíamos, *grosso modo*, ratificar essa opinião, pois, de fato, num como noutro caso, jamais houve coalescência maior entre os recursos da linguagem propriamente dita e a força poética, entre os meios de expressão e a vontade de expressão". (Pierre Boulez, *Stravínski Demeure*, 1953).

* Publicado no *Jornal da Tarde* de 27.3.1982, sob o título *Schoenberg, Stravínski: Duas Obras, Dois Escândalos*, o estudo constitui expansão de artigo anterior, *Pierrô Lunar no Brasil*, estampado na revista *SomTrês*, n. 9, setembro de 1979, e do qual se incorporou o primeiro parágrafo ao presente texto.

Obra fundante, *Pierrot Lunaire* exerceu notável influência sobre outros compositores. O próprio Stravínski, que assistiu em Berlim a uma das primeiras apresentações da obra (8 de dezembro de 1912), pagou-lhe tributo direto em duas das *Três Poesias Líricas Japonesas*, para voz e pequeno conjunto instrumental: "Mazatsumi" e "Tsaraiuki" (compostas na França, respectivamente em dezembro de 1912 e janeiro de 1913); aí encontramos as sonoridades contrastantes, os largos intervalos da linha melódica e o estilo aforismático do *Pierrot*. Este, também, é o caso de Ravel, especialmente em "Surgi de la Croupe et du Bond", dos *Três Poemas de Stephane Mallarmé* (1913), que Stravínski, com razão, afirmou preferir a qualquer outra obra do músico francês. E embora Boulez se reclame a influência de Webern, é antes o *Pierrot* que nos vem à cabeça em certas passagens vocais de *Le Marteau Sans Maître*.

Apesar dos tiques nacionalóides que sempre atrapalharam a sua visão e que acabaram por levá-lo a posições mais conservadoras, Mário de Andrade chegou a reconhecer o mérito revolucionário da composição. Num manuscrito de 1929, divulgado por José Miguel Wisnik (*Coro dos Contrários*, 1977), define o *Pierrot Lunaire* como "quase-música" e vislumbra nessa obra uma "arte nova", assinalando o seu influxo no melhor Villa-Lobos, o da fase experimentalista dos anos 20. Mário diz: "Na admirável criação de Schoenberg a voz não é nem fala nem canto é [...] é a *Sprechgesang*. Dessa experiência resultou [...] um poder de experiências de todo gênero, vocais, instrumentais, harmônicas, rítmicas, sinfônicas, conjugação de sons e de ruídos etc. etc. de que resultou a criação duma por assim dizer nova arte a que, por falta de outro termo, chamei de quase-música. Arte esta que pela sua primitividade ainda não é música exatamente como certas manifestações de clãs africanas, ameríndias e da Oceania. É arte ao mesmo tempo que pelo seu refinamento, sendo uma derivação e última consequência das experiências e evolução progressiva musical de pelo menos vinte e cinco séculos, desde a Grécia até Debussy, já não é mais intrinsecamente música. Resumindo: essa arte nova, essa quase-música do presente, se pelo seu primitivismo ainda não é música, pelo seu refinamento já não é música mais".

Entre nós, há notícia de uma apresentação da *Sagração da Primavera* em 1951, no Rio de Janeiro, sob a direção de Eleazar de Carvalho. Registrando o espetáculo, Patrícia Galvão traz à baila, oportunamente, o *Pierrô*. Diz ela, na crônica *Stravínski no Rio, "O Anjo de Sal", um Congresso e um Apelo ao Mecenas da Pintura*, estampada no jornal *Fanfulla*, de 1.4.1951: "Quando circular esta edição, com este artigo, já terá passado o sábado 31 de março, já estaremos em 1º de abril, com todas as mentiras, e o acontecimento de ontem, que me levou a umas tantas lembranças, acontecimento que é no Rio, mas pela primeira vez em todo o Brasil, já terá sido também enrolado com as lembranças dos que o assistiram. Trata-se da primeira audição da mais famosa obra do modernismo em música, *A Sagração da Primavera* de Igor Stravínski. Cabem umas linhas de história, porque *Le sacre du printemps*, com ter sido uma das grandes obras do modernismo musical, seguindo-se a revolução encabeçada pelo grupo dos seis, em Paris, não ficou uma peça hermética, desde logo, embora Jean Cocteau tenha lastimado na época a sua apresentação a um público que não a merecia e que não estava preparado para a sua grandeza. Entretanto, outra peça revolucionária, de mais marcante repercussão talvez, que é *Le Pierrot Lunaire*, de Schoenberg, até hoje permanece combatida, ainda mais se contarmos a investida dos comunistas contra a inovação que representa [...]"

Uma nova e raríssima execução da *Sagração da Primavera* no Brasil veio a ocorrer em 1972, quase sessenta anos depois de sua escandalosa apresentação em Paris. Compareci ao último dos três espetáculos então realizados com elementos da Orquestra Sinfônica Municipal e da Orquestra Filarmônica de São Paulo, dirigidos pelo maestro Ernest Bour, no Teatro Municipal de São Paulo. Dia 20 de agosto, domingo de manhã, ingressos quase de graça, e a casa não estava cheia...

Poucas terão sido as apresentações do *Pierrot Lunaire* em nosso meio. Segundo me informou o crítico J. Jota de Moraes, houve uma, integral, em São Paulo, em 12 de agosto de 1966, sob o patrocínio do Instituto Goethe, tendo como recitante Anneliese Kupper. Em julho de 1976, assisti a uma execução ao vivo do *Pierrot*, no MASP, pelo conjunto alemão Das Neue Werk. Nesse mesmo ano, a peça veio a ser interpretada em Belo Horizonte e em São Paulo, pela primeira vez por um conjunto local, sob a regência de Ronaldo Bologna, tendo Edmar Ferreti como solista vocal e, como instrumentistas, Amilcar Zanni (piano), Jean Noel Saghaard (flauta e flautim), Leonardo Righi (clarinete), Nicola Gregório (clarinete baixo) Maria Vischnia (violino), Perez Dworecki (viola) e Zygmunt Kubala (violoncelo). O espetáculo foi reprisado no Teatro Municipal, em 29 de março de 1977. Entradas grátis. Um público circunstancial e, na maioria, despreparado. Nesse programa ocorreu também a primeira audição de uma das canções (*Nacht*) em português (em recriação de minha autoria). Ainda em 1976 foi lançado no Brasil, pela Imagem Discos, a excelente gravação do *Pierrot* sob a direção de Pierre Boulez, com a cantora Helga Pilarczyk, acompanhada pelo conjunto do Domaine Musical. Deu-se, por fim, a apresentação integral do ciclo de poemas, vertidos por mim para o português, com o mesmo grupo brasileiro, em dois únicos espetáculos, no MASP e em Campinas, em dezembro de 1978. É essa versão que aparece, acompanhando o texto original, no fascículo da nova gravação ora divulgada entre nós na coleção *Mestres da Música*, da Abril Cultural, com uma bela interpretação de Marie-Thérese Escribano e excelente conjunto dirigido por Friedrich Cerha.

A ideia de traduzir os textos do *Pierrot Lunaire* me veio em meados de 50, quando me iniciava no universo musical de Schoenberg e de Webern. Reativou-se nos dias acesos do Tropicalismo, em 1968, época em que Júlio Medaglia e eu chegamos a pensar em realizar algumas das "canções" com Gal

Costa, num cenário *pop art nouveau*. Essa "heresia" não se concretizou; mas hoje, depois que a cantora de jazz Cleo Laine interpretou com tanta cursividade o *Pierrot*, já não parece tão despropositada ou inviável. Eu achava que o "canto-falado" estava abrindo brechas na música popular – Jimi Hendrix, por exemplo, dizendo ritmicamente os seus textos atrás das sonoridades distorcidas das guitarras, ou Gilberto Gil cantofalando *A Voz do Vivo* de Caetano Veloso – e que era o momento de juntar essas pontas e criar novos curtos-circuitos musicais. Do sonho, que não acabou, ficaram as primeiras versões que fiz – cerca de 1/3 dos 21 poemas que constituem o ciclo do *Pierrô Lunar* –, completadas em 1978 para a apresentação brasileira da obra.

Àquela altura eu ignorava que o próprio Schoenberg pretendia que o *Pierrot* fosse interpretado, de preferência, no idioma do local em que se desse a sua apresentação. Refere Paul Griffith que, em 1942, Schoenberg escreveu a Erwin Stein, em Londres, sugerindo-lhe que gravasse a obra em inglês; e também que, em sua estreia em Los Angeles, em 1944, o *Pierrot* foi interpretado em inglês, com a aprovação do compositor. André Schaeffner alude à primeira audição integral da peça em Paris, em 16 de janeiro de 1922, apresentada em francês por Marya Freund, numa versão que se afastava tanto da adaptação alemã quanto do texto de Albert Giraud, que a inspirara. Segundo Schaeffner, em 1921-1922, em Viena, no salão de Alma Mahler, as duas versões, a alemã e a francesa, foram confrontadas e as opiniões se dividiram: um dos discípulos de Schoenberg, Egon Wellez, escreveu na época que a intérprete alemã "falava" o texto, ao passo que Marya se aproximava mais do canto[1].

E aqui tocamos no ponto nevrálgico do *Pierrot*. O *Sprechgesang* ou "canto-falado". Muito se tem discutido sobre os exatos contornos dessa modalidade

1. *Nota para esta edição:* John Cage dá um curioso e emocionado depoimento sobre *Pierrot* e sua intérprete Marya Freund num artigo de 1949 sobre os Festivais de Música Contemporânea na Itália. Comentando o 23º Festival da Sociedade Internacional de Música Contemporânea (Palermo-Taórmina, 22-30 de abril) e o Primeiro Congresso de Música Dodecafônica (Milão, 4-7 de maio), ele escreve a propósito do primeiro: "Acima de tudo isto e de tudo o que foi ouvido em Milão ergueu-se o *Pierrot Lunaire* de Schoenberg como o monte Etna se eleva sobre Taórmina. Marya Freund, aos 74 anos de idade, cantofalou esta obra, acompanhada por um extraordinário conjunto italiano dirigido por Pietro Scarpini, que também foi o pianista. A *performance*, em 23 de abril, na Villa Igliea, em Palermo, foi tal que ninguém que a ouviu jamais a esquecerá. Uma espectadora que veio da Austrália disse que finalmente tinha entendido por que tinha viajado de tão longe. Este repórter se viu tremendo ainda por algum tempo depois e observou outras pessoas chorando. À natureza hermética dessa obra deu-se nessa ocasião um caráter quase oracular, de modo que parecia estar-se ouvindo uma verdade especial e profundamente necessária. O presidente do comitê internacional havia escrito esta mensagem de boas-vindas para os congressistas: "Quando mais tarde, em nossas vidas, cada um de nós tiver, como um suave *leitmotiv* na sinfonia das recordações, a visão desta Ilha Ensolarada num cenário de límpidos céus azuis e harmonias celestes, nos sentiremos amplamente recompensados pela entusiástica preparação destes nove dias de retiro espiritual". Seus votos se tornaram realidade com o *Pierrot Lunaire*.

de expressão vocal, que fica numa zona intermediária entre o canto e a fala. Na introdução que escreveu para a partitura, Schoenberg frisa que a melodia correspondente à voz não deve ser cantada. A intérprete deve manter estritamente o ritmo, como se cantasse, mas não deve cantar as notas da melodia (assinaladas com uma cruz sobre a haste da nota): a voz deve dar a altura, mas abandoná-la imediatamente, subindo ou descendo. Adverte Schoenberg que a executante não deve cair numa modalidade de fala "cantada", pois o objetivo não é, de modo algum, a fala realístico-natural; mas também não deve evocar uma canção. Previne, ainda, contra os excessos interpretativos: a executante não deve querer dar forma ao caráter de uma peça particular a partir do sentido das palavras, mas sempre, exclusivamente, a partir da música.

Em nenhum momento o compositor parece ter correlacionado o seu *Sprechgesang* – inovador, nos quadros da música ocidental – com práticas orientais semelhantes, como as que ocorrem, por exemplo, nas peças *Nô* japonesas, onde, no dizer de Pound, "as palavras do texto são faladas ou semicantadas ou entoadas, com um acompanhamento adequado e tradicional de movimento e cor, parecendo, elas próprias, apenas meias-sombras". A ligação não escapou a André Schaeffner, que escreveu: "Quanto à *Sprechmelodie*, seu princípio se encontra já na declamação cantada do teatro do Extremo Oriente".

Para Pierre Boulez (*Note sur le Sprechgesang*), os textos de Schoenberg sobre o assunto não são muito claros. Entre outras observações, Boulez assinala que "a voz puramente falada é uma espécie de percussão de ressonância muito curta: daí a impossibilidade total do som *falado* propriamente dito sobre uma duração longa". Relembra o compositor francês que Schoenberg não admitia que a obra fosse cantada ("*Pierrot* não é para ser cantado! [...] A obra seria completamente destruída se fosse cantada e todos teriam razão de dizer: não é assim que se escreve para canto!" – carta a Jemnitz). Acentuando que a obra foi dedicada não a uma cantora, mas a uma declamadora, Albertine Zehme, e que a intérprete de que Schoenberg mais gostava parece ter sido Erika Wagner-Stiedry (que gravou a obra, nos Estados Unidos, sob a regência do compositor, em 1941), Boulez critica essa interpretação e principalmente o seu vínculo a um estilo declamatório não distante do de Sarah Bernhardt, o seu *expressionisme à fleur des nerfs*, que "rouba toda a cor humorística às peças paródicas, para manter ao longo da obra um clima exageradamente tenso, em contradição com o caráter da interpretação instrumental". Aponta, ainda, que, exceto no caso das raras notas cantadas, impecavelmente justas, as entonações são apenas aproximativas. De qualquer forma, segundo o depoimento de Leonard Stein, assistente de Schoenberg em Los Angeles, as liberdades de Erika em relação ao texto musical não aborreceram o compositor: este estaria infinitamente mais interessado na expressão que nos intervalos...

A clara leitura de Helga Pilarzcik, sob a regência de Boulez, procura evitar os arroubos expressionistas e recuperar o humor das peças paródicas, tal como preconiza o compositor francês. O que não impede que a entonação, impregnada de *pathos*, de Bethany Beardslee, dirigida por Robert Craft, lhe seja incomparavelmente superior nos poemas noturnos como *Der Kranke Mond* (*A Lua Doente*) e *Nacht* (*Noite*). A brilhante *clarté* bouleziana não teria – como quer Marcel Marnat – sacrificado em demasia o aspecto *Jugendstil* da partitura?

Dona de um registro vocal incomum para uma cantora popular, Cleo Laine tem uma interpretação extraordinária, não ortodoxa, mas atenta aos valores rítmicos da partitura. Sem desdenhar a expressão, que sublinha os gestos icônicos do texto, incorporou-lhe algo do colorido peculiar dos vibratos e do empastado garganteio do jazz, em contraste com o empostado hierático da gramática vocal de tipo clássico-germânico.

Quaisquer que sejam, porém, as variantes de interpretação, o fato é que a obra permanece medularmente íntegra em sua provocação auditiva. No âmago dos Pierrôs possíveis, pulsa o Pierrô fundamental da genial intuição de Schoenberg, e o halo de incertezas vocais que o acompanha só lhe assegura permanência revolucionária.

Uma das razões que me levaram a empreender a tradução do *Pierrot* foi a ideia de que o texto em português poderia ensejar maior desenvoltura a uma intérprete brasileira, liberá-la, pela maior familiaridade com as palavras. Outra, e a mais forte, a convicção de que o entendimento imediato e particularizado do que se ouve é indispensável para a comunicação dessa obra. Numa modalidade de expressão tão atípica – *inter* ou *multimedia* – como é a desse *Pierrot*, que identificamos com dificuldade em algum lugar entre o canto e a fala, as palavras (e não apenas os sons) ganham evidência incomum. Há uma permanente tensão entre o texto e a música, um relacionamento isomórfico, isto é, uma procura de identificação entre ambos, que foge à percepção quando se desconhecem os valores semânticos e as suas ressonâncias motivacionais na materialidade do texto. A palavra *Mond* (lua), por exemplo, é elaborada de diversas formas, e cercada de recursos icônicos que vão até a fisiognomia imitativa, como na linha *Du nächtig todeskranker Mond* (literalmente, "Tu, lua noturna, enferma de morte"), do poema n. 9, *Der Kranke Mond* (*A Lua Doente*), na qual as duas últimas palavras devem ser cantofaladas com "tremolo", segundo indicação da partitura. Em comentário sobre *Pierrot Lunaire*, George Perle arrolou alguns exemplos de iconicidade musical (*tone-painting*), como os cânones no poema n. 17, *Parodie*, a que correspondem os arremedos da lua, no texto; ou a passagem de violoncelo que acompanha a descrição da performance de Pierrô e sua viola no n. 19, *Serenade*.

Os problemas da tradução não são poucos. Em primeiro lugar, há a própria qualidade do texto utilizado por Schoenberg. A versão alemã é uma adaptação livre, por Otto Erich Hartleben, de uma série de poemas do belga

Albert Giraud, em forma de rondós, de treze linhas, com repetição da primeira na 7a e 13a. O texto alemão não é rimado como o francês, e o ritmo, octossilábico no original, passa a ser mais variado, encolhendo-se a quatro sílabas no poema n. 12, *Galgenlied* (*Canção da Forca*), ou espraiando-se a nove no n. 15, *Heimweh* (*Nostalgia*). Nem o original nem a versão alemã são literariamente muito fortes. O ciclo de poemas de Giraud foi publicado em 1884, anos depois de Verlaine haver popularizado, em *Fêtes Galantes* (1869), o tema de Pierrô e outras personagens da *Commedia dell'Arte*, à esfumaçada luz da lua simbolista. E Giraud nem chega às sutilezas musicais de Verlaine, nem se alça às audácias e finuras da ironia de Laforgue, cujos livros *Complaintes* e *L'Imitation de Notre-Dame la Lune*, com seus sofisticados "lamentos de Lord Pierrô" e suas epigramáticas litanias à Lua, seriam lançados em 1885.

A tradução de Hartleben, além de amenizar o tom irônico do texto francês, lhe é poeticamente inferior, embora, do ponto de vista prosódico, soe fluente e eficaz. É dela, porém, que é preciso partir, pois a música de Schoenberg se modela e modula a partir de suas matrizes fônicas e rítmicas. O meu problema, por isso mesmo, era, sem perder de vista esses valores, encontrar soluções que criassem uma tensão vocabular capaz de manter vivo o interesse do próprio texto, e que, ao mesmo tempo, permitissem a sua articulação à música, reduzindo a um mínimo as adaptações morfológicas exigidas pelas diferenças léxicas, sintáticas e prosódicas com o português.

Partindo, assim, do texto alemão, e usando o francês apenas como referência ou sugestão, fiz por minha vez uma recriação livre, mais fiel ao clima que à letra dos poemas. Trabalhei com a partitura, que me dava, com mais precisão, o desenho do ritmo, das durações, das acentuações e das pausas. Busquei, acima de tudo, o texto vocal, ou "cantofalável", se assim posso dizer, tirando partido, sempre que possível, das virtualidades fônicas do português. Por exemplo, aquele *Du nächtig todeskranker Mond* ("Tu, lua noturna, enferma de morte") foi convertido em *Noturna, moritura Lua*, com o aproveitamento das tônicas "lúgubres" da vogal "u". No poema n. 10, *Raub* (*Roubo*), a linha *Rote, fürstlische Rubine* (literalmente, "Rubis vermelhos, principescos") teve acentuada a sua aliteração para *Rubros, rútilos rubis*. E o refrão-título do poema n. 4, *Eine blasse Wäscherin* (*Uma Lavadeira Pálida*) – no original francês, "Comme une pâle lavandière" –, foi reestruturado numa fórmula sonorista, que combina aliteração e paronomásia, dentro do ritmo e da acentuação prefixados: *Lavadeira Lívida*. Não hesitei em transgredir a semântica, ou em ampliá-la, quando senti que o clima não se perderia e se ganharia do ponto de vista sonoro. Assim, *Die dürre Dirne* (*A Prostituta Magra*), do poema n. 12, que sintetiza numa fórmula mais plástica e realista o reticente *La maigre amoureuse* de Giraud, ficou sendo *A Virgem Hirta*, para manter a célula fônica, fulcrada nos "ii" que tonificam a vertigem rítmica desse texto, o mais curto de toda a composição (cerca de 13), e que eu exploro, a seguir, mais acentuadamente que a versão alemã. Dizia João Ribeiro (*Curiosidades Verbais*) que "a palavra que mais geralmente designa a mulher errada era a denominação casta das donzelas", e que "a palavra *Dirne*, no alemão, se usava até designando Nossa Senhora e degradou-se depois". Minha tradução livre reverte o processo de degradação semântica, sem que – suponho – tenha subtraído a sensualidade ao texto, preservada pelo caráter obsessivo e algo vicioso dessa "ideia fixa" amorosa – "a virgem hirta de colo fino" –, último desejo do Pierrô. Outras vezes, minhas soluções preveem uma interpretação à luz da partitura. No poema n. 11, *Rote Messe* (*Missa Vermelha*), por exemplo, a linha *Sein Herz – in blutgen Fingern*, que traduzo por *Seu coração sangrando*, supõe a leitura *Seu cor* (pausa) *ação sangrando*. Assim também, no poema n. 9, *Gebet an Pierrot* (*Prece ao Pierrô*), a linha *Hab ich verlernt*, que, propositadamente, deu: *Se espe* (pausa) *da* (pausa) *çou*. Valham esses poucos exemplos como sintoma das preocupações e dos critérios da tradução.

A esperança é que o resultado, mantendo-se, o quanto possível, fiel à estrutura textual adotada por Schoenberg, seja estimulante para a intérprete, para os músicos e para o público.

Uma palavra sobre a apresentação do *Pierrot*. Nas audições ao vivo a que pude assistir, senti a necessidade de que houvesse um *appeal* visual consonante com a força terrível que emana do canto-falado e das fantasmagorias musico-textuais schoenberguianas. Segundo o testemunho de André Schaeffner "é à sombra de um teatro de sombras que vão tocar os músicos de Schoenberg. E é assim, de resto, que será imaginado o espetáculo: os instrumentistas ocultos atrás de um biombo, no palco apenas a solista". Afirma-se, mesmo, que a primeira intérprete, Albertine Zehme, teria subido à cena vestida a caráter, ou seja, em traje de pierrô. Em todo caso, parece-me que a natureza interdisciplinar desta obra de Schoenberg está a pedir que seja repensada a ideia do "teatro de câmara", que, ainda segundo Schaeffner, teria estado nas cogitações de Albert Giraud, o poeta do *Pierrot*. Não um teatro "teatral", mas algo que, mais à maneira oriental, envolvesse numa interestrutura a solista, os músicos, a roupa, a luz, o cenário. Penso, ainda uma vez, na lição do teatro *Nô*, que reúne a dança, a música, o texto, o gesto, a mímica e a arte visual na "intensificação de uma única imagem", conforme a expressão de Ezra Pound. Como disse Ernest Fenollosa, num estudo sobre o teatro *Nô* revelado pelo próprio Pound: "A beleza do *Nô* reside na concentração. Todos os elementos – vestuário, movimento, versos e música – se unem para produzir uma única impressão clarificada". Serão mais enigmas ou mais perguntas a propor para um *Pierrot* que não perdeu nada de nossa paixão e que – estou seguro – há de provocar muitos outros Pierrôs apaixonados e enigmáticos.

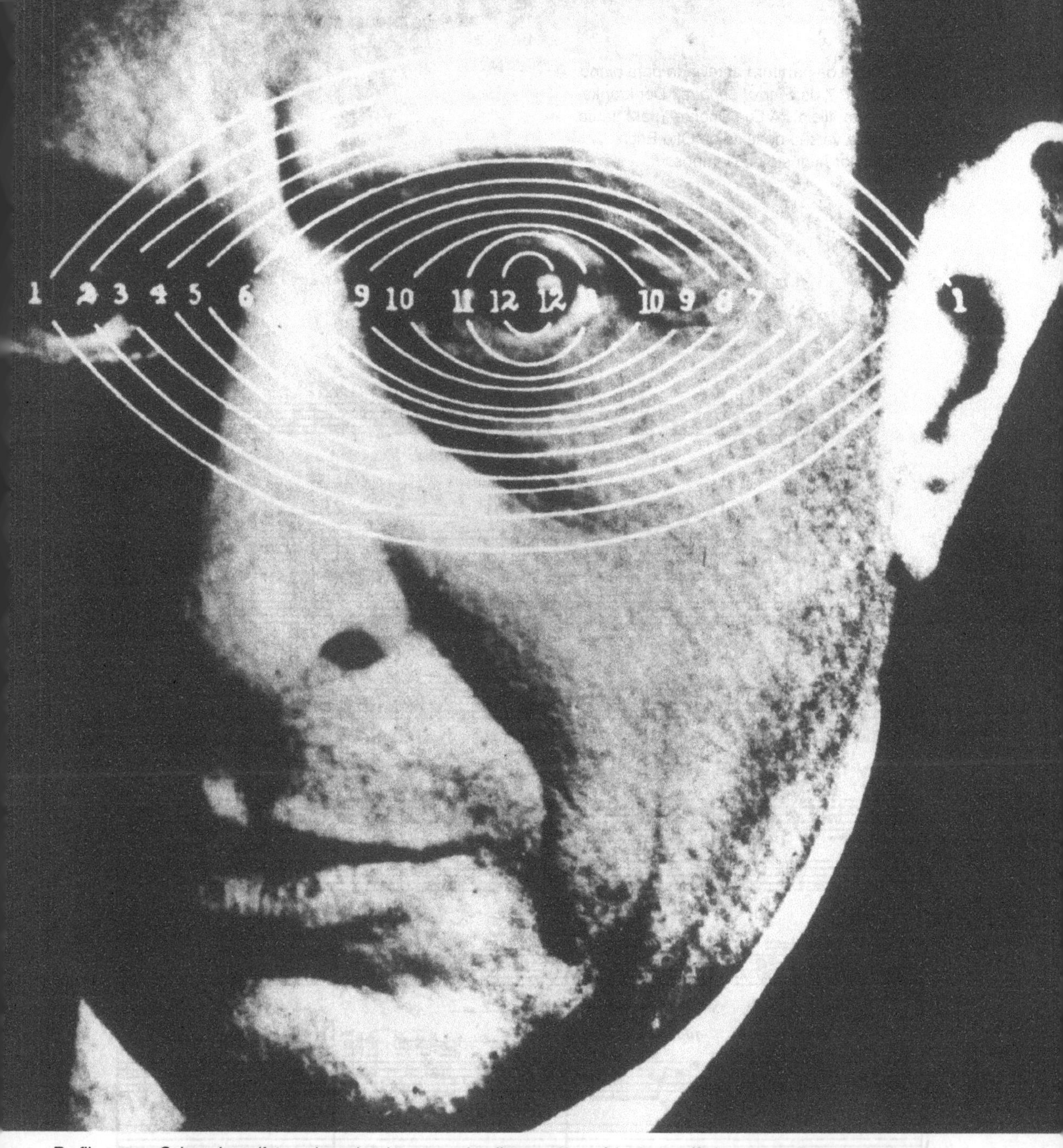

Profilograma: Schoenberg (foto + desenho do compositor ilustrando a série dodecafônica e suas formas-espelho.

Trecho inicial da partitura abreviada para piano da canção nº 7, de *Pierrot Lunaire*, "Der kranke Mond" (Flüte ailein). "A Lua Doente" (para flauta solo), com a versão do texto de Otto Erich Hartleben por Augusto de Campos.

Prefácio de Schoenberg ao *Pierrô Lunar*

Aquilo que na voz-falada (*Sprechstimme*) for apresentado como melodia através das notas (salvo alguma exceção especialmente assinalada) não se destina a ser cantado. O executante deve levar conta a altura do som indicada para transformá-la em uma melodia-falada (*Sprechmelodie*).

Isto se obtém, desde que ele:

I. mantenha estritamente o ritmo, como se cantasse, isto é, sem maior liberdade do que se poderia permitir numa melodia-cantada (*Gesangsmelodie*);

II. se torne consciente da diferença entre som-cantado (*Gesangston*) e som-falado (*Sprechton*): o som-cantado conserva a altura do som invariavelmente fixa; o som-falado dá a altura, mas a abandona imediatamente através de quedas ou subidas. O executante deve, porém, se precaver para não cair numa modalidade de fala "cantada". Não é isso, absolutamente, o que é desejado. O que se pretende não é, de modo algum, uma fala realístico-natural. Ao contrário, a diferença entre a fala comum e uma fala que coopera com uma forma musical deve se tornar clara. Mas também não se deve evocar uma canção.

Acrescente-se o seguinte a propósito da execução:

Aqui, jamais cabe aos executantes a tarefa de dar forma à disposição e ao caráter de uma peça particular a partir do sentido das palavras, mas sempre exclusivamente a partir da música. Tudo quanto pareceu relevante ao autor para a apresentação plástico-sonora dos acontecimentos ou sensações do texto encontra-se, de resto, na música. Se o executante sentir falta dessa atuação, deve renunciar a ela, pois isso seria dar alguma coisa que o autor não quis. Ele aqui não daria, mas tomaria.

ARNOLD SCHOENBERG

Pierrot Lunaire / Pierrô Lunar

Arnold Schoenberg
Pierrot Lunaire, Op. 21 (1912)
três vezes sete poemas de Albert Giraud
recriação de Augusto de Campos da versão alemã de Otto Erich Hartleben

1. *Mondestrunken*

Den Wein, den man mit Augen trinkt,
Giesst Nachts der Mond in Wogen nieder,
Und eine Springflut überschwemmt
Den stillen Horizont.

Gelüste, schauerlich und süss,
Durschwimmen ohne Zahl die Fluten!
Den Wein, den man mit Augen trinkt,
Giesst Nachts der Mond in Wogen nieder.

Der Dichter, den die Andacht treibt,
Berauscht sich an dem heilgen Tranke,
Gen Himmel wendet er verzückt
Das Haupt und taumelnd saugt und schlürft er
Den Wein, den man mit Augen trinkt.

1. Bêbado de Lua

O vinho que meus olhos sorvem
A Lua verte em longas ondas,
Que numa enorme enchente solvem
Os mudos horizontes.

Desejos pérfidos se escondem
No filtro do luar que chove.
O vinho que meus olhos sorvem
A Lua verte em longas ondas.

O Poeta, no silêncio absorto,
Absinto santamente absorve,
E o céu é seu até que cai,
Olhar em alvo, gesto tonto,
Do vinho que meus olhos sorvem.

2. *Colombine*

Des Mondlichts bleiche Blüten,
Die weissen Wunderrosen,
Blühn in den Julinächten –
O bräch ich eine nur!

Mein banges Leid zu lindern,
Such ich am dunklen Strome
Des Mondlichts bleiche Blüten,
Die weissen Wunderrosen.

Gestillt wär all mein Sehnen,
Dürft ich so märchenheimlich,
So selig leis – entblätern
Auf deine braunen Haare
Des Mondlichts bleiche Blüten!

2. Colombina

As flores-luz da Lua,
Alvura luminosa,
Florem na noite nua –
Eu morro de brancura!

Meu alvo é só seu alvo.
Busco num rio escuro
As flores-luz da lua,
Alvura luminosa.

Eu só seria salvo
Se o céu me concedesse
O dom de ir desfolhando
À flor dos teus cabelos
As flores-luz da Lua!

3. *Der Dandy*	3. O Dândi
Mit einem phantastischen Lichtstrahl	Com seu mais fantástico raio
Erleuchtet der Mond die krystallnen Flacons	Espelha-se a Lua em cristais e gargalos
Auf dem schwarzen, hochheiligen Waschtissch	Sobre o negro lavabo sagrado
Des schweigenden Dandys von Bergamo.	Do pálido dândi de Bérgamo.
In tönender, bronzener Schale	Em amplas bacias de bronze
Lacht hell die Fontaine, metallischen Klangs.	Gargalha uma fonte metálicos sons.
Mit einem phantastischen Lichtstrahl	Com seu mais fantástico raio
Erleuchtet der Mond die krystallnen Flacons.	Espelha-se a Lua em cristais e gargalos.
Pierrot mit dem wächsernen Antlitz	Pierrô com a cara de cera
Steht sinnend und denkt:	Se mira e remira:
wie er heute sich schminkt?	qual será sua máscara?
Fort schiebt er das Rot und des Orients Grün	Refuga o vermelho e o verde oriental
Und bemalt sein Gesicht in erhabenem Stil	E maquila seu rosto no creme da Lua
Mit einem phantastischen Lichtstrahl.	Com seu mais fantástico raio.

4. *Eine Blasse Wäscherin*

Eine blasse Wäscherin
Wäscht zur Nachtzeit bleiche Tücher;
Nackte, silberweisse Arme
Streckt sie nieder in die Flut.

Durch die Lichtung schleichen Winde,
Leis bewegen sie den Strom.
Eine blasse Wäscherin
Wäscht zur Nachtzeit bleiche Tücher.

Und die sanfte Magd des Himmels,
Von den Zweigen zart umschmeichelt,
Breitet auf die dunklen Wiesen
Ihre lichtgewobnen Linnen –
Eine blasse Wäscherin.

4. Lavadeira Lívida

Lavadeira lívida
Lava a noite em alvos lenços;
Braços brancos, sonolentos,
Pele nívea pelo rio.

Pela névoa vêm os ventos
Levemente a vacilar,
Lavadeira lívida
Lava a noite em alvos lenços.

Suave serva em desalinho
Sob o amor dos ramos frios
Alva à treva nua lava
Em seus luminosos linhos –
Lavadeira lívida.

5. *Valse de Chopin*

Wie ein blasser Tropfen Bluts
Färbt die Lippen einer Kranken,
Also ruht auf diesen Tönen
Ein vernichtungssüchtger Reiz.

Wilder Luft Accorde stören
Der Verzweiflung eisgen Traum –
Wie ein blasser Tropfen Bluts
Färbt die Lippen einer Kranken.

Heis und jauchzend, süss und schmachtend,
Melancholisch düstrer Walzer,
Kommst mir nimmer aus den Sinnen!
Haftest mir an den Gedanken,
Wie ein blasser Tropfen Bluts!

5. Valsa de Chopin

Como o sangue a gotejar
Tinge os lábios de um doente,
Também tomba destes timbres
Um mortífero torpor.

Um a um, os sons ressoam
No gelado pesadelo
Como o sangue a gotejar
Tinge os lábios de um doente.

Torturante, doce e doida,
Melancólica é a valsa
Que se infiltra nos sentidos
E retine na lembrança
Como o sangue a gotejar.

6. *Madonna*

Steig, o Mutter aller Schmerzen,
Auf den Altar meiner Verse!
Blut aus deinen magren Brusten
Hat das Schwertes Wut vergossen.

Deine ewig frischen Wunden
Gleichen Augen, rot und offen.
Steig, o Mutter aller Schmerzen
Auf den Altar meiner Verse!

In den abgezehrten Händen
Hälst du deines Sohnes Leiche.
Ihn zu zeigen aller Menschheit –
Doch der Blick der Menschen meidet
Dich, o Mutter aller Schmerzen!

6. Madonna

Paira, ó Mãe do Desespero,
Sobre o altar destes meus versos!
Sangue de teus magros peitos
O furor da espada verte.

Tuas chagas vejo abertas
Como olhos ocos, cegos.
Paira, ó Mãe do Desespero,
Sobre o altar destes meus versos!

Em teus fracos braços serves
O cadáver, membros verdes,
Do teu filho ao universo –
Mas o mundo se diverte
Mais, ó Mãe do Desespero.

7. Der Kranke Mond

Du nächtig todeskranker Mond
Dort auf des Himmels schwarzen Pfühl,
Dein Blick, so siebern übergross,
Bannt mich wie fremde Melodie.

An unstillbaren Liebesleid
Stirbst du, an Sehnsucht, tief erstickt,
Du nächtig todeskranker Mond
Dort auf des Himmels schwarzem Pfühl.

Den Liebsten, der im Sinnenrausch
Gedankenlos zur Liebsten schleicht,
Belustigt deiner Strahlen Spiel –
Dein bleiches, qualgebornes Blut,
Du nächtig todeskranker Mond.

7. A Lua Doente

Noturna, moritura Lua,
Lá, no sem-fim do negro céu,
Olhar de febre a vibrar
Em mim, qual rara melodia.

Com infindável dor de amor
Vais, num silente estertor,
Noturna, moritura Lua,
Lá, no sem-fim do negro céu.

O amante que teu brilho faz
Sonâmbulo perambular,
Na luz que flui vai beber
Teu alvo sangue que se esvai,
Noturna, moritura Lua.

8. *Nacht*	8. Noite
Finstre, schwarze Riesenfalter	Cinzas, negras borboletas
Töteten der Sonne Glanz.	Matam o rubor do sol.
Ein geschlossnes Zauber buch	Como um livro de magia
Ruht der Horizont – verschwiegen.	O horizonte jaz – soturno.
Aus dem Qualm verlorner Tiefen	Um perfume de incensório
Steigt ein Duft, Erinnrung mordend!	Sobe de secretas urnas.
Finstre, schwarze Riesenfalter	Cinzas, negras borboletas
Töteten der Sonne Glanz.	Matam o rubor do sol.
Und von Himmel erdenwärts	E do céu a revoar
Senken sich mit schweren Schwingen	Revolvendo as asas lentas,
Unsichtbar die Ungetüme	Vêm, morcegos da memória,
Auf die Menschenherzen nieder...	Invisíveis visitantes...
Finistre, schwarze Riesenfalter.	Cinzas, negras borboletas.

9. *Gebet an Pierrot*

Pierrot! Mein Lachen
Hab ich verlernt!
Das Bild des Glanzes
Zerfloss – Zerfloss!

Schwarz weht die Flagge
Mir nun vom Mast.
Pierrot! Mein Lachen
Hab ich verlernt!

O gieb mir wieder,
Rossarzt der Seele,
Schneemann der Lyrik,
Durchlaucht vom Monde,
Pierrot – mein Lachen!

9. Prece ao Pierrô

Pierrô! Meu riso
Se espedaçou!
Seu brilho é um rastro:
Passou – Passou!

Negro estandarte
Tem o meu mastro.
Pierrô! Meu riso
Se espedaçou!

Ah! Traz de novo,
Mago das almas,
Noivo da neve,
Milord da Lua,
Pierrô – meu riso!

10. *Raub*

Rote, fürstliche Rubine,
Blutge Tropfen alten Ruhmes,
Schlummern in den Totenschreinen,
Drunten in den Grabgewölben.

Nachts, mit seinen Zechkumpanen,
Stigt Pierrot hinab – zu rauben
Rote, fürstliche Rubine,
Blutge Tropfen alten Ruhmes.

Doch da – straüben sich die Haare.
Bleiche Furcht bannt sie am Platze:
Durch die Finsterniss – wie Augen! –
Stieren aus den Totenschreinen
Rote, fürstliche Rubine.

10. Roubo

Rubros, rútilos rubis,
Sangue azul de velhas galas,
Velam o sono dos mortos
Dentro de remotas tumbas.

Só, de noite, sorrateiro,
Eis Pierrô que vem – roubar
Rubros, rútilos rubis,
Sangue azul de velhas galas.

Mas estaca, seu cabelo
Todo em pé, as mãos geladas:
Sob a escuridão mil olhos
Miram o sono dos mortos –
Rubros, rútilos rubis.

11. *Rote Messe*	11. Missa Vermelha
Zu grausem Abendmahle,	Cruel eucaristia:
Beim Blendeglanz des Goldes,	Ao cintilar dos ouros,
Beim Flackerschein der Kerzen,	Ao vacilar das velas,
Naht dem Altar – Pierrot!	Sobe ao altar – Pierrô.
Die Hand, die gottgewihte,	A mão, a Deus devota,
Zerreisst die Priesterkleider	Rasgou o santo manto.
Zu grausem Abendmahle,	Cruel eucaristia,
Beim Blendeglanz des Goldes.	Ao cintilar dos ouros.
Mit segnender Geberde	Com gestos piedosos,
Ziegt er den bangen Seelen	Alça nos longos dedos
Die triefend rote Hostie:	A hóstia gotejante:
Sein Herz – in blutgen Fingern –	Seu coração sangrando.
Zu grausem Abendmahle!	Cruel eucaristia.

12. *Galgenlied*	12. Canção da Forca
Die dürre Dirne	A virgem hirta
Mit langem Halse	De colo fino
Wird seine letzte	Ideia fixa
Geliebte sein.	Antes do fim.
In seinem Hirne	Dentro da mente
Steckt wie ein Nagel	Como um espinho
Die dürre Dirne	A virgem hirta
Mit langem Halse.	De colo fino.
Schlank wie die Pinie,	Como um caniço
Am Hals ein Zöpfchem –	De trança e fita,
Wollüstig wird sie	Carícia fina,
Den Schelm umhalsen,	Lasciva o fita
Die dürre Dirne.	A virgem hirta.

13. *Enthauptung*

Der Mond, ein blankes Türkenschwert
Auf einem schwarzen Seidenkissen,
Gespentisch gross – dräut er hinab
Durch schmerzensdunkle Nacht.

Pierrot irrt ohne Rast umher
Und starrt empor in Todesängsten
Zum Mond, dem blanken Türkenschwert
Auf einem schwartzen Seidenkissen.

Es schlottern unter ihm die Knie,
Ohnmächtig bricht er jäh zusammen.
Er wähnt: es sause strasend schon
Auf seinen Sünderhals hernieder
Der Mond, das blanke Türkenschwert.

13. Decapitação

A Lua – um sabre oriental
Em seu divã sombrio de seda,
Horrendo e nu – ronda, fatal,
Na escura noite má.

Pierrô erra sem rumo, só,
E com terror vigia, mudo,
A Lua – um sabre oriental
Em seu divã sombrio de seda.

Tropeça, cheio de pavor,
Perde os sentidos, desfalece
E cai: julgando ver o fim,
Em seu pescoço sente o frio
Da Lua, um sabre oriental.

14. *Die Kreuze*

Heilge Kreuze sind die Verse,
Dran die Dichter stumm verbluten,
Blindgeschlagen von der Geier
Flatterndem Gespensterschwarme!

In den Liebern schwelgten Schwerter,
Prunkend in des Blutes Scharlach!
Heilge Kreuze sind die Verse,
Dran die Dichter stumm verbluten.

Tot das Haupt – erstarrt die Locken –
Fern verweht der Lärm des Pöbels.
Langsam sinkt die Sonne nieder.
Eine rote Königskrone –
Heilge Kreuze sind die Verse.

14. As Cruzes

Cruzes santas são os versos
Onde sangram os poetas
Cegos, que os abutres bicam,
Fantasmas esvoaçantes.

Em seus corpos lentas lanças
Banham-se no rio de sangue!
Cruzes santas são os versos
Onde sangram os poetas.

Vem o fim – e findo o ato,
Vai morrendo o pranto fraco.
Longe põe o sol monarca
A coroa cor de lacre.
Cruzes santas são os versos.

15. *Heimweh*

Lieblich klagend – ein kristallnes Seufzen
Aus Italiens alter Pantomime,
Klingts herüber: wie Pierrot so hölzern,
So modern sentimental geworden.

Und es tönt durch seines Herzens Wüste,
Tönt gedämpft durch alle Sinne wieder,
Lieblich klagend – ein kristallnes Seufzen
Aus Italiens alter Pantomine.

Da vergisst Pierrot die Trauermienen!
Durch den bleichen Feuerschein des Mondes,
Durch des Lichtmeers Fluten – schweift die Sehnsucht
Kühn hinauf, empor zum Heimathimmel,
Lieblich klagend – ein kristallnes Seufzen!

15. Nostalgia

Um suspiro de cristal partido
Traz da Itália velhas pantomimas
À memória: e Pierrô, tão seco,
Faz virar sentimental de novo.

No deserto de seu peito oco,
Surdamente sobre os seus sentidos,
Um suspiro de cristal partido
Traz da Itália velhas pantomimas.

Já perdeu Pierrô seus ares tristes.
Pelo incêndio lívido da Lua,
Pelos mares mortos da memória,
Vai soar, além, num céu longínquo,
Um suspiro de cristal partido.

16. *Gemeinheit!*

In den blanken Kopf Cassanders,
Dressen Schrein die Luft durchzetert,
Bohrt Pierrot mit Heuchlermienen,
Zärtlich – einen Schädelbohrer!

Darauf stopft er mit dem Daumen
Seinen echten türkschen Taback
In den blanken Kopf Cassanders,
Dessen Schrein die Luft durchzetert!

Dann dreht er ein Rohr von Weichsel
Hinten in die glatte Glatze
Und behäbig schmaucht und pafft er
Seinen echten türkschen Taback
Aus dem blanken Kopf Cassanders!

16. Atrocidade

Na cabeça de Cassandro,
Cujos gritos soam alto,
Faz Pierrô com ares sonsos,
Ágil – um buraco fundo!

Depois preme com o dedo
O seu fino fumo turco
Na cabeça de Cassandro,
Cujos gritos soam alto!

Um canudo de cachimbo
Mete nesse crânio calvo
E, sorrindo, sopra e puxa
O seu fino fumo turco
Na cabeça de Cassandro!

17. *Parodie*

Stricknadeln, blank und blikend,
In ihrem grauen Haar,
Sitzt die Duenna murmelnd,
Im roten Röckchen da.

Sie wartet in der Laube,
Sie liebt Pierrot mit Schmerzen,
Stricknadeln, blank und blikend,
In ihrem grauen Haar.

Da plötzlich – horch! – ein Wispern!
Ein Windhauch kichert leise:
Der Mond, der böse Spötter,
Äft nach mit seinen Strahlen –
Stricknadeln, blink und blank.

17. Paródia

Agulhas pisca-pisca
No seu cabelo gris,
A dama murmureja,
Vestida de cetim.

Espera na varanda
O seu Pierrô perverso,
Agulhas pisca-pisca
No seu cabelo gris.

Mas ouve-se um sussurro.
Um riso risca a brisa:
A Lua, atriz burlesca,
Imita com seus raios
Agulhas pisca-pisca.

18. *Der Mondfleck*

Einen weissen Fleck des hellen Mondes
Auf dem Rücken seines schwarzen Rockes,
So spaziert Pierrot im lauen Abend,
Aufzusuchen Glück und Abenteuer.

Plötzlich stört ihn was an seinem Anzug,
Er beschaut sich rings und findet richtig –
Einen weissen Fleck des hellen Mondes
Auf dem Rücken seines schwarzen Rockes.

Warte! denkt er: das ist so ein Gipsfleck!
Wischt und wischt, doch – bringt ihn nicht herunter!
Und so geht er, giftgeschwollen, weiter,
Reibt und reibt bis an den frühen Morgen –
Einen weissen Fleck des hellen Mondes.

18. Borrão de Lua

Um borrão de cal da clara Lua
Sobre as costas do casaco preto,
Vem aí Pierrô na noite morna,
Procurando sorte e aventura.

Porém algo luz em suas costas:
Ele espia, espia e acha logo
Um borrão de cal da clara Lua
Sobre as costas do casaco preto.

Ora! – pensa – é um borrão de gesso!
Sim ou não? Mas limpa e não consegue
E persegue, cheio de veneno,
(Sim ou não?) até de madrugada
Um borrão de cal da clara Lua.

19. *Serenade*

Mit groteskem Riesenbogen
Kratzt Pierrot auf seiner Bratsche,
Wie der Storch auf einem Beine,
Knipst er trüb ein Pizzicato.

Plötzlich naht Cassander – wütend
Ob des nächtgen Virtuosen –
Mit groteskem Riesenbogen
Kratzt Pierrot auf seiner Bratsche.

Von sich wirft er jetzt die Bratsche:
Mit der delikaten Linken
Fasst den Kahlkopft er am Kragen –
Träumend spielt er auf der Glatze
Mit groteskem Riesenbogen.

19. Serenata

Mil grotescas dissonâncias
Faz Pierrô numa viola.
Sobre um pé, como cegonha,
Ele arranha um pizzicato.

Logo vem Cassandro, tonto
Com o estranho virtuose.
Mil grotescas dissonâncias
Faz Pierrô numa viola.

Da viola já se cansa.
Com os delicados dedos
Pega o velho pela gola
E viola o crânio calvo
Com grotescas dissonâncias.

20. *Heimfahrt*	20. Regresso
Der Mondstrahl ist das Ruder,	A Lua é o leme,
Seerose dient als Boot:	Nenúfar o navio:
Drauf fährt Pierrot den Süden	Com vento em sua vela
Mit gutem Reisewind.	Pierrô vai para o sul.
Der Strom summt tiefe Skalen	O mar sussurra escalas
Und wiegt den leichten Kahn.	E embala a nave leve.
Der Mondstrahl ist das Ruder,	A Lua é o leme,
Seerose dient als Boot.	Nenúfar o navio.
Nach Bergamo, zur Heimat,	A Bérgamo, vogando,
Kehrt nun Pierrot zurück,	Vai Pierrô volver.
Schwach dämmert schon im Osten	Já treme no oriente
Der grüne Horizont.	O verde horizonte.
– Der Mondstrahl ist das Ruder.	– A Lua é o leme.

21. *O Alter Duft*

O alter Duft aus Märchenzeit,
Berauschest wieder meine Sinne!
Ein närrisch Heer von Schelmerein
Durchschwirrt die leichte Luft.

Ein glückhaft Wünschen macht mich froh
Nach Freuden, die ich lang verachtet:
O alter Duft aus Märchenzeit,
Berauschest wieder mich!

All meinem Unmut gab ich preis,
Aus meinem sonnumrahmten Fenster
Beschau ich frei die liebe Welt
Und träum hinaus in selge Weiten...
O alter Duft – aus Märchenzeit!

21. Ó Velho Olor

Ó velho olor dos dias vãos,
Penetra-me nos meus sentidos!
Ideias doidas a dançar
Reveem no leve ar.

Um sonho bom me faz sentir
Memórias que me abandonaram:
Ó velho olor dos dias vãos,
Penetra-me outra vez!

Toda a tristeza se desfaz.
Pela janela iluminada
Eu vejo a vida que me vê
Sonhar além a imensidade...
Ó velho olor – dos dias vãos!

II
Radicais da Música

Satie, O Velhinho-Prodígio da Música*

Dos nossos modernistas, quem entendia de música era Mário, mas quem sabia das coisas, como sempre, era Oswald. Mário de Andrade, o musicólogo, apostou numa causa errada: o nacionalismo provinciano de Camargo Guarnieri. E acabou empatando com a cartilha de Jdanov, o famigerado comissário soviético que condenou o dodecafonismo como "arte decadente", depois que os nazistas já o haviam condenado como "arte degenerada". Na "Carta Aberta aos Músicos e Críticos do Brasil", que publicou em 7.11.1950, atacando a música dodecafônica, Guarnieri andou trocando as bolas. O que lhe valeu três tacapadas certeiras de Pagu, nas crônicas do jornal *Fanfulla* (12 e 26.11 e 3.12.1950), e esta ironia: "Anteontem, embarcou o maestro Camargo Guarnieri. Podia voltar e eu gostaria que nos explicasse de viva voz o que quer dizer mesmo arte degenerada".

Oswald, no pouco que falou de música, falou bem. Num artigo de 43 ou 44 (incluído em *Ponta de Lança*) afirmava já: "Se houve ultimamente um gênio em França, esse se chamou Erik Satie..." E repetia numa crônica (*Telefonema*) de 1952: "Era um velho de 70 anos e tinha sido cruelmente abandonado por todos os seus amigos, quando o encontrei no *Quartier Latin*. Chamou-se Erik Satie. E talvez venha a ser um dia considerado o maior gênio musical do século XX".

Satie nunca chegou aos 70 anos. Morreu com 59, embora devesse parecer muito mais velho quando Oswald o conheceu (entre 1922 e 1925). "Mesmo aos quarenta anos, Satie já parecia muito velho", diz Ornella Volta, responsável por dois itens importantes da bibliografia satieana – *Écrits* (1977), contendo os escritos do compositor, e *Erik Satie* (1979), para a coleção Seghers/Humor. É também pouco provável que ele venha a ser considerado o maior gênio musical do século que produziu Schoenberg, Webern, Stravínski, Cage e Stockhausen. Um século ao qual não pertenceu inteiramente, já que suas primeiras obras importantes se inscrevem no século anterior.

* Publicado na revista *SomTrês*, n. 17, maio de 1980.

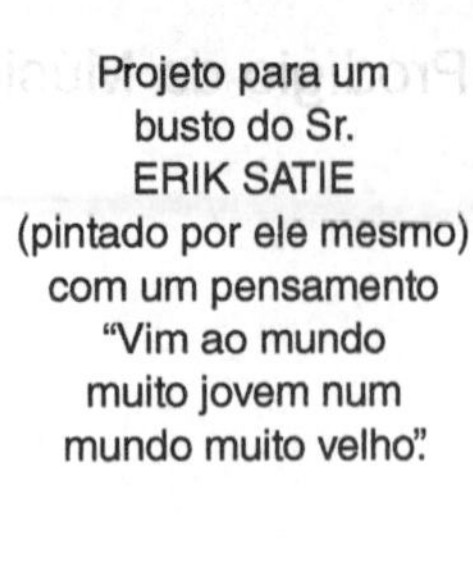

Projeto para um busto do Sr. ERIK SATIE (pintado por ele mesmo) com um pensamento "Vim ao mundo muito jovem num mundo muito velho".

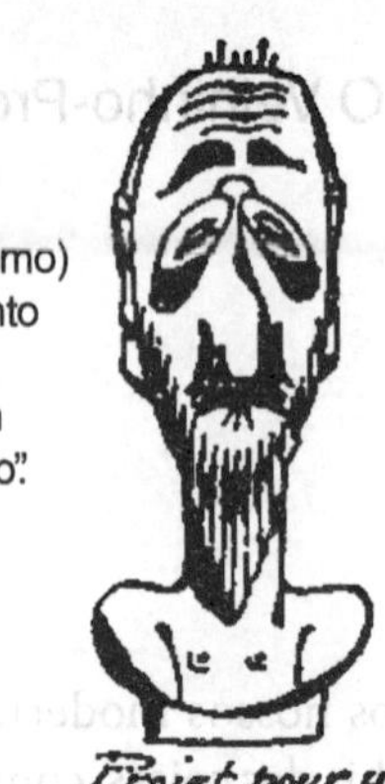

Trecho da partitura de *Sports et Divertissements*, "La Balançoire" (O Balanço), manuscrito de Satie.

Mas sem dúvida pode, hoje, ser visto como um dos gênios musicais do século, ainda que continue a suscitar polêmicas e a desafiar classificações. Oswald, o amador genial ("Viva os Amadores!", não bradava Satie?), acertou no alvo. E chegou a se antecipar a John Cage, cuja primeira reavaliação de Satie, então bastante esquecido, é de 1948. Dessa data é a *Defesa de Satie*, conferência proferida por Cage no Black Mountain College, perante um auditório composto, em boa parte, de professores alemães refugiados nos EUA, os quais ouviram escandalizados a proclamação de que Webern e Satie estavam certos e quem estava errado era Beethoven, cuja influência tinha sido nefasta para a arte da música. Cage dedicou a Satie, então, nada menos que 24 concertos, que culminaram com a apresentação da peça pré-dadá (com música incidental) *A Armadilha de Medusa*, tendo o arquiteto Buckminster Fuller no papel de Barão Medusa. Numa "universidade" tão livre como Black Mountain (local do primeiro *happening*), nada poderia terminar de maneira convencional. Para pôr um ponto final na querela entre beethovenistas e satieanos, desencadeada pela palestra de Cage, consta que o reitor, Bill Levi, propôs um duelo de *Schnitzel* e *crêpe suzettes* e que os ânimos exaltados se aplacaram provisoriamente numa farra pastelônica...

É de 1958 a publicação de duas novas importantes defesas de Satie na revista *Arts News Annual*: "Sobre Erik Satie", de Cage, e "Erik Satie: Compositor da Escola de Paris", de Roger Shattuck. Aquele viria a ser incorporado ao famoso livro *Silence* (1961). O artigo de Shattuck integrar-se-ia em outro livro, de muita repercussão, *The Banquet Years* (1958). Entre a conferência de Black Mountain e estas publicações, paradoxalmente de dois norte-americanos, editou-se na França, em 1952, um alentado número especial da *Revue Musicale*, devotado a Satie, sob a organização de um outro não francês, o britânico Rollo Meyers. Era o começo da redenção.

Em 1952, o catálogo de discos Schwann dava a Satie esta mirrada fatia: *Descrições Automáticas*, uma *Gymnopédie*, uma *Gnossienne* e mais algumas peças para piano, na metade de um LP dividido com Poulenc. *Três Peças em Forma de Pera*, num disco ocupado por um concerto de Saint-Saens (do qual dizia Satie: "Não: Saint-Saens não é alemão... É só um pouco duro de cuca..."). *Parade*, partilhada com Auric. *A Missa para os Pobres*, repartida com as *Variações* op. 40 de Schoenberg. E – o único LP todo seu – a gravação pioneira de *Socrate*, sob a regência de René Leibowitz, o ressuscitador da música dodecafônica na década de 40. Só em 1968 Aldo Ciccolini iniciaria a sua "quase integral" em seis discos, que foram pingando aos poucos.

Mas quem é, afinal, Satie, aos olhos de agora? "Não se trata de saber se Satie é relevante, ele é indispensável", diz Cage. O arco da invenção satieana é incomum. Vai do século XIX ao XX, do impressionismo ao dadaísmo, do rosa-cruz ao café-concerto, em suma, de *Esotérik* (como o chamou Alphonse Alais) a *Satierik* (como o preferiu chamar Picabia). Arco?

Da primeira fase, a mística e precursora (1887-1895), são as *Sarabandas*, que antecedem às harmonias debussyanas. Outras composições do período (*Gymnopédies, Gnossiennes*) rebelam-se, no seu modalismo/medievalismo dissolvente, da tirania tonal e insinuam noções liberadoras de ritmo e de tempo. Subitamente, o homem se transfigura. 1900. À noite, nos cabarés de Paris, dedilha valsas ligeiras (*Je te veux, Tendrement*). Riso ou sorriso? Nova mudança. Troca a roupa elegante de veludo e o casquete de boêmio pelo terno escuro, o chapéu coco e o colarinho postiço de notário, complementados por um indefectível guarda-chuva. O exterior envelhece. Ele rejuvenesce, velhíssimo na aparência, heterônimo em pessoa. Enquanto Debussy produz obras-primas impressionistas como as *Canções de Bilitis* (1897) e os *Noturnos* (1899), o riso de Satie começa a florescer em peças curtas e desconcertantes pela simplicidade e pelo tom paródico. Os títulos, antes enigmáticos, criticam agora, em poéticos disparates, a nomenclatura deliquescente de matiz impressionista: *Peças Frias* (*Três Árias pra Fazer Correr* e *Três Danças de Viés*), 1897; *Prelúdios Flácidos para um Cão*, 1912, *Três Valsas Distintas do Afetado Enfadado*, 1914, para citar só alguns exemplos. Dadá adota logo esse velhinho terrível, que com a peça *Armadilha de Medusa* (1913) já praticava o absurdo com a maior naturalidade. O balé *Parade*, em 1917, será o sucesso de escândalo do ex-esotérico *Satierik*. Um concerto para máquina de escrever, sirene e tiros, com jazz e orquestra.

Mas Satie tem outras facetas. "Mostrem-me alguma coisa nova. Eu começo tudo outra vez". Em *Esportes e Divertimentos* (1914), mistura textos e notas musicais em partituras caligrafadas em preto e vermelho, associando música, poesia e desenho, numa inédita operação intersemiótica, que a Roger Shattuck evoca, simultaneamente, a concisão dos haicais e as inovações gráficas de Mallarmé e Apollinaire. Em *Socrate* (1918) ele esconde o riso: sobrepõe-lhe a máscara ascética de um despojamento monocórdico. Mas então era sério? O riso volta a espoucar na *Música de Mobiliário*, em colaboração com Milhaud: músico de fundo, a ser preenchida pelo público ("Circulem! Falem! Não escutem!"). Os últimos anos (1924-1925) mostram-no ainda envolvido com a vanguarda: nos balés *Mercure*, junto a Picasso, e *Relâche* (*Descanso*), ao lado de Picabia; na música-de-filme para *Entreato*, de René Clair. Ninguém sabe como seria o *Quarteto de Cordas* que projetava, quando a morte o colheu – afirma Cage.

O riso de Satie escoou para os seus *Escritos*, que, dispersos ou esquecidos, só recentissimamente (1977) foram reunidos por Ornella Volta. Peças curtas e fragmentárias (como as suas músicas), tendendo ao aforismo: anotações, pseudo-estudos, pseudoconferências, quase-poemas, desenhos, anúncios-poemas – um material que demanda, como *Esportes e Divertimentos*, reprodução fac-similar, pois o *design* caligráfico é parte integrante da criação. O humor de um músico que incluía em suas partituras indicações como "sem enrubescer com o dedo", ou "como um rouxinol com dor de dentes", mas que nada tem de meramente humorado, antes humor crítico, de quem era capaz de escrever, implacável: "Ravel recusa a Legião de Honra, mas toda a sua obra a aceita", e de dizer: "Não basta recusar a Legião de Honra, o essencial é não merecê-la".

Não é de admirar que muitos não saibam o que fazer com Satie. Entre nós, Carpeaux – o anti-Oswald, isto é, o erudito sem intuição – sentencia, em sua idiossincrática e lacunosa (Ives nem aparece na edição de 1962!) *Nova História da Música*: "deixou mais anedotário que obra". Felizmente, Décio Pignatari, o Oswald magro da geração dos anos 50, foi certeiro como este, na revista *Invenção* n. 5 (1967): "Erik Satie realizou no nível semântico-pragmático o que Webern realizou no sintático".

O misterioso Acaso que rege a circulação de música erudita por estas bandas brindou-nos com pelo menos dois registros fascinantes de Satie. Um, o LP-Fermata-SFB-294, contendo *Parade*, sob a regência de Maurice Rosenthal, com todos os ruídos prescritos. Outro, mais recente: o espantoso *Erik Satie – As Primeiras Obras para Piano*, do holandês Reinbert de Leeuw (Chantecler-Telefunken). Leeuw é, também, o único pianista que gravou *Vexations* (*Vexames*), que Satie compôs em 1893 e que consiste num único motivo, prescrito para ser repetido 840 vezes (para ouvir integralmente a obra ter-se-ia que escutar o disco – editado, pela Telefunken, na Holanda – cerca de cinquenta vezes seguidas). Em 1963, Cage dirigiu em Nova York a primeira audição integral da peça, revezando-se com outros pianistas. O concerto durou 18 horas!

Não. Não há guarda-chuva contra Satie, "o velhinho-prodígio da música", como o chamou Noel Arnaud. Entre nós, ele volta a sorrir nas irreverências de Gilberto Mendes[1], afinal em disco. E positivamente ri nos arranjos populares e nos desarranjos da não obra de Rogério Duprat e Damiano Cozzella, compositores que – para nossa punição – preferem rir a compor.

1. *Nota para esta edição:* Trata-se do LP *Gilberto Mendes*, contendo *Blirium C-9*, *Ashmatour*, *Motet em Ré Maior* (*Beba Coca-Cola*), *Nascemorre* e *Vai e Vem*, com interpretações do Madrigal Ars Viva, sob a regência de Roberto Martins, e do pianista Caio Pagano (London/Emi Odeon, 1979). *Motet* (sobre texto de Décio Pignatari), *Nascemorre* (Haroldo de Campos) e *Vai e Vem* (José Lino Grünewald) já haviam aparecido anteriormente, ao lado de *Um Movimento*, do compositor Willy Corrêa de Oliveira (sobre poema de Pignatari), na histórica gravação do LP *Madrigal Ars Viva*, com o coral regido pelo seu fundador, o maestro e cantor Klaus Dieter Wolff (RCA, 1971).

A Era de Erik, a Era do *Rag**

Reunidos em disco pela feliz iniciativa de Clara Sverner e João Carlos Assis Brasil, aqui estão dois compositores da mesma época – Erik Satie (1866-1925), Scott Joplin (1868-1917) – aparentemente separados por duas barreiras: a distância geográfica e a distância estética. Satie, "o mestre de Arcueil", bem ou mal, enquadrado na área da música erudita. Joplin, "o rei do *ragtime*", no âmbito da música de divertimento.

Eu disse: aparentemente. Porque Satie, como se sabe, é o riso subversivo instilado na música "séria". O sofisticado autor das *Gymnopedies* ou da *Missa para os Pobres* – o "Esoterik Satie" – é também o inclassificável "Satierik" da *Armadilha de Medusa* (pré-teatro do absurdo), de *Vexames* (composição pré-dadá feita de 840 repetições do mesmo motivo) e de *Parade* (que não se pode traduzir por "parada" – desfile militar – porque tem outro significado: espetáculo burlesco representado nas feiras para atrair o público). *Parade* – o escândalo musical da Paris de 1917, na versão para orquestra, com roteiro de Cocteau, cenários de Picasso, coreografia de Massine, e cuja partitura previa até sirenes, tiros de revólver e máquina de escrever. Nessa colagem circomusical cubista, Satie intercalava alguns compassos de *rag* (dança protojazzística, com melodia sincopada sobre um baixo de acentuação regular, em compasso binário): o "*Ragtime* do Navio", na verdade o primeiro *rag* europeu em concerto.

Acasos e contatos. Scott, pianista negro nascido no Texas, depois de tocar nos cabarés de St. Louis, ascenderia com *Mapple Leaf Rag* (1899), *The Easy Winners* (1901), *The Cascade* (1904), *Stoptime Rag* (1910) e outras composições à galeria dos maiores criadores do *ragtime*. O imprevisível Erik (Alfred Leslie) Satie, francês, filho de escocesa, depois de antecipar o impressionismo com suas *Sarabandes* (1887), se engajaria por algum tempo, à volta de 1900, nos cabarés de Montmartre como pianista-acompanhante do *chansonnier* Vincent Hyspa (quando criaria as valsas *Je Te Veux* e *Tendrement*, cinicomelancólicas homenagens à *belle époque*).

* Publicado, em versão reduzida, como encarate do disco (LP) *Joplin/Satie – Clara Sverner/João Carlos Assis Brasil*, EMI-ANGEL/ODEON, 1984.

A saúde das artes exige, de quando em vez, para o ar rarefeito das elucubrações e das pesquisas sem trégua, o oxigênio generoso da intuição e da informalidade. Daí a dialética interpenetração dos avessos que a música experimenta, para além dos rótulos e dos compartimentos.

Caso espantoso de assimilação e hibridização de estratos étnicos e culturais, o jazz foi uma dessas lufadas de ar fresco na criação cultivada. Mais espantoso é que essa verdadeira alquimia musical se tenha operado pela intervenção de uma coletividade racial socialmente oprimida e marginalizada e que, ainda assim, logrou impor a marca de sua cultura e de sua inventividade, subvertendo códigos auditivos. Sob o impacto avassalador da rítmica africana, a valsa langorosa, característica da hegemonia musical centro-europeia, cede lugar ao pulso ágil, ruidista, com que os negros desarrumam e dessacralizam a dança "civilizada", sintonizando-a, paradoxalmente, com a acelerada era da máquina e da tecnologia. Uma tal revolução não poderia deixar de sensibilizar os compositores que se empenharam, na virada do século, em renovar a sua arte, injetando-lhe, inclusive, o sangue novo das culturas não europeias. Debussy foi dos primeiros. Ele, que já se deixara influenciar pela música oriental (com a qual travou contato na Exposição Universal de 1889, em Paris), interessou-se também pelo jazz, que terá conhecido em algumas de suas modalidades primitivas, como se vê de *Golliwog's Cake Walk* (1908) e *Minstrels* (1910). Stravínski (depois de Satie) adotou o *ragtime*, traduzindo-o para a sua linguagem politonal em peças como *Ragtime para 11 Instrumentos* e *História do Soldado* (1918). Milhaud, em *Trois Rag Caprices* (1922) e *Création du Monde* (1923), Ernst Krenek, na ópera *Johny Spielt Auf* (1927) e Antheil, explicitamente, em *Jazz Sonata* (1922) e *Jazz Symphony* (1925), para citar apenas os compositores mais preocupados com a música de invenção, do impressionismo à politonalidade e à *machine music*. Entusiasmado com o "piano percussivo", de Antheil, o poeta Ezra Pound proclamava em 1918, numa série de notas intitulada *The Piano*: "O futuro da música de piano está no *jazz*" – acrescentando, numa visão algo premonitória do "piano preparado" de Cage: "logo haveremos de ter algum aparelho mais sonoro e mais variado, com xilofone, assobio e gongo nas oitavas agudas e sólidas barras de aço no baixo. Este novo implemento teria, ao que se presume, vantagens tão grandes sobre o *pye-ano* como o pianoforte original sobre os seus predecessores". "O *music-hall*, o circo, as orquestras americanas de negros, tudo isso fecunda um artista da mesma maneira que a vida", escrevia Cocteau. Tal era o fascínio do jazz sobre a vanguarda nas primeiras décadas. Mesmo os vienenses, firmemente ancorados na tradição germânica (que não se permitia mais que o arejamento das valsas de Strauss), não se mostraram totalmente infensos a ele. O saxofone, popularizado pelo jazz, faz inesperadas incursões no *Quarteto* op. 22 de Webern e na ópera *Lulu* de Alban Berg. Na América,

Charles Ives, desde a sua *1ª Sonata para Piano* (1902-1909), incorporara o *rag-time* às suas composições. Mas Ives é um caso à parte. Além de americano, permaneceu na América, e adivinhou quase tudo.

Quanto a Satie, o dessacralizador por excelência da música erudita, não é de admirar que tenha demonstrado simpatia pelo jazz. Em 1916, ele tocava ao piano os *rags* de Jelly Roll Morton, aos quais chegara provavelmente através de discos importados por seus amigos. E dizia dos músicos negros: "São extraordinários – tocam em contracanto e terminam sempre em equilíbrio". No jazz ele encontraria a graça espontânea e as fraturas rítmicas que lhe serviriam de antídoto às diluições do impressionismo *fin de siècle* de que ele mesmo fora um dos precursores. Daí a apropriação que fez do *rag* para o quebra-quebra de *Parade*. Um desígnio semelhante o levaria a recuperar o *caf'con'* e o *cancan* na desconcertante criação de *Belle Excentrique*, em 1920. "Viva os amadores", dirá Satie. E, como que prevendo a impugnação dos puristas: "Todo mundo lhes dirá que eu não sou músico. Está certo. Desde o início de minha carreira, me classifiquei, de imediato, entre os fonometrógrafos".

Por tudo isso, é mais do que pertinente esse encontro transcultural promovido por Clara Sverner e João Carlos Assis Brasil entre o piano a quatro mãos de Satie e o de Joplin. Do rasgo do *rag* ao riso de Satie sopra um ar sempre novo. Um ar não condicionado, onde o humor e a criatividade se dão as mãos.

Das *Memórias de um Amnésico*, de Erik Satie

O QUE EU SOU
(fragmento)

TODO MUNDO
lhes dirá que eu não sou músico. Está certo.

Desde o início de minha carreira, me classifiquei, de imediato, entre os fonometrógrafos. Minhas obras não passam de pura fonométrica. Tomem o *Filho das Estrelas* ou os *Pedaços em Forma de Pera*, ou *Com Roupa de Cavalo* ou as *Sarabandas*. Percebe-se que nenhuma ideia musical presidiu a criação destas obras. É o pensamento científico que domina.

De resto, sinto mais prazer em medir um som do que em ouvi-lo. Fonômetro na mão, trabalho com alegria e confiança.

O que eu já não pesei ou medi! Tudo de Beethoven, tudo de Verdi etc. É muito curioso.

A primeira vez em que eu me servi de um fonômetro, examinei um si bemol de espessura média. Nunca vi – garanto a vocês – coisa mais repugnante. Chamei meu criado para ver.

Na fonobalança um fá sustenido ordinário, muito comum, atingiu 93 quilos. Ele fora emitido por um tenor muito gordo do qual eu tomei o peso.

Vocês sabem como se faz a limpeza dos sons? É sujeira à beça. É melhor fiar fino; saber classificá-los exige muita minúcia e requer boa visão. Aqui nos encontramos no campo da fonotécnica:

Quanto às explosões sonoras, por vezes tão desagradáveis, o algodão nos ouvidos as atenua, por si só, convenientemente. Aqui já estamos no âmbito da pirofonia.

Para escrever minhas *Peças Frias*, vali-me de um coleidofone-registrador. Isso tomou sete minutos. Chamei meu criado para ouvir.

Creio poder dizer que a fonologia é superior à música. É mais diversificada. O lucro pecuniário é maior. Eu lhe devo a minha fortuna.

Em todo o caso, no motodinamofone, um fonometrista mediocremente experimentado pode, com facilidade, registrar mais sons do que o faria o mais hábil dos músicos no mesmo tempo, com o mesmo esforço. É graças a isso que eu tenho escrito tanto.

O futuro, pois, pertence à filofonia.

O DIA DE UM MÚSICO
(fragmento)

O ARTISTA DEVE DISCIPLINAR SUA VIDA.

Eis o horário preciso de meus atos cotidianos:

Despertar: às 7h18; inspiração: das 10h23 às 11h47. Eu almoço às 12h11 e deixo a mesa às 12h40.

Salutar passeio a cavalo, no fundo do meu parque: das 13h19 às 14h53. Outra inspiração: das 15h12 às 16h07.

Ocupações diversas (esgrima, reflexões, imobilidade, visitas, contemplação, dexteridade, natação etc.): das 16h21 às 18h47.

O jantar é servido às 19h16 e termina às 19h20. Depois vêm as leituras sinfônicas, em voz alta: das 20h09 às 21h59.

Deito-me regularmente às 22h37. Semanalmente acordo sobressaltado às 3h19 (nas terças-feiras).

Como só alimentos brancos: ovos, açúcar, ossos moídos; gorduras de animais mortos; vitela, sal, cocos, frango cozido em água branca; mofos de frutas, arroz, nabos; chouriço canforado, pastas, queijo (branco), salada de algodão e certos peixes (sem a pele).

Faço ferver meu vinho, que bebo frio com suco de fúcsia. Tenho bom apetite; mas nunca falo quando como, com receio de engasgar.

Respiro com cuidado (um pouco de cada vez). Danço raramente. Quando caminho, seguro-me pelos lados e olho fixamente para trás.

De aspecto muito sério, quando rio é sem querer. Desculpo-me sempre e com afabilidade.

Durmo com um olho só; meu sono é muito pesado. Minha cama é redonda e tem um buraco para a passagem da cabeça. De hora em hora, um empregado toma minha temperatura e me dá outra.

Há muito tempo sou assinante de um jornal de modas. Uso um barrete branco, meias brancas e um colete branco.

Meu médico sempre me diz para fumar. E acrescenta aos seus conselhos:

– Fume, meu amigo, se não outro fumará em seu lugar.

Smetak, para Quem Souber*

Smetak chega ao seu segundo disco: *Interregno – Walter Smetak & Conjunto de Microtons* (selo FCEB/Marcus Pereira), graças ao patrocínio da Fundação Cultural do Estado da Bahia. Eis aí um fato auspicioso. No rico e diferenciado panorama da música brasileira há muito espaço para a canção popular, pouco espaço para a música (instrumental) popular e quase nenhum para a música impopular, também chamada erudita, em especial a contemporânea, condenada, na maior parte, ao descaso editorial.

Há, inegavelmente, uma distorção cultural entre nós. Conhecem-se, prestigiam-se e editam-se os melhores da música popular, daqui e de fora, com uma ou outra omissão. Mas atinge dimensões apocalípticas a falta de gravações de música do nosso tempo, não ligada ao setor do *entertainement*, isto é, aquela que não tenha apenas a função de divertir e fazer passar o tempo, mas que envolva um aprofundamento da nossa sensibilidade e uma ampliação do nosso conhecimento; que demande, como resposta, não apenas balanço hipnótico dos quadris, mas dança do intelecto, chispa e circulação do mais humano dos atributos do animal chamado homem: o cérebro.

Essa carência informativa faz perder o senso de proporção e conduz a um ilusório ufanismo. Mas a verdade é que, em termos de audição de música nova, quase não entramos no século XX. Por isso, é preciso cobrar das nossas gravadoras que deem mais atenção ao fascinante mundo sonoro que insistem em sequestrar dos nossos ouvidos – o dos inventores e experimentadores da linguagem musical contemporânea. O público brasileiro tem condições de receber mais do que a miserável ração de música moderna que lhe tem sido ministrada. Afinal, já dizia Varèse, quando argumentavam com o "divórcio" da música moderna e do público: "Como falar em divórcio, se nem ao menos houve casamento?"

Entre as mais notáveis lacunas do catálogo nacional estão as obras de Anton Webern (1883-1945), Edgard Varèse (1883-1965) e John Cage. De Webern só há uma gravação das *Variações para Piano*, na interpretação da

* Publicado na revista *SomTrês*, n. 22, outubro de 1980.

Desenho do “cravotrevo”, instrumento criado por Smetak.

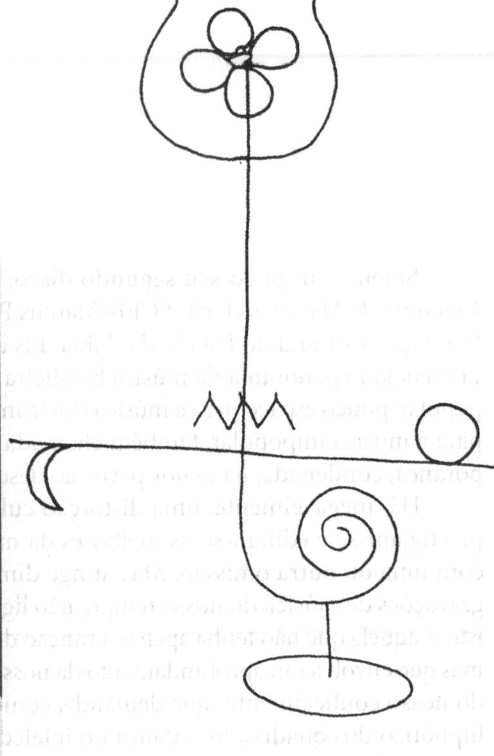

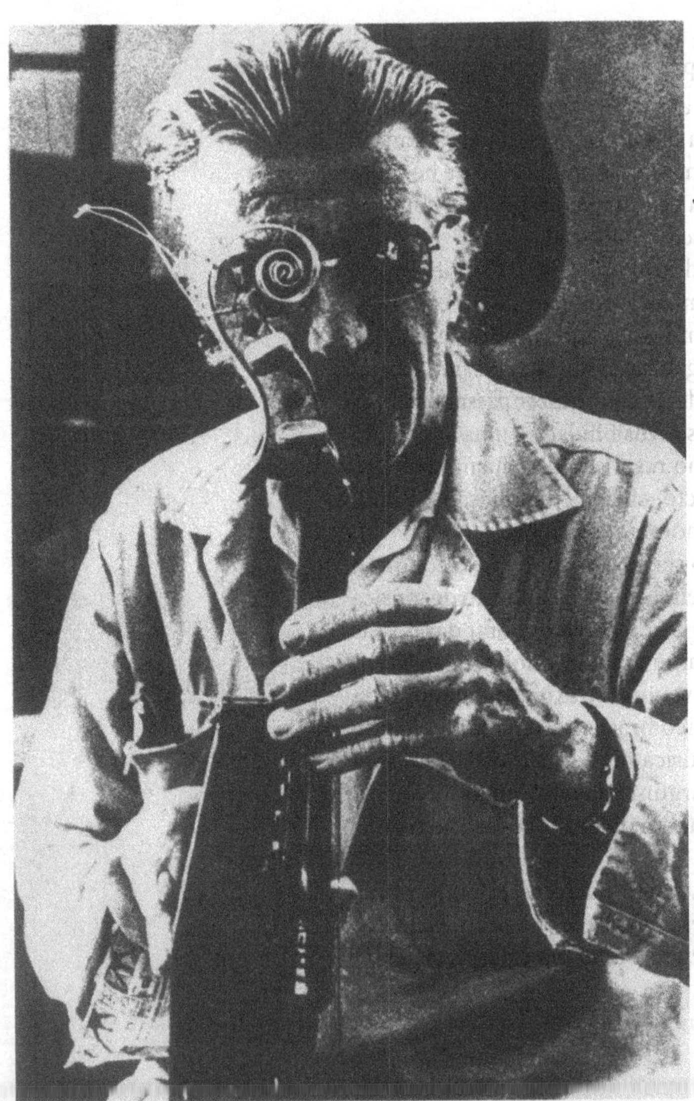

Walter Smetak: “Salve-se quem souber”.

brasileira Clara Sverner (Odeon, 1974). Varèse compareceu por acaso, há muitos anos, com a extraordinária *Ionisação* (1933), para quarenta instrumentos de percussão, num LP chamado *Rompendo a Barreira do Som* (Audio-100.002), contendo execuções da orquestra de percussão de Paul Price. Um disco que parece ter sido justificado, à época, como teste de alta fidelidade... John Cage, talvez o maior músico vivo, nunca foi editado no Brasil. De Schoenberg, Berg, Ives, poucas obras levaram selo nacional. As gravadoras são mais complacentes com Bartok, mas nunca fomos considerados dignos de ouvir os *Quartetos*, sua obra mais radical e profunda. Stravínski ficou reduzido ao *Pássaro de Fogo*, à *Sagração da Primavera* e pouca coisa mais.

Não dá para desfiar todo o rol de obras importantíssimas desses e outros compositores, já históricos; o mesmo se passa com os mais do que maduros "novos músicos" da safra dos anos 50, como Stockhausen, Boulez, Berio, dos quais pinga, aqui e ali, uma que outra coisa, ou com os nunca registrados, como os americanos Morton Feldman e Earle Brown. Um vácuo informativo que recobre oitenta anos, quase um século de produção musical!

Se é este o quadro da divulgação da música de fora, que já vem pronta e embalada, pode-se imaginar as dificuldades que encontra um compositor daqui para ver produzido e editado um disco que documente o seu trabalho.

Anton Walter Smetak, suíço que adotou o Brasil em 1937, fixando-se na Bahia a partir de 1957, nasceu em 1913. É um ano mais moço que Cage. Seu primeiro disco (Philips 6349-110) só veio a ser gravado em 1974. Produzido por Roberto Santana e Caetano Veloso e montado por este e por Gil, o LP recebeu um tratamento excepcional até no seu aspecto gráfico, com a bela capa dupla que teve orientação visual de Rogério Duarte. Não fora o apoio dos baianos, provavelmente Smetak seria até hoje ignorado.

Violoncelista, criador de música e de instrumentos-esculturas ("plásticas sonoras"), a partir da combinação cabaça & cordas, Smetak é também teórico e tem expressado suas ideias cósmico-musicais em textos e entrevistas, num português aproximativo, entre poético e místico. No plano propriamente musical, caminhou, com resolução, para o microtonalismo. Ele acredita que através da "consciência dos microtons" e da superação do emocional se chegará "à clareza da percepção da diversidade sonora". Prega a "abolição da tônica e sua substituição pelo Som Gerador" e a "ampliação da série de 12 para 36 sons como uma prática para se obter a conscientização de valores". Numa entrevista a Renato de Moraes (1975), ele afirmou que procura "diferenciar claramente o fazer som, um meio de despertar novas faculdades da percepção mental, e o fazer música, apenas um acalento para velhas faculdades da consciência". Nesse sentido, "mais do que o mistério da música" interessa-lhe "o mistério do som".

Embora Smetak não se considere representante de qualquer linha de "contemporâneos e vanguardistas", é impossível deixar de situá-lo no tempo histórico. E ao fazê-lo observamos que, à parte as características personalíssimas do seu trabalho, ele se insere num quadro de preocupações artísticas e espirituais comuns a outros mestres modernos que têm buscado, na pesquisa do microtom, ampliar o nosso horizonte de sensibilidade, rompendo com enraizados hábitos auditivos e aproximando a arte ocidental das práticas musicais do Oriente.

Este é o caso do tcheco Alois Haba (1893-1973), o grande arauto do microtonalismo em nosso século. Entre os pioneiros do microtonalismo estão, também, os compositores russos Nikolai Obuhov e Ivan Vishniegradski. Na América, o microtonalismo teve o seu profeta no mexicano Julián Carrillo (1875-1965), que chegou a experimentar com 96 subdivisões dentro de uma oitava. Charles Ives (1874-1954), precursor de tantas linguagens novas, também não desdenhou o microtom, embora não o cultivasse sistematicamente. Compôs entre 1923-1924 três peças que podem ser executadas em dois pianos afinados com diferença de 1/4 de tom (registradas no LP *Odyssey*, 32 16 0162). E escreveu sobre o assunto um interessante trabalho, *Algumas Impressões sobre Quartos de Tom*. Outro americano, Harry Partch (1901-1974), devotou-se à composição microtonal e à construção de instrumentos apropriados para uma escala de 43 sons por oitava, entre os quais um harmônio (*chromelodeon*) e um órgão (*ptolemy*), assim como cítaras, marimbas e guitarras microtonizadas. O catálogo Schwann consigna três LPs dedicados a essa música que podemos desesperar de ver reprensada entre nós.

Os intervalos menores que o semitom são comuns na tradição de países orientais, como a Índia, onde são denominados *srutis*. No Ocidente, porém, o seu uso é praticamente desconhecido. Assim, se o microtonalismo de Haba, Obuhov e Vishniegradski encontra reforço no folclore eslávico, impregnado de Oriente, o dos desbravadores musicais deste lado do Oceano só têm apoio na nossa disponibilidade criativa. Mas quem sabe se os artistas daqui, embora formados pela cultura europeia, não se sentirão mais descompromissados para a livre experimentação, por se acharem mais distantes dos centros tradicionais? É a tese de Cage. E já era a de Oswald: Antropofagia.

"Até que ponto as nossas reações emocionais, os hábitos do nosso ouvido, as nossas predileções, serão para nós uma ajuda ou um obstáculo?" – indaga Ives em seu estudo sobre os quartos de tom. Como Smetak, ele crê que quando o homem souber ouvir os microtons ele traduzirá com mais liberdade as milhares de ondas sonoras que estão ao seu redor. Isso permitirá que ele amplie a sua consciência espiritual e se aproxime mais da Natureza, como queria Thoreau, o filósofo americano invocado por Ives e por Cage, que se deliciava com os harpejos eólicos dos fios de telégrafo nas matas do Walden.

Foi essa mesma "harpa da Natureza" – a melodia contínua de um violão exposto ao vento, tal como se ouve na faixa de abertura do primeiro LP de Smetak, que o levou a explorar o mundo dos microtons. Aquele disco já nos dera muitas surpresas sonoras. Entre elas as improvisações vocais de Caetano – um canto-de-ruídos guturais que não tem paralelo em nossa música (popular ou erudita). No conjunto, a gravação funcionava como um painel das propostas compositivas e das sonoridades pesquisadas por Smetak. Pelos nossos ouvidos desfilaram, pela primeira vez, alguns dentre os muitos (cerca de cem) instrumentos criados por esse anti-*luthier* – insólitas *bricolages* que vão da vassoura ao móbile. Os mais estranhos sons ecoavam pelas cabeças-cabaças de "vinas", "choris" (choro-e-riso), "sóis", "árvores" e "rondas" e percorriam as cordas dissonantes de "peixes", "aranhas" e "constelações".

Mas se no disco anterior duas faixas, *Sarabanda* e *Preludiando com Joseba* (Joseba = Johann Sebastian Bach), retinham um elo ou um eco da tradição, neste novo LP Smetak parece direcionar ainda mais o seu trabalho para o "mistério do som".

À atomização microtonal junta-se agora a pesquisa do "som prolongado", que requereu a participação de um órgão eletrônico. Os macro-sons puxados pelo órgão misturam-se às fibrilações sonoras dos violões microtonizados e dos múltiplos artefatos instrumentais de Smetak. E confraternizam com as quase-vozes dos "boréis" (borés com bocal) e das flautas xavantinas, estabelecendo um nexo instigante com as culturas indígenas do Xingu, mais próximas do Oriente que do Ocidente. Trata-se, em grande parte, de música improvisada, que empenha todo um grupo, no qual encontramos excelentes músicos, como Tuzé de Abreu. Uma opção cada vez mais frequente na música erudita de hoje, de Cage a Stockhausen.

O resultado é extraordinário. E comovente, se se considera o trabalho difícil e solitário de Smetak, por tantos anos. Verdadeira deslavagem cerebral.

Há músicas para todos os gostos e para todas as horas. Quem só pensa em embalar os ouvidos, que fique no som-nosso-de-cada-dia. Mas quem quiser mais sabor e mais saber, não deixe de ouvir estes extra-sons que conseguiram varar o bloqueio informativo das audições de rotina. Como já disse Smetak: "Salve-se quem souber!"

Anton Webern, em foto de outubro de 1912.

Quarteto para Violino, Clarineta, Sax Tenor e Piano, Op. *22* (compassos 1 a 5). As cores aqui aplicadas às notas evidenciam as alternâncias timbrísticas e as formas-espelho.

Início do 3º movimento das *Variações para piano*, op. 27 (1936). Webern nos Alpes (1937).

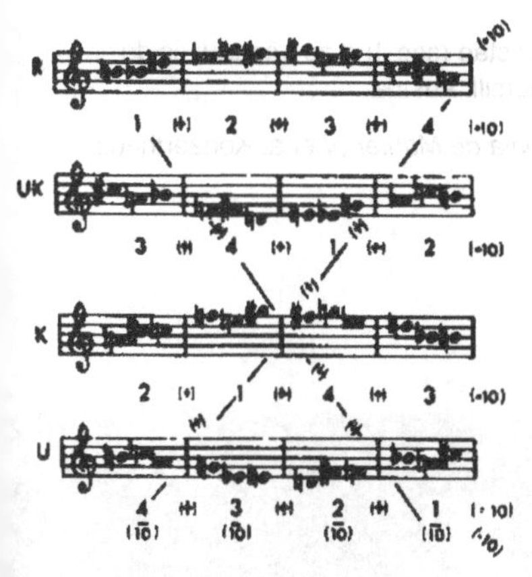

Página de abertura do *Concercto op. 24, para 9 instrumentos* (1934). Diagramas da série especular utilizada por Webern, constantes do comentário introdutório que acompanha a partitura.

KONZERT

für

Flöte, Oboe, Klarinette, Horn, Trompete, Posaune, Geige, Bratsche und Klavier

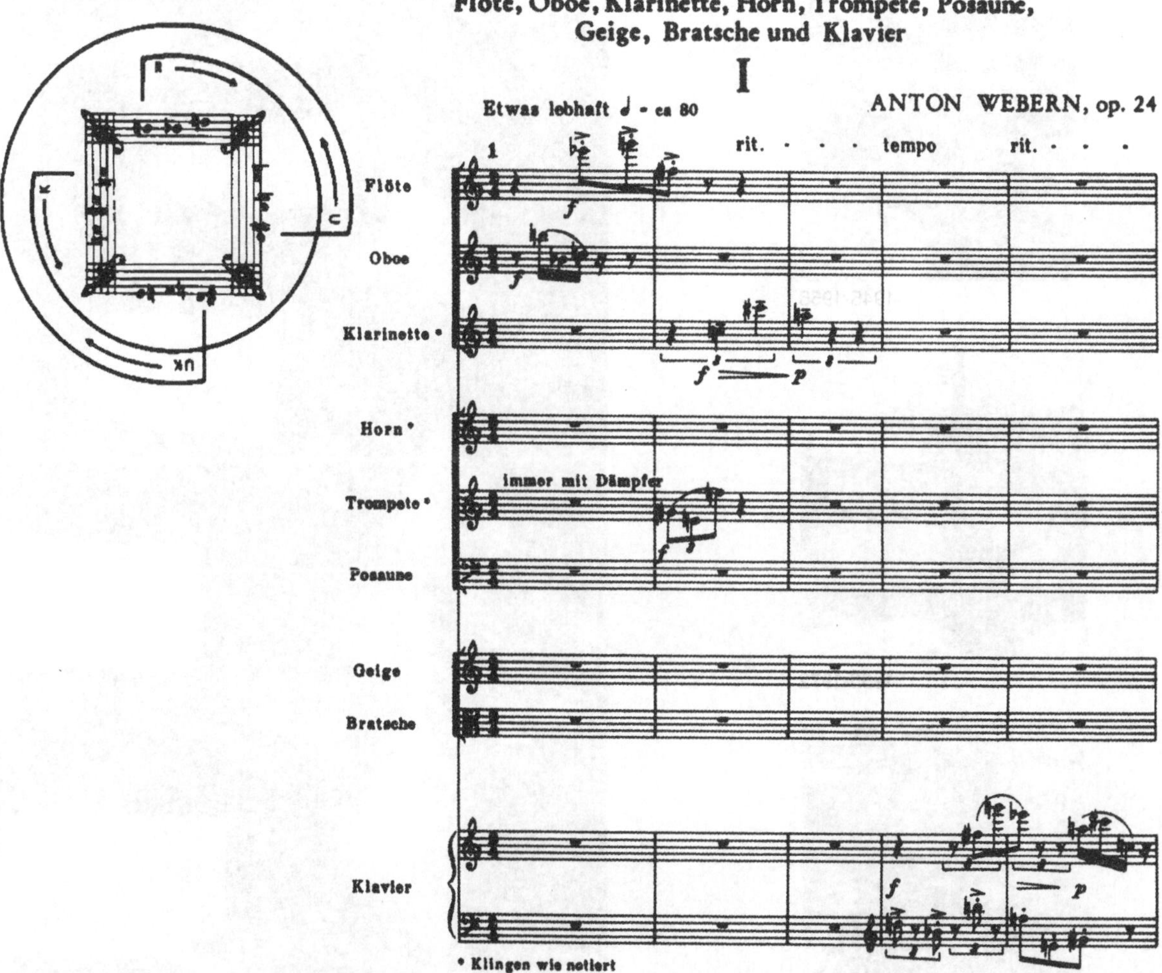

S A T O R
A R E P O
T E N E T
O P E R A
R O T A S

O quadrado mágico paleocristão (séc. I) e as três cruzes do túmulo de Webern, em Mittersill, Áustria.

Webern regendo a *6ª Sinfonia de Mahler* (Viena, Konzerthaus, 23 de maio de 1933).

1945-1955

1955-1972

1972

Ouvir Webern e Morrer*

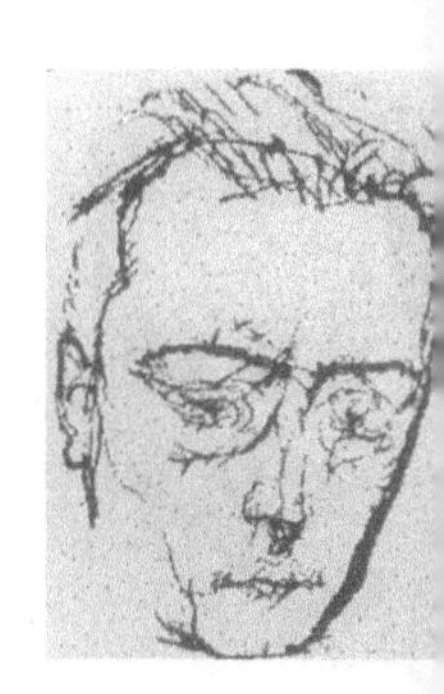

Um compositor uruguaio, de passagem pelo Brasil, veio visitar-me. A certa altura, ante a paixão com que eu me referia à obra de Anton Webern, exclamou, entre patético e provocativo: "Ninguém até hoje ouviu Webern! Não há nenhuma gravação que reproduza com fidelidade as suas composições!" Era evidente exagero. Mas eu o desarmei dizendo: "Isso reforça ainda mais a minha admiração por Webern. Pois se eu já coloco acima de todas a sua obra, conhecendo-a apenas de audições topológicas, quanto mais quando eu a conseguir ouvir em sua perfeita integridade". Ele riu muito do "topológicas" e encerrou o assunto. A lembrança desse diálogo me veio à cabeça ao ouvir as novas *Complete Works of Anton Webern* (1º volume), que a Columbia lançou (maio de 1979), num álbum de quatro discos, sob a regência perfeccionista de Pierre Boulez. Porque diante de algumas das execuções que o álbum reúne – as peças orquestrais especialmente – tem-se a sensação de que tudo o que se ouviu até aqui em termos de registro da música de Webern é um tanto "topológico". O que não é de estranhar em face do acervo de proezas de Boulez, como regente, as quais incluem, entre outras, incríveis releituras da 5ª *Sinfonia* de Beethoven, da *Sagração da Primavera* de Stravínski e da obra orquestral de Debussy.

Ninguém que esteja familiarizado com a música contemporânea desconhece a relevância que a obra do vienense Anton Webern (1803-1945) assumiu na perspectiva da música nova, a partir da segunda metade do século. Tido, até então, apenas como um discípulo de Schoenberg e colocado em plano inferior ao próprio Alban Berg, passou a ser visto pelos mais lúcidos compositores europeus, liderados por Boulez e Stockhausen, como o ponto de partida das novas indagações musicais. E, ao menos nesse terreno, europeus e americanos estavam de acordo. Pois mesmo John Cage não deixou de armar o seu trampolim criativo, a partir de Webern, associando-o, é verdade, a um nome um tanto herético para os pós-serialistas do outro lado do Atlântico: Erik Satie. Em *Defesa de Satie*, conferência de 1948, Cage sustenta que Webern

* Publicado na revista *SomTrês*, n. 14, fevereiro de 1980.

e Satie, tendo em comum a brevidade e a simplicidade, seriam os responsáveis pela "única ideia nova ocorrida em matéria de estrutura musical desde Beethoven": com Beethoven as partes de uma composição eram definidas por meio da harmonia; com Satie e Webern, passaram a ser definidas por meio de extensões de tempo. Foi Webern também que provocou a inesperada conversão de Stravínski à música serial em 1952. Stravínski tratou-o como a um santo, chegando a declarar com humildade: "Webern é *o justo da música* e não vacilo em amparar-me na proteção benéfica de sua arte ainda não canonizada".

Em Webern encontramos um uso sem precedentes da concisão formal, da dialética entre som e silêncio (este, pela primeira vez, tornado "audível", empregado não como pausa mas como elemento estrutural, em pé de igualdade com os próprios sons) e da melodia-de-timbres, que põe ênfase nos timbres dos instrumentos, fragmentando a melodia num caleidoscópio multicolorido de sons e de "brancos" sonoros. Sua obra, segundo Krenek, constitui "o rompimento mais completo com a tradição em séculos, talvez em toda a história da música ocidental".

O catálogo discográfico de Webern sempre foi reduzido. Após as primeiras gravações em LP, de René Leibowitz, pela etiqueta Dial, em 1950, pouco o editaram. Ocorreu, então, em 1957, a iniciativa pioneira de Robert Craft, apresentando, num álbum de quatro discos, também da Columbia, a obra completa de Webern. Depois disso, voltaram as gravações esporádicas, com preferência, ultimamente, pelas peças para quartetos de cordas, que tiveram dois excelentes registros, o do La Salle Quartet e o do Quarteto Italiano, o melhor. Mas peças tão extraordinárias como a *Sinfonia*, o *Concerto para 9 Instrumentos* e o *Quarteto para Saxofone* continuaram a ser pouco gravadas e algumas, como as composições para vozes, Op. 18 e 19, que Craft batizou de "as obras difíceis", não tiveram novas interpretações.

As 31 obras que Webern produziu, em 37 anos de vida criativa, cabem, pois, em quatro discos e podem ser ouvidas em menos de três horas. A mais longa, a *Cantata*, Op. 31, dura entre dez e 14 minutos. As mais curtas, de dois a três minutos, com movimentos ou "peças" de até 15 segundos. "Non multa sed multum", não muito (quantidade) mas muito (qualidade), era o lema de Webern. O segundo álbum que a Columbia promete conterá obras da juventude, sem número de *opus*, e obras da maturidade encontradas incompletas, após a morte do compositor. O essencial, porém, está no primeiro volume.

Seria natural esperar o máximo dessa gravação. Não só por ter sido Boulez o principal promotor da revisão de Webern, na década de 50, como por sua conhecida e até aqui insuperada competência de regente do repertório moderno, sem falar no aperfeiçoamento das técnicas de gravação, a partir da circunstância de que a única integral anterior – a de Craft – foi feita em registro monoaural. E, de fato, o novo álbum não desmente essa expectativa, em especial – como afirmei – nas obras orquestrais. Nesse sentido, as *6 Peças para Grande Orquestra*, Op. 6, as *5 Peças para Orquestra*, Op. 10, e, particularmente, as obras do período ortodoxo, a *Sinfonia* op. 21, o *Quarteto* op. 22 e o *Concerto* op. 24, ganham uma *performance* extraordinária, que faz esmaecer todas as anteriores, transformando a sua audição numa experiência inesquecível. O *Quarteto para Saxofone* tem, como nunca, valorizados o colorido timbrístico e os espaços-silêncios, e revelado, com transparência de formas, o jogo de melodias especulares em que se articula. Em tudo o mais, reconhece-se – sempre que intervém Boulez – o apuro da direção, em termos de limpidez sonora e de captação detalhística dos mais "inaudíveis" efeitos da melodia-de-timbres weberniana. Brilhantes, também, as contribuições dos solistas Isaac Stern (violino), magnífico no Op. 5, Gregor Piatigorsky (cello) e Charles Rosen (piano), este com uma notável execução das *Variações para Piano* (ouvir com atenção o desafiante 2º movimento, com suas rapidíssimas alternâncias de ritmo e de dinâmica), assim como a do Quarteto Juilliard e da Orquestra Sinfônica de Londres.

Onde a superioridade desse álbum se afigura mais discutível é nas peças vocais. As duas sopranos, Heather Harper e Halina Lukomska, apesar da perfeita afinação e do apoio de instrumentistas como Rosen, me parecem menos expressivas que Marni Nixon e Grace-Lynne Martin, soprano e contralto recrutadas por Craft. E estas conseguem, em geral, manter maior equilíbrio entre os valores musicais e textuais. Por outro lado, Boulez preferiu utilizar o coro em vez do quarteto de solistas, e as peças corais – malgrado a competência do John Alldis Choir e a atmosfera "celestial" que chegam a criar – resultam algo apagadas em comparação com o registro a quatro vozes de Craft, em cuja leitura se percebem, com muito maior nitidez, tanto as complexas interposições polifônicas quanto as palavras do próprio texto (Craft, aliás, já comprovara o seu excelente controle sobre vozes na direção dos madrigais dissonantes de Gesualdo).

Eu me pergunto se o menor êxito de algumas dessas peças não derivaria das próprias concepções de Boulez, de uma relativa indiferença para com os textos musicados por Webern, mormente os da última fase, expressos na poesia mística e panteísta de Hildegard Jone. Como observou Claude Rostand, Boulez foi implacável com os textos de Jone – "Goethe de segunda!" –, recusando-se a examiná-los do ponto de vista das relações entre poesia e música, e admitindo-os exclusivamente como "música organizada sobre a palavra". De resto, Boulez tem posição definida sobre o assunto. Em *Son et Verbe* (1958), afirma: "Se vocês querem 'compreender' o texto, leiam-no! ou então, que o *falem*: não haverá melhor solução. O trabalho mais sutil que propomos agora implica um conhecimento já adquirido do poema: recusamos a 'leitura em música', ou antes, a leitura com música...". Tenho para mim que a clareza e a precisão da música de Webern exigiriam um tratamento igualmente claro e preciso das palavras em sua integridade som-significado. Por estranho que pareça, Webern dizia: "entendo a palavra *arte* como significando a faculdade de apresentar um pensamento da forma a mais clara e a mais simples, isto é, da forma a mais compreensível". Por isso, o critério de Craft, em particular no caso do complexíssimo Op. 19, parece-me mais próximo, do ponto de vista vocal, do ideário weberniano.

Diferentemente da gravação de Craft, que trazia, além dos Op. 1 a 31, a orquestração de *Ricercare* de Bach (n. 2 da *Oferenda Musical*), a de Boulez preferiu acoplar a genial "tradução" de Bach em melodia-de-timbres à versão orquestral do *Quarteto para Cordas* op. 5 e a uma raridade: o registro ao vivo, em 1932, das *Danças Alemãs* de Schubert, orquestradas por Webern e executadas sob sua regência. São mais alguns itens que tornam precioso este álbum.

Uma palavra final sobre a produção gráfica da coletânea. É surpreendente o descaso com que a Columbia a tratou. Se antes nos deram um álbum bem diagramado, com generoso fascículo de 32 páginas, contendo minuciosas fichas técnicas, textos e traduções, além de notas do próprio Craft, tudo bem impresso e bem ilustrado, fornecem-nos agora um discreto folheto de vinte páginas, com uma biografia, uma colagem de citações webernianas (escolhidas por Boulez) e um estudo técnico, e mais os textos e traduções, mas estes impressos em corpo 6, para desanimar qualquer leitura. Carência de dados técnicos de execução e executantes (ressalvada a sucinta informação da contracapa). Parcas ilustrações. Até o selo dos discos é mal programado – letras minúsculas em fundo cinza, pouco legíveis. Uma coisa mesquinha, indigna desse lançamento tão esperado.

Surgindo ao mesmo tempo em que se publica nos EUA uma biografia de oitocentas páginas sobre Webern, de autoria de Hans e Rosaleen Moldenhauer, o álbum vem, de qualquer modo, suprir uma imensa lacuna. Compreenda-se: desconhecer a obra de Webern é mais ou menos como nunca ter ouvido João Gilberto. O nosso universo auditivo muda, depois de ouvi-lo.

De lamentar, apenas, que não haja em prensagem nacional gravações dessa música (salvo a da meritória execução das *Variações* op. 27 pela pianista brasileira Clara Sverner). Raras, como são, as audições ao vivo, o aficionado local terá que morrer com o altíssimo preço dos discos estrangeiros. Mas valerá a pena morrer para ouvir Webern. Ou antes, como diriam os fanáticos webernianos, entre os quais me incluo, ouvir Webern e depois morrer.

Post-scriptutm 1997 – Muitas outras gravações de obras de Webern ocorreram após a publicação deste artigo. As obras completas regidas por Boulez foram reeditadas em CD, em 1991, pela Sony, e ele mesmo efetuou novas e notáveis releituras de peças webernianas, registradas, a partir de 1995, pela Deutsche Grammophon, as quais, inclusive, abrangeram algumas composições sem número de *opus* que não figuraram na primeira coletânea. Gostaria de destacar, aqui, mais alguns itens especiais:

1) a gravação, ainda em LP, da transcrição para quinteto (piano e quarteto de cordas) que Webern fez da *Sinfonia de Câmara* op. 9, de Schoenberg, pelo Quarteto Italiano (Ricordi, 1976). O arranjo tem uma outra versão que inclui flauta e clarineta em lugar de violino e viola, da qual o maestro Graham Griffiths e seu Grupo Novo Horizonte apresentaram memorável execução em São Paulo, registrada pela TV Cultura. Peça valiosa pela leitura limpidíssima, estrutural, do *opus* schoenberguiano;

2) a execução, sob a direção de Joseph Levine, da primeira versão (para grande orquestra) das *6 Peças*, Op. 6 (Deutsche Grammophon, 1987). Na versão que Webern considerou definitiva, feita quase vinte anos depois da composição original, que é de 1909, ele enxugou drasticamente a orquestração, colocando-a em maior sintonia com a linguagem concisa e precisa da sua maturidade, mas a primeira, com maior peso orquestral, potencializa as virtualidades explosivas do intenso *pathos* dessa obra, inspirada pela morte da mãe do compositor; sua estreia, sob a regência de Schoenberg, em Viena, em 31 de março de 1913 (dois meses antes da tumultuada primeira audição da *Sagração da Primavera* de Stravínski), provocou escândalo e rixas entre os espectadores;

3) a gravação das peças vocais de câmara pelo Schoenberg Ensemble, dirigido por Reinbert de Leeuw (Koch Records, 1989), contendo belíssimas releituras, com destaque para as chamadas obras "difíceis" (Op. 18 e 19), os 5 *Canons*, Op. 16, e as duas versões da peça coral *Entflieht auf leichten Kähnen*, Op. 2 (a versão com acompanhamento instrumental, em primeira gravação);

4) a recuperação, pela Continuum Records, em 1991, do registro do *Concerto para Violino e Orquestra* (1935), de Berg, na histórica execução da BBC Symphony, em maio de 1936, alguns meses depois da morte do compositor, tendo Webern como regente; em Barcelona, poucos dias antes, este, em meio a uma terrível crise depressiva, desistira à última hora de reger a *première* da obra, sob a alegação de escassez de ensaios e desentendimentos com os músicos catalães; apesar da precariedade da gravação original e das deficiências do restauro, mesmo com a ajuda dos modernos métodos de remasterização, esse precioso documento musical tem uma aura particular, acentuada pela dramática lentidão que Webern imprime aos andamentos;

5) Glenn Gould tocando as *Variações para Piano* op. 27, numa gravação radiofônica feita nos estúdios da CBS canadense, em 1964 (incluído na coletânea *The Glenn Gould Edition*, da Sony, em 1995): é a execução mais rápida

(4:58) dentre as várias que possuo – o 2º movimento (andamento: *sehr schnell*) é executado em 0:33 –, mas se afigura a mais lenta, provavelmente pelo incrível controle da dinâmica, dos tempos musicais e das pausas com que Gould interpreta a obra; é, por outro lado, uma das leituras mais emotivas, pontuada, como em outros casos, pelo característico murmúrio-cantilena do incomparável pianista. Maurizio Pollini teve difundida também uma excelente interpretação das *Variações*, acopladas à 2ª *Sonata* de Boulez (Deutsche Grammophon, 1978). Por fim, um acontecimento significativo para nós, na década de 90: o pianista brasileiro Marcelo Bratke veio somar-se ao pioneirismo de Clara Sverner gravando a obra, em dois registros diferentes, o primeiro pelo selo Eldorado e o segundo (1993) sob a rubrica da Olympia.

Meio Século de Silêncio*

1931 é a data a que estão ligadas duas pequenas joias musicais, duas pedras-de-toque da música contemporânea, que até hoje – 50 anos depois – permanecem inacessíveis em disco nacional aos ouvidos brasileiros. O *Quarteto para Saxofone,* de Anton Webern, e *Ionisation*, de Edgar Varèse, dois compositores nascidos, por sinal, no mesmo ano, 1883.

Em 13 de abril de 1931 se dava a primeira audição do *Quarteto,* Op. 22, para violino, clarineta, sax-tenor e piano, num concerto em Viena, o primeiro dedicado inteiramente à obra de Webern. A resposta da crítica a essa composição inovadora foi, como era de esperar, pateticamente incompreensiva. Basta citar este trecho de um artigo publicado em 16 de abril de 1931, num jornal vienense: "Suas composições são injeções de ruído, de cunho extramusical [...] O desbragamento musical alcançou o seu clímax no *Quarteto*. Esta obra é realmente um insulto direto ao bom gosto, pois os farrapos sonoros, rangentes, uivantes e gargarejantes da clarineta e do saxofone demonstram espantosa similaridade com certas expressões vitais humanas de natureza indecente".

Em contrapartida, Schoenberg a achou uma "composição fabulosa" e Alban Berg, numa carta a Webern, de 19 de agosto de 1932, saudou-a com estas palavras entusiásticas: "O *Quarteto* é um milagre. O que me espanta, acima de tudo, é a sua originalidade. Não é exagero dizer que em todo o universo da composição musical não há nada que se aproxime dessa originalidade 100%".

Não foi outra a obra que provocou a surpreendente conversão de Stravínski à música serial. Afirma Robert Siohan: "Foi somente em 1952 , após sucessivas audições, em janeiro e fevereiro, do *Quarteto*, Op. 22 de Anton Webern que o gelo se quebrou. Desde esse momento Igor não teve sossego até que estivesse familiarizado com a obra pouco prolixa mas rica de invenção do jovem discípulo de Schoenberg, morto tragicamente em 15 de outubro de 1945".

* Publicado na revista *SomTrês*, n. 35, novembro de 1981.

Composição rigorosamente dodecafônica, da "fase ortodoxa" de Webern, o *Quarteto* é uma das obras mais fluentes e comunicativas dentre as elaboradas com esse método. Nela, a "melodia de timbres" (fragmentação da linha melódica por vários instrumentos) se desenvolve com admirável colorido e transparência; por outro lado, a construção por inversão dos módulos seriais propicia uma extraordinária unidade à composição, toda ela organizada a partir de um cânon invertido a duas vozes (denominado *cancrizans*, ou em-forma-de-caranguejo, para indicar a imitação em sentido contrário), distribuído pelos quatro instrumentos. Foi, certamente, por obras como esta que Herbert Eimert cognominou o compositor vienense de "o arquiteto monádico da forma-espelho".

Diga-se, ainda, que a combinação dos timbres e especialmente a intervenção incomum de um sax-tenor (provavelmente por influência do jazz, que também se faz presente na obra de Alban Berg, na cantata *O Vinho* e na ópera *Lulu*) dão uma fisionomia particular ao *Quarteto*. Ao contrário do que muitos pensam, os aforismos musicais de Webern não são nem frios nem isentos de ternura. É que ele era capaz de exprimir "um romance num simples gesto, uma alegria num suspiro", conforme a expressão de Schoenberg. Webern admirava Johan Strauss. Quem souber ouvir, descobrirá que, nesse *Quarteto* de aparência ascética, algumas células valsam.

Existem poucas gravações do *Quarteto*, Op. 22. As que conheço são todas excelentes, da mais antiga, regida por René Leibowitz (Dial 17, de 1950), à mais recente, que aparece no primeiro volume das obras completas de Webern, sob a direção musical de Pierre Boulez (Columbia M4-35193, de 1979). Entre uma e outra, estão a que figura no álbum anterior da Columbia, com regência de Robert Craft (K4L-232, de 1957), e a bonita gravação do grupo Música Viva Pragensis, registrada num disco checolosvaco de 1967 (Supraphon – SUA ST 50819). A duração média da execução da peça é de cerca de seis minutos.

A outra obra a que me refiro – *Ionisation*, de Varèse – só teve a sua estreia em 6 de março de 1933, no Carnegie Hall de Nova York, sob a direção de Nicolas Slonimsky. Mas Varèse iniciou a sua composição já em 1929 e terminou-a – data expressa – em 13 de novembro de 1931, o que nos autoriza a comemorar, desde agora, o cinquentenário de sua produção.

Tal como sucede no caso de Webern, essa obra da maturidade, elaborada quando Varèse já se aproxima dos 50 anos, é uma de suas construções mais densas e significativas.

Ionisation, cuja duração não ultrapassa uma média de cinco minutos (a partitura tem 91 compassos), é a primeira composição ocidental de elaboração erudita, puramente abstrata, que utiliza apenas instrumentos de percussão. Cita-se, como precedente, a obra *Rítmicas* (1930), do cubano Amedeo Roldán. Mas, como observa Fernand Oullette, as peças de Roldán, muito curtas, baseiam-se em ritmos do folclore cubano e se limitam a poucos instrumentos. *Ionisation*, concebida para cerca de quarenta instrumentos de percussão, é uma obra "orquestral", se assim se pode dizer, e sem evocações folclorizantes: nela, os instrumentos percussivos não são usados apenas como apoiamento rítmico, mas realmente orquestrados e tratados com a dignidade que até então era reservada aos instrumentos de cordas ou de sopro, mesmo nas mais ousadas realizações da música moderna.

Como esclarece Slonimsky, a partitura foi escrita para instrumentos de entonações indeterminadas (percussão propriamente dita) ou de entonações variáveis (duas sirenes, grave e aguda). A percussão se desdobra, timbristicamente, por grupos de instrumentos de membranas reverberantes e de ressonância metálica ou de madeira, e ainda por instrumentos tangidos por fricção (*güiros* cubanos) ou por agitação (maracas). A eles se adiciona o piano, percurtido em agregados de notas. Em suma, Varèse recorre praticamente a instrumentos cuja sonoridade se define pelo timbre e pelo registro topológico (alto, médio e baixo, ou agudo e grave). O resultado – que não deixa de constituir uma modalidade de coloração sonora – é uma "melodia de timbres" sem melodia.

É notável como Varèse logra extrair desse conjunto, que parece ao mesmo tempo quantitativamente complexo e musicalmente limitado, não uma convulsão caótica mas uma disciplinada explosão sonora. E como, sem ser anedótica ou folclorística, essa composição cria um espaço inquietante, onde as sirenes vozeiam sua angústia abstrata, descrevendo, como pretende o compositor, "belas curvas parabólicas e hiperbólicas", que soam, porém, como perguntas-sem-resposta em um universo desconhecido.

Ionisation é também a síntese e a radicalização de todo o trabalho de Varèse até então. Pois se nas composições anteriores – *Offrandes, Hyperprism, Octandre, Intégrales, Amérique, Arcana* –, apresentadas ao público entre 1922 e 1929, se pode vislumbrar, ainda, algum eco das células rítmicas de Stravínski ou das harmonias schoenberguianas, aqui Varèse nos aparece definitivamente varèsiano. Isto é, não se parece com nada do que se fez antes, a não ser com ele mesmo.

Na tradição do Oriente e da África encontram-se, por certo, antecedentes de música de percussão, como o gamelão javanês ou balinês. Mas Varèse não acusa influências estruturais ou rítmicas dessa música. Curiosamente, estava mais familiarizado com a música afro-brasileira, através de Villa-Lobos, com quem se encontrou em Paris. Segundo Odile Vivier, ele frequentava Villa-Lobos, que, em seu apartamento no Boulevard Saint-Michel, o iniciou nas batucadas brasileiras. Relembra a mesma autora que ele disse, certa vez, a Alejo Carpentier: "Falar de ritmo não é suficiente. O ritmo não é mais a constante de uma batida. É preciso outra coisa. É preciso que a percussão fale, que ela tenha suas próprias pulsações, seus próprios sistemas sanguíneos. Ela deve insuflar o seu poderio no conjunto da orquestra, como acontece nas batucadas". Um registro desse contato é a famosa fotografia do compositor abraçando Villa-Lobos, em Paris, 1926 ou 1929.

Também como Webern – e nas antípodas do seu prolixo e destemperado colega brasileiro –, Varèse deixou uma obra pequena e essencial, que cabe, toda ela, em quatro discos.

Será absurdo esperar que a nossas gravadoras incluam em suas programações, já não digo Webern – seria pedir demais da sua sensibilidade –, mas pelo menos um disco de Varèse, após tantos anos de omissão? Dentre as muitas gravações, há as de Craft e de Boulez, de altíssimo nível. Quanto a *Ionisation*, já contei anteriormente que, por algum equívoco, apareceu entre nós, nos anos 50, uma gravação dessa obra, com a Orquestra de Percussão de Paul Price, num disco-teste-de-alta-fidelidade, denominado *Rompendo a Barreira do Som*. Depois, nunca mais.

Afinal, a percussão é fundamental em nossa tradição popular, assim como o é no jazz e na música pop, por inspiração da cultura negra. Varèse, aliás, já faz parte da história do rock: Frank Zappa o homenageou, como um mestre, em mais de uma oportunidade.

Quando falaram ao compositor do "divórcio entre o público e a música moderna", ele respondeu: "Como falar em divórcio, se nem ao menos se permite o casamento?" Infelizmente esse "casamento" continua adiado, pelo menos entre nós. Falta a "autorização paterna" das gravadoras e dos programadores de audições e concertos. O próprio conjunto Les Percussions de Strasbourg – que fez uma notável gravação de *Ionisation* e que, pelo seu virtuosismo, obteve de Varèse permissão especial para executar a obra com apenas seis músicos, quando a partitura prevê 13 executantes – não deixou de contribuir para comemorar essa espantosa omissão. Ao passar, como um corisco, por São Paulo, em 23 de junho, num concerto de preços astronômicos, achou de substituir, à última hora, a programada execução de *Ionisation* por um suspeito *Iemanjá*. Será que ainda não somos considerados suficientemente adultos para ouvir Varèse nem em disco nem ao vivo? Até quando?

Viva Webern*

Temos um dever para com a música: é o de inventá-la.

Stravínski, 1952

Eu não sou cachorro, não.

Webern, 1912

Se considerarmos que Debussy e Satie, os mais velhos, já eram grandes inovadores antes do despontar do século XX, podemos afirmar que o solo da música deste século terá sido explodido ou implodido, basicamente, por cinco grandes "inventores": Schoenberg e Ives, nascidos em 1874, Stravínski, em 1882, e Webern e Varèse, em 1883. A esses nomes se devem acrescer os de dois mestres – se menos inovadores, não menos notáveis –, Bela Bartok, nascido em 1881, e Alban Berg, em 1885. Uma geração a que correspondem, literariamente, como pontos de referência, os "inventores" Gertrude Stein (1874), Joyce (1882) e Pound (1885). Em artes plásticas, um arco criativo que vai de Mondrian (1872) e Maliévitch (1878) a Duchamp (1887), passando obviamente pelo cubismo de Picasso (1881).

Anton Webern e Edgard Varèse – aqueles, dentre os músicos, cuja obra mais se projeta no futuro – têm, portanto, o seu centenário de nascimento comemorado este ano. Dois músicos-profetas: Webern, "o profeta de um novo cosmos musical" (E. Krenck). Varèse, "o mais selvagem dos compositores-profetas" (Paul Rosenfeld). Por coincidência, ambos deixaram obra reduzida, mas densa e concentrada (nos dois casos, cabe, essencialmente, num álbum de quatro discos). Por coincidência, ambos, após uma vida de dificuldades e provações, marcada pela coerência e pela tenaz fidelidade aos seus ideais, só obtiveram tardio reconhecimento do seu valor. Um reconhecimento que Webern, assassinado tragicamente em 1945, não chegou a conhecer, mas do qual Varèse, que só veio a falecer vinte anos depois, aos 82 anos, pode desfrutar a partir do extraordinário surto de renovação musical que eclodiu

* Publicado na *Folha de S. Paulo*, "Folhetim", n. 359, 4.12.1983.

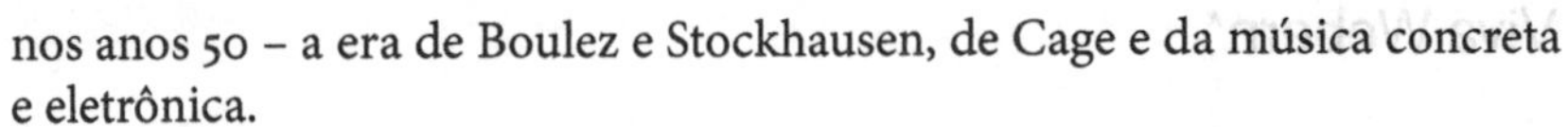

nos anos 50 – a era de Boulez e Stockhausen, de Cage e da música concreta e eletrônica.

Varèse ver-se-ia, em breve, nessa década privilegiada, como o único sobrevivente dos inovadores malditos da música moderna (já que Stravínski, como Picasso, foi sempre reconhecido, ainda que nem sempre pelo melhor de sua obra). Ao findar da guerra, já estavam mortos Berg (em 1935), Webern e Bartok (1945). Schoenberg desapareceria em 1951, antes de assistir à espetacular conversão de seu antagonista Stravínski (via Webern) ao dodecafonismo, em 1952. E Ives, em 1954, antes de que tomassem conhecimento de suas premonições (suas "descobertas patenteadas pelo silêncio de um meio musical atrasado de meio século", como disse Stravínski).

Embora Webern não tivesse conhecido a redenção de sua obra, nenhum músico moderno terá como ele merecido tão unânime consagração dos compositores que a partir dos fins dos anos 40 imprimiram novos rumos à música contemporânea. Da música serial à música indeterminada – da rigorosa ortodoxia de Boulez à "desobediência civil" das composições casuais de Cage –, jamais faltou a presença de Webern no limiar da revisão crítica da linguagem musical que então se processou. Na perspectiva de Boulez, posta, fundamentalmente, a partir do encontro entre a "complexidade do vocabulário e da sintaxe rítmica de Stravínski" e o "vocabulário morfológica e sintaticamente complexo desenvolvido por Webern". Sob a ótica de Cage, vista numa dessacralizadora conjunção com Satie.

Aqui vai uma pequena mas expressiva constelação de opiniões/definições sobre o significado de Webern para a música contemporânea:

Boulez: "Webern é o limiar..." (1954)

Stockhausen: "[...] Webern se torna um marco: nenhum compositor pode atuar com uma clara consciência, agora ou no futuro, abaixo do nível de linguagem desta música, e a ignorância não serve de excusa." (1955)

Pousseur: "Fala-se, em física contemporânea, de uma tendência da matéria à sua mais alta probabilidade. Com Webern desponta uma música onde é igualmente segundo um princípio probabilístico que serão distribuídos os elementos, os *quanta*. Um novo conhecimento do mundo – que é também um novo modo de existência – se faz acompanhar de uma estruturação nova, infinitamente mais móbil, do espaço sonoro constituído pela obra musical." (1954)

Heinz-Klaus Metzger: "A revolução de Webern somente pode ser comparada àquela com a qual Mondrian criou uma nova espécie de pintura." (1955)

Stravínski: "Webern, a Esfinge, legou todo um fundamento, assim como uma sensibilidade e um estilo contemporâneos. [...] Para mim, Webern é *o justo da música*, e não vacilo em amparar-me sob a proteção benéfica de sua arte ainda não canonizada." (1959)

Boulez: "Webern foi o *maitre à penser* de toda uma geração, desforra póstuma contra a obscuridade que ocultou sua existência. Desde agora, pode-se considerá-lo como um dos maiores músicos de todos os tempos, homem indelével." (1961)

Até a sua reabilitação, na década de 50, a obra de Webern jazia na sombra. Seu nome mal aparecia nos dicionários musicais, que o registravam, quando muito, como "um discípulo de Schoenberg". E somente um schoenberguiano ortodoxo, René Leibowitz, discutia mais longamente suas composições fora dos círculos especializados (*Schoenberg et son École*, 1947; *Introduction à la Musique des Douze Sons*, 1949). Foi o mesmo Leibowitz o responsável pelas primeiras gravações de sua música em LP, nos anos 50 (dois discos da etiqueta Dial). Na Alemanha nazista sua obra fora proscrita, como "bolchevismo cultural" ou "arte degenerada", a partir de 1939. Em 26 e 30 de outubro de 1937, as suas *Variações para Piano*, Op. 27, estrearam em Viena. Foi a última vez em que Webern pôde ouvir uma composição sua executada na cidade em que nasceu. O *Quarteto para Cordas*, Op. 28, teve sua *première* nos EUA, em 1938. A *Cantata*, Op. 29 (1939), estreou em Londres, em 1946, postumamente. E as *Variações para Orquestra*, Op. 30 (1940), na Suíça, em 1943: como esclarece Claude Rostand, "era a primeira de suas obras que ele ouvia desde que os nazistas colocaram sua obra no índex há 5 anos. E esta será também a última execução pública de uma de suas composições que ele ouvirá antes de morrer".

A obra de Webern recobre o período de 1908 a 1943, constituindo-se de apenas 31 composições. Após a sua morte, descobriram-se e publicaram-se partituras de períodos anteriores ao Op. 1. O essencial de seu trabalho, porém, está nas peças numeradas, das quais ainda existem escassas gravações, mas que podem ser encontradas em dois álbuns editados pela Columbia: o mais antigo, de 1957, sob a regência de Robert Craft (além dos Op. 1 a 31 a orquestração do *Ricercare* de Bach e um *Quinteto para Cordas e Piano*, de 1906); o mais recente, de 1979, com direção musical de Pierre Boulez, contendo, a par das composições numeradas, o *Ricercare* e o arranjo para as *Danças Alemãs* de Schubert. Restou a promessa de um segundo álbum dedicado a obras de juventude, sem número de *opus*, e outras encontradas incompletas após a morte do compositor.

As 31 obras que integram o catálogo das composições numeradas por Webern, produzidas em 37 anos de vida criativa, cabem, pois, em quatro discos e podem ser ouvidas em menos de três horas. A mais longa, a *Cantata*, Op. 31, dura entre dez e 14 minutos. As mais curtas, de dois a três minutos, com movimentos ou "peças" de até 15 segundos. *Non multa sed multum* – não *muito* (quantidade) mas *muito* (qualidade) – era o seu lema.

Poucas obras de um compositor, em toda a história da música, apresentam tanta coerência, em conjunto. Se excetuarmos a *Passacaglia*, Op. 1, de 1908, ainda tributária do último romantismo alemão, as demais obras, a partir da Op. 2 – um impressionante coral misto a capela, inteiramente canônico – já exibem as características de concisão e condensação que irão marcar seu estilo, impregnado de atonalismo desde o Op. 5 (*Cinco Canções de Stefan George*), também de 1908, como a anterior. Concisão e condensação que começam a se acentuar nos *Cinco Movimentos para Quarteto de Cordas*, Op. 5 (1909) – onde a pesquisa sonora o leva a extrair dos instrumentos as sonoridades mais imprevistas, acentuadas por uma dinâmica funcional e contrastante –, e também nas extraordinárias *Seis Peças para Orquestra*, Op. 6, do ano seguinte, que antecipam, na prática, a teoria schoenberguiana da *Klangfarbenmelodie* (melodia-de-timbres). Essa linguagem irá cristalizar-se definitivamente nas ultra-aforísticas *Seis Bagatelas para Quarteto de Cordas*, Op. 9, de 1913 (a propósito das quais escreveu Schoenberg, em 1924: "Considere-se que sobriedade exige uma expressão tão concisa. Cada olhar pode-se desenvolver num poema, cada suspiro num romance. Mas para encerrar todo um romance num simples gesto, toda uma felicidade num suspiro, é preciso uma concentração capaz de banir todo o derramamento sentimental. Estas peças só serão compreendidas por aqueles que creem que só se pode exprimir com os sons aquilo que não se pode exprimir a não ser com os sons"); e ainda, nas *Cinco Peças para Orquestra*, Op. 10 (1915), onde Webern aperfeiçoa o uso orquestral da melodia-de-timbres, e nas *Três Peças Curtas para Violoncelo e Piano*, Op. 11 (1914). Verdadeiros haicais musicais. Microcosmusihaicais, para defini-los numa palavra-valise à maneira de Joyce.

Entre as peças meramente instrumentais, de especulação abstrata, Webern intercala, sempre, algumas obras vocais, menos ascéticas, mas não menos inovadoras. Trabalha com textos de sabor expressionista, de Stefan George, Rilke, Karl Kraus, Trakl, com os poemas chineses revertidos por Goethe, e também com textos sacros e populares, deles extraindo, por assim dizer, um segundo texto, onde as palavras-chave afloram como pontas de *iceberg*, ilhas de significado. A princípio derivadas dos *Lieder* alemães, ganhando estranheza, porém, pela falta de fixação tonal da linha melódica e pelos inusitados saltos interválicos (que às vezes ultrapassam duas oitavas), tais composições irão se radicalizando na sequência dos Op. 12 a 19 – um período peculiar na carreira do compositor, pois são 12 anos (de 1915 a 1926) consagrados à música vocal. De uma primeira fase em que a voz se faz acompanhar pelo piano, Webern evolui para explorações sonoras cada vez mais ousadas, para as quais convoca insólitas combinações de instrumentos – do violão e da clarineta em mi bemol (Op.18) a uma formação que abrange flauta, clarineta, clarineta-baixo, trompa, piston, trombone, carrilhão, harpa, violino, viola, violoncelo e contrabaixo (Op. 13), ou à complexidade polifônica do Op. 19 para coro misto (quarteto vocal) e conjunto instrumental (clarineta, clarineta-baixo, celesta, violão e violino). Nos Op. 18 e 19 – "as obras difíceis", como as denomina Robert Craft – trabalha com uma rede de vozes super e interpostas para elaborar um intrincado tecido polifônico que nos remete aos mestres flamengos do século XV, que Webern tanto admirava (ele doutourou-se com uma tese sobre Heinrich Isaac).

Webern retorna às composições puramente instrumentais nos Op. 20 a 24 (1927-1934), período que Boulez classifica de "didático" – uma expressão que me parece menos feliz, por poder induzir à ideia de obras escolásticas ou demonstrativas, quando aqui estão, a meu ver, algumas das obras mais perfeitas, das mais caracterologicamente webernianas, de Webern, especialmente a *Sinfonia*, Op. 21, o *Quarteto*, Op. 22 e o *Concerto*, Op. 24. De minha parte, prefiro chamá-lo de *período radical*. Aqui, Webern, em plena maturidade, consolida a sua evolução (desde o Op. 17, ele utiliza o método dodecafônico), compondo sob a nova disciplina com uma cursividade, pode-se dizer, congenial. Ninguém foi tão claro e tão preciso, tão fácil – por paradoxal que isso possa parecer – no difícil. "Entendo a palavra *arte* como significando a faculdade de apresentar um pensamento da maneira a mais clara e compreensível", dizia ele numa carta a Hildegard Jone, de 6.8.1928. Por essa época Webern vinha de concluir a composição da *Sinfonia*, Op. 21. Embora partindo de elementos da tradição clássica – a forma-sonata, no 1º movimento –, Webern chega no reverso, a uma antissinfonia. Uma sinfonia em comprimidos. Os enormes intervalos e pausas e a melodia-de-timbres aplicados como elementos estruturais, e não decorativos, rompem os elos frásicos e as "tentações cadenciais do antigo sistema tonal" – como observa Claude Rostand –, induzindo a um conceito de *música espacial*. No *Quarteto para Violino, Clarineta, Sax-tenor* e *Piano*, Op. 22 (1930), a fluência dessa linguagem atomizada se acentua.

No *Concerto para 9 Instrumentos*, Op. 24 (1934), Webern logrou descobrir uma estrutura modelar, única: ele constrói uma série básica, com quatro grupos de três sons, em intervalos de uma segunda menor e de uma terça maior, que constituem, por sua vez, uma microssérie com seus desenvolvimentos (retrógrado, inversão e inversão-retrógrada). Cada um desses grupos de três sons aparece quatro vezes no conjunto das 48 formas seriais, de tal sorte que todo o material compositivo fica reduzido a 12 formas. A Webern, este achado fez lembrar o quadrado-mágico grafitado nas ruínas de Pompéia (século I):

S A T O R
A R E P O
T E N E T
O P E R A
R O T A S

que significa, basicamente, "o semeador mantém a obra/a obra mantém o semeador" e pode ser lido a partir de qualquer direção. O resultado é uma obra de cristalina coerência, de um contínuo interespelhar-se, a justificar a expressão de Herbert Eimert, quando cognominou Webern "o arquiteto monádico da forma-espelho".

Desde o Op. 23 (*Três Lieder de "Viae Inviae"*) Webern passara a musicar textos de sua grande amiga Hildegard Jone, cuja poesia pós-(ou sub, diria Boulez)goethiana, embora sem alta qualidade literária, encontrou funda ressonância nele, provavelmente pelos seus temas panteístas (alpinista e botânico amador, Webern cultuava a natureza). De resto, com a verdadeira filtragem sonora a que submete a matéria textual, o compositor parece imunizado contra quaisquer excessos ou fragilidades verbais. Ele isola os vocábulos, decompõe-nos a golpes de altura, pausas e timbres, depura-os, e os restitui intactos, renovados, em suas obras. Dessa conjunção nasceram, além daquela peça, os Op. 25, 26, 29 e 31; nas duas últimas – as *Cantatas* –, terminadas em 1939 e 1943, Webern retoma e amplia a matriz experiencial das complexas polifonias neoflamengas dos Op. 18 e 19.

As demais obras instrumentais de Webern, o *Trio para Cordas*, Op. 20 (1927), as *Variações para Piano*, Op. 27 (1939), o *Quarteto para Cordas*, Op. 28 (1938) e as *Variações para Orquestra*, Op. 30 (1940), se inscrevem, todas, na perspectiva de rigor estrutural que ele se traçou, caminhando, porém, para uma concepção ampla, de "metamorfose perpétua" (expressão do próprio Webern), a partir de uma série básica. Uma concepção cada vez mais livre. Livre, inclusive, do constrangimento dodecafônico, já que evolui para um território onde a própria materialidade sonora – os timbres, as intensidades, as durações, os silêncios – tendem a prevalecer sobre o método. Seus derradeiros projetos, iniciados entre 1943 e 1944, eram uma composição instrumental ("um 'Concerto' em multimovimento") e uma vocal, com poemas do ciclo *Lumen*, de Hildegard Jone, da qual se recuperaram alguns esboços, desde a belíssima célula inicial de seis notas, correspondendo à linha *Das Sonnenlicht spricht* (*A Luz do Sol Brilha*), com um característico salto em intervalos de 9ª e de 13ª nas sílabas finais (*Ii-icht spricht*). Os constantes bombardeios de Viena e a morte do filho, em 14 de fevereiro de 1945, tirariam ao compositor a tranquilidade e a concentração necessárias para a conclusão dessas obras. Em 15 de setembro, após o fim da guerra, ele viria a morrer, acidentalmente, assassinado por um soldado americano. A história desse obscuro episódio foi desvendada por Hans Moldenhauer no seu livro *The Death of Anton Webern: a drama in documents* (1961) e na grande biografia que o mesmo autor publicou mais recentemente, em colaboração com sua mulher Rosaleen (*Anton Von Webern, A Chronicle of His Life and Work*, 1978).

Neste centenário de Webern, no Brasil, afora raríssimos concertos em que se ouviu alguma coisa do grande inventor, seu trabalho permanece praticamente marginalizado. Nenhum disco nacional em circulação apresenta qualquer mínima parcela de sua obra (o único, de Clara Sverner, lançado em 1974, com as *Variações para Piano*, Op. 27, está há muito esgotado).

Em contrapartida, tivemos o artigo de um ex-compositor de vanguarda, logo secundado por um que outro acólito, denegrindo Webern e tentando impugnar até os silêncios de sua música, sob a pecha de "adesão ao nazismo", uma grosseira redução da *mens* weberniana, a partir da manipulação de algumas ingênuas manifestações extraídas de cartas de 1940, dos angustiados anos de guerra, e reveladas, após a morte do compositor, pelo seu competente e sensível biógrafo, Moldenhauer. O que, com evidente má-fé, deixou de dizer o autor do auto-de-fé é que a música de Webern foi proibida pelos nazistas como "arte degenerada".

Nenhuma palavra, também, sobre as manifestações públicas, como a conferência de 1933, em Viena, em que Webern afirma, referindo-se aos nazistas: "Agora, 'bolchevismo cultural' é o nome dado a tudo o que se refira a Schoenberg, a Berg e a mim (assim como a Kreneck). Imaginem o que será destruído, arrasado por esse ódio à cultura! [...] Eu não sei o que Hitler entende por 'música nova', mas sei que o que nós designamos por esse termo é um crime para essa gente". Sequer se ressalvou que, em nenhum momento de sua vida, Webern recebeu qualquer dádiva, auxílio ou patrocínio do Governo, nem teve qualquer participação política nem ocupou qualquer emprego ou posto no III Reich; nem que, ao contrário, impedido de reger e de ver executadas as suas composições, só conseguiu sobreviver, e a duras penas, como professor particular de alguns poucos alunos e como revisor e leitor da Universal Edition (que, após 1937, deixou de editar suas obras, devido à interdição nazista). Nada disseram, naturalmente, o nosso novo-escoteiro e outros lobinhos sobre a integridade de Webern, sua recusa a curvar-se às imposições artísticas do regime autoritário que o condenou ao ostracismo, ao silêncio e à pobreza (enquanto, na URSS ou em Hollywood, os louvados músicos "engajados" se entregavam às mais torpes concessões). Considerado tudo isso, o vilipêndio atirado contra Webern, no seu centenário, por alguns canhestros caçadores de feiticeiras, com o claro intuito de desmoralizá-lo para fazer avultar desmesuradamente a obra de compositores inferiores e epigonais (no caso, os submissos ao stalinismo cultural), assume os malévolos contornos da difamação.

Mas o que, no fundo, mais temem tais detratores é a clareza e a beleza da linguagem de Webern – uma luz que põe a nu a pequenez de certos grotescos torcicolos provincianos e suas frustradas copidescagens das modas e manias da música europeia.

No Brasil sem Webern, no Brasil de macunaísmos sem caráter, onde desmemoriados aprendizes de patrulheiro ensaiam um tardonho e mal disfarçado retorno a Jdanov (atualmente oculto, entre nós, sob o codinome de Hanns Eisler, hinista oficial da Alemanha Oriental substalinista), a música erudita continua sendo a mais atrasada de todas as artes. E é da música popular, tão maltratada pela inveja obscura e pelas mesquinharias sinistro-elitistas, é da música independente, sem hierarquias e sem patrulhas, que continuam a surgir, apesar de tudo, a voz do povo (não populista nem popularesca) e a voz do novo.

Viva Varèse*

Morrer é o privilégio dos que estão esgotados. Os compositores de hoje se recusam a morrer.

VARÈSE, 1921

Se Webern é *o limiar* da música nova – como o definiu Boulez, num artigo histórico e ainda hoje atual –, pode-se dizer que o seu contemporâneo Edgard Varèse já é a música nova em ação, riocorrente. Ele é o primeiro habitante desse território desconhecido.

Nascidos no mesmo ano e no mesmo mês, Webern no dia 3, Varèse no dia 22 de dezembro de 1883, o percurso de ambos foi bem diverso. Enquanto Webern tem o seu Op. 1 (*Passacaglia para Orquestra*) estreado em 1908, em Viena, e segue, incessantemente, nos anos posteriores, a acrescentar os cristais de sua obra rara e clara, Varèse vê o seu primeiro trabalho, *Bourgogne*, apresentado ao público, em Berlim, em 1910.

Essa composição, porém, ele a renegaria mais tarde, destruindo o seu manuscrito, por volta de 1961. Para Varèse – segundo o depoimento de sua mulher, Louise, a Odile Vivier – sua obra começa com *Amériques*, que ele termina de compor em 1921, mas só conseguirá ver executada em 1926.

Antes dessa estreia tardia, ocorrem, em Nova York, as *premières* de *Offrandes* (1922), *Hyperprism* (1923) e *Octandre* (1924), *Integrales* (1925), obras importantes do *corpus* varesiano. A essa altura, tudo o que de mais importante poderia acontecer já havia acontecido para a música moderna. Os escândalos de *Pierrot Lunaire* e da *Sagração da Primavera*, em 1912 e 1913. Todo Debussy, inclusive *Jeux* (1915), o seu lance de dados. Todos os Saties, do *Esotérik* (como o chamou Alphonse Alais) ao *Satierik* (como o preferiu denominar Picabia), do impressionismo ao dadaísmo, do rosa-cruz ao café-concerto, de *Entr'acte* a *Socrate*: Satie morre em 1925. Schoenberg já criara o dodecafonismo, aplicando os novos princípios nas *Cinco Obras para Piano*, Op. 23 (1921-1923) e na *Serenata*, Op. 24 (1923). De Webern já se haviam ouvido os *5 Movimentos para Quarteto de Cordas*, Op. 5, as *6 Peças para Grande Orquestra*, Op. 6, as *6 Bagatelas para*

* Publicado na *Folha de S. Paulo*, "Folhetim" n. 361, 18.12.1983.

Quarteto de Cordas, Op. 9 e as *3 Peças Pequenas para Violino e Piano*, Op. 11. Ele já havia instaurado a revolução de clareza e de silêncio que até hoje suscita "o vil sobressalto de hidra" e "o voo da blasfêmia esparso no futuro" daqueles, menores, que a sua lição de grandeza e simplicidade eternamente esmaga. Berg – que já produzira pequenas maravilhas como as *4 Peças para Clarineta e Piano*, Op. 5 (1913) e as *3 Peças para Orquestra*, Op. 6 (1914) – chegara ao seu maior êxito: o *tour de force* de *Wozzeck*, a sua ópera atonal (1925). E Bartok já havia composto os dois primeiros *Quartetos*, da série de seis, que iria constituir-se numa das mais altas construções da música de nosso tempo. Desconhecido de todos, Ives a todos ou a quase todos antecipara, de 1901 (*From the Steeples and the Mountains*) a 1924 (*Largo* e *Alegro*, música em quartos-de-tom para dois pianos).

Nesse quadro de fatos e de feitos, em que intervém a música aparentemente retardatária de Varèse, onde entra ela? Varèse é, nas palavras de Paul Rosenfeld, "o homem destinado a levar a música para frente, de Stravínski aos territórios virgens do som".

Ele intervém precisamente no momento em que Stravínski – depois da constelação inventiva do seu período radical (*Petruchka*, *Le Sacre*, *Renard*, *Noces*, *Rossignol*), que inclui as incursões quase-schoenberguianas de *Zviesdóliqui* e de *3 Líricas Japonesas* e outras composições, indomavelmente bárbaras e aforísticas, das *3 Peças para Quarteto de Cordas* (1913) às *3 Peças para Clarineta* (1919) – inicia o ciclo de retorno a posições mais acomodadas: o neoclacissismo, os pastiches e os "regressos", que o reconciliam com a tradição europeia.

Varèse tem a seu favor o domínio completo da linguagem revolucionária do começo do século – o que significa não apenas a consciência da revolução Stravínskiana no que tange ao ritmo, mas também a da pulverização do mundo tonal, em consequência da revolução de Schoenberg e do Grupo de Viena. Por isso, com mais nitidez e mais consequência que Antheil – que também tentará a radicalização de Stravínski, com suas peças para piano percussivo e com a *machine music* do seu *Ballet Mécanique* (1926) –, ele caminhará, decisivamente, para dar os primeiros passos na terra virgem do puro som a que o precipitam as experiências pioneiras dos seus colegas. Um som liberto dos padrões rítmicos convencionais, do perspectivismo tonal, e até mesmo dos conceitos harmônicos da música europeia, então sublevada aos limites do não tonal. Como diria Cage, em 1958: "Mais clara e ativamente do que qualquer outro de sua geração, ele estabeleceu a presente natureza da música. Tal natureza não provém de relações de altura (consonância-dissonância) nem de doze sons ou de sete mais cinco (Schoenberg-Stravínski), mas de uma aceitação de todos os fenômenos audíveis como material próprio para a música. Enquanto outros ainda estavam discriminando sons "musicais" de ruídos, Varèse internou-se no campo do som propriamente dito, sem dividi-lo em dois na sua percepção a partir de um preconceito mental. O fato de que ele tenha patrocinado o ruído, na música do século XX, fá-lo mais pertinente às necessidades da música atual que os próprios mestres vienenses, cuja noção do número 12 já foi abandonada há algum tempo, e cuja noção de série, em breve, certamente, já não será vista como urgentemente necessária".

Não é à toa que a primeira obra de Varèse (por ele reconhecida como tal) se chama *Amériques*. Um modo, talvez, de expressar a sua libertação do peso ou pesadelo da música europeia. E também uma experiência pessoal. Em 29 de dezembro de 1915, com oitenta dólares no bolso, ele desembarcava em Nova York, para ficar. Ezra Pound faria o percurso inverso; em 1908, com os mesmos oitenta dólares, ele viajava de Nova York para Veneza. A América seria para Varèse, francês de nascimento, a pátria de eleição, como o foi a Itália para Pound. Antípodas no exílio, nunca se conheceram, embora certas ideias de Pound sobre música – as que o ligaram a Antheil e à "música no espaço-tempo" – tivessem algo a ver com as concepções varesianas. (Enquanto ocorriam em Filadélfia, em 9 e 10 de abril, e em Nova York, em 13 de abril de 1926, sob a direção de Stokóvski, as primeiras audições de *Amériques*, que só chegaria a Paris em 30 de maio de 1929, Antheil e Pound estreavam, nessa cidade, em 19 e 29 de junho de 1926, respectivamente, o *Ballet Mécanique* e o *Testamento de Villon*.)

Nos Estados Unidos, afrontando convenções e resistências, Varèse desenvolveria uma extraordinária atividade de divulgação da obra dos compositores modernos, à frente da New Symphony Orchestra (1919) e da International Composers' Guild (1921-1928), que, entre outras composições, revelaria ao público americano o *Pierrot Lunaire* e a *Serenade* de Schoenberg, as *Peças para Quarteto*, Op. 5, de Webern, o *Concerto de Câmara* de Berg, *Renard* e *Noces* de Stravínski, *Men and Mountains* de Carl Ruggles, *Ensemble* de Henry Cowell, assim como algumas das principais criações do próprio Varèse.

Amériques – a primeira a ser composta – foi concebida para grande orquestra, exigindo um total de 125 executantes (a versão original previa 142), com ênfase nos instrumentos percussivos. É uma retomada e uma radicalização da selvageria sonora da *Sagração da Primavera*. Ou talvez uma síntese da *Sagração* e de *Jeux*, de Debussy. Uma explosão sônica, onde os entrechoques das massas sonoras, os contrastes de dinâmica e de coloração, as violentas tensões rítmicas tendem a se sobrepor ao discurso melódico e harmônico. Nessa implacável conflagração de sons-ruídos e ruídos-sons, que uma flauta, em raros momentos, suaviza, a sirene – com seu residual semântico, conotativo do mundo urbano e industrial – é o único soprano, antecipando, nas suas curvas glissantes, crivadas de percussão, os solilóquios plásticos e obstinados de *Ionisation*.

"Eu me tornei uma espécie de Parsifal diabólico à procura não do Santo Graal, mas da bomba que faria explodir o mundo musical e deixaria penetrar todos os sons pela brecha, sons que à época – e talvez ainda hoje – eram tidos como ruídos", diria Varèse em 1956. *Offrandes* – a primeira das suas obras a

Varèse, numa foto de 1916.

Edgard Varèse e Villa Lobos: aquele abraço em Paris, 1926 ou 19[illegible].

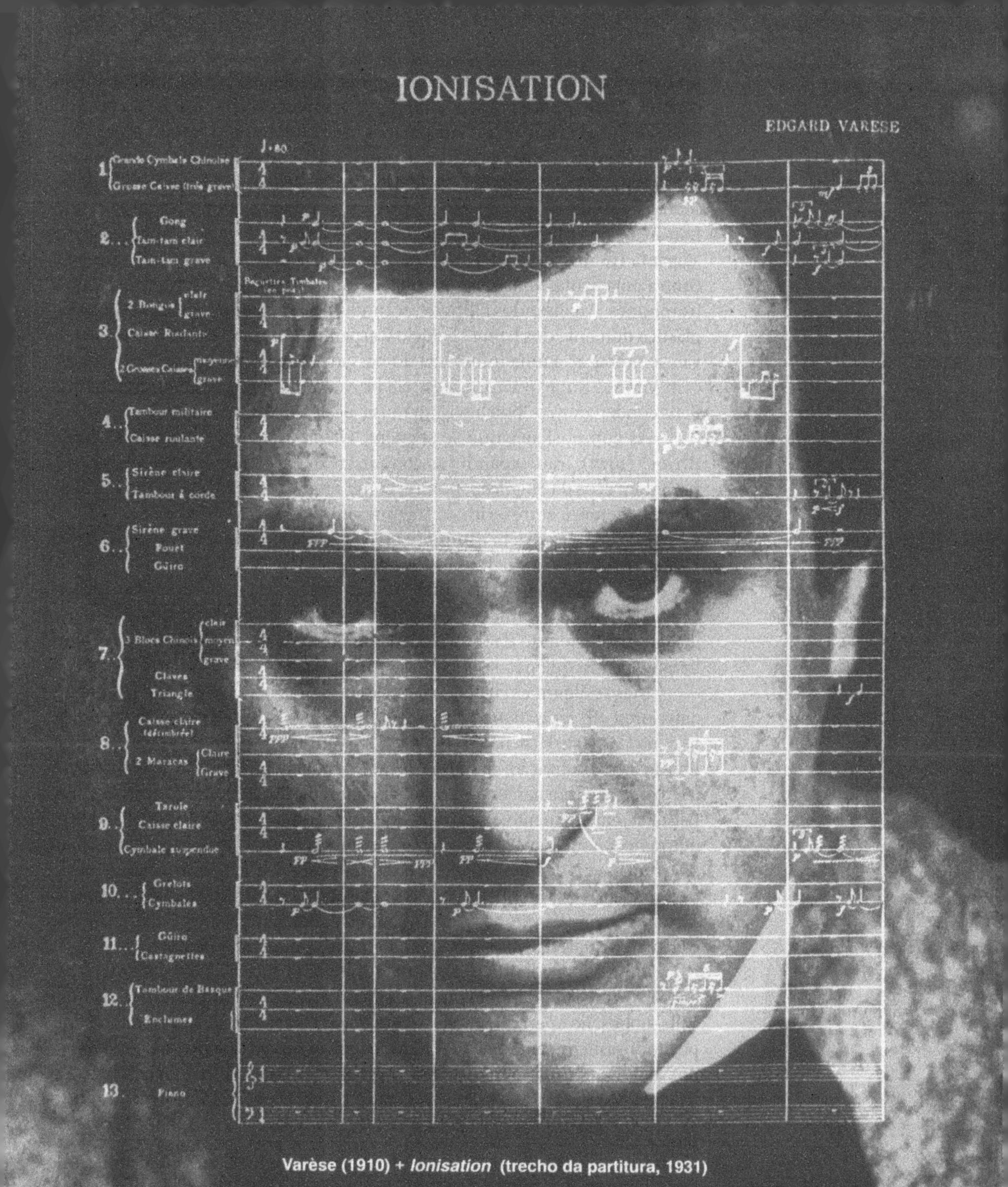

IONISATION

EDGARD VARESE

Varèse (1910) + *Ionisation* (trecho da partitura, 1931)

ser executada pela International Composers' Guild, em 1922 – ainda mantém contato com a linguagem schoenberguiana, talvez pela imposição do próprio *melos* vocal, pois que se trata de poemas (de Huidobro e Tablada) musicados, embora já se faça notar por "um pequeno batalhão de percussão", conforme então registrou o comentarista de *Musical America*. Mas *Hyperprism*, apresentada em março de 1923 em Nova York, e a seguir, em junho de 1924, em Londres, já não tem quaisquer liames com aquele universo. A percussão se agiganta (16 instrumentos, entre os quais uma sirene e um "rugido de leão") contra uma flauta, uma clarineta em si bemol, três trompas, dois pistons e dois trombones. Analisando-a, Boulez acentua-lhe a "recusa a todo tematismo e a plástica flutuante dos *tempi*". E Alejo Carpentier resume: "Em *Hyperprism* em vão se procuraria uma influência do passado. Varèse não se parece a não ser com Varèse". Em Nova York, a estreia provocou tumulto. Em Londres, os críticos condenaram o "bolchevismo musical" desses "quatro minutos de ruído".

As composições que se seguem, *Octandre* (1924), *Integrales* (1925), *Arcana* (1927), irão expandir as conquistas desse campo sonoro. Aqui e ali repontam ecos da *Sagração*, porém, como Fred Goldbeck, existe uma fundamental diferença entre o ritmo Stravínskiano e o varesiano: "os golpes bruscos da *Sagração* contradizem e tumultuam os períodos", enquanto Varèse "arqueia o salto rítmico até a sua tensão-limite".

Os alongamentos das notas, ou a característica nota repetida, cercada de *appogiaturas*, identificável em *Hyperprism*, *Octandre* e *Integrales*, induzem, na extrema distensão da duração e da dinâmica, a uma sensação de espacialização sonora que não se encontra em Stravínski.

Mas se algum elo havia, em qualquer dessas obras, com procedimentos anteriores, em *Ionisation*, composta entre 1929 e 1931 e estreada em março de 1933, no Carnegie Hall, não há mais reminiscência alguma. *Ionisation* é a radicalização da radicalização – a síntese de todo o trabalho precedente do compositor. Creio que não será herético associar, de algum modo, essa criação abstrato-brutalista ao envolvimento emocional de Varèse com a metrópole nova-iorquina, que tanto amou. Louise Varèse recorda como ele, muitas vezes, apontando para os arranha-céus de Manhattan, exclamava: "*C'est ma ville*". Algo que faz lembrar os derradeiros quadros de Mondrian, *New York City*, *Broadway Boogie-Woogie*, *Victory Boogie-Woogie*, capazes de, sem qualquer suporte anedótico, sintetizar os ritmos visuais da paisagem urbana que ele também vivenciou.

Uma fotografia da década de 20, de data incerta (algumas publicações dão-na como de 1926, outras de 1929), mostra o compositor abraçando Villa-Lobos, no apartamento deste, em Paris. Uma amizade que honra o compositor brasileiro, então na fase mais inventiva de sua carreira, a dos *Choros* e do *Noneto*, anterior ao retorno (via Stravínski) a Bach e à sua oficialização – o Villa da Música Nova e não o do Estado Novo. De qualquer forma, um raro abraço – um abraço cultural até hoje único no parco panorama da música erudita brasileira.

Como disse o poeta St. John Perse, "Varèse jamais fez concessões ao fácil". Temperamento oposto ao do caudaloso músico brasileiro, ele deixaria, como Webern, uma obra pequena e essencial. Depois de *Ecuatorial* (1934) e *Densité 21,5* (1936), ele ficará cerca de dez anos sem compor, e só voltará a fazê-lo em 1947, quando termina *Étude pour "Espace"*. Mais oito anos de silêncio se passarão antes que ele apresente ao público a sua nova composição, *Déserts*, em 1954.

Ecuatorial, para voz de baixo ou coro, metais, piano, órgão, duas Ondas Martenot e 21 instrumentos de sopro, é a primeira de suas obras a fazer uso de fontes sonoras eletrônicas. Com impressionante empatia Varèse se serve de um texto do *Popol Vuh* (livro sagrado dos Maia-Quiché guatemaltecos), na versão oitocentista espanhola, para recriar o mistério e a nobreza da grande civilização destruída. Nas palavras do próprio Varèse, esta é "a invocação da tribo perdida nas montanhas, depois de ter deixado a Cidade da Abundância". Ele quis dar a música "a mesma intensidade rude, elementar, que caracteriza a arte pré-colombiana". A ascética aspereza e a nitidez do recorte sonoro do texto evocam ao mesmo tempo o mediavalismo de um Perotinus e a contenção de um Webern (comparem-se trechos como "en los cuatro angulos, en las cuatro extremidades" com soluções do tipo de "in universo mundo", nos *Canons* webernianos). Pena é que a latinoamericomania destas plagas ignore essa obra radical e exemplar – uma lição de como ir às "raízes" mais fundas de um povo, sem caricaturá-lo.

Densité 21,5, para flauta-solo, foi suscitada por um pedido de Georges Barrère para a inauguração de sua flauta de platina, cuja densidade física deu título à obra. Aqui, a exploração sonora dos recursos do instrumento se faz em amplo espectro, notabilizando-se pelas alternâncias combinadas dos registros, ataques e intensidades, com a inclusão de inauditos efeitos percussivos. É uma composição belíssima, uma réplica a *Syrinx* de Debussy, projetada do tempo ao espaço sonoro pela contínua distensão das notas.

De *Espace*, para dois pianos, percussão e coro misto, restou apenas um fragmento, o *Étude*, apresentado em 1947, em Nova York. Fernand Ouellette, um dos poucos que conhecem a obra, ressalta a utilização de um texto sem dimensão semântica, feito de estilhaços de várias línguas, funcionando como um conjunto de sons percussivos.

A crise criativa que se abateria sobre Varèse, agravada, por certo, pela inviabilidade técnica de seus projetos, só se resolveria na década de 50, quando os recursos da eletrônica, propiciados pelo avanço tecnológico, chegam às mãos dos praticantes da música.

Varèse fora o profeta desse mundo novo. Em 1916, ele dizia: "Sempre senti em minha obra pessoal a necessidade de novos meios de expressão. Eu me recuso a me submeter apenas aos sons já ouvidos. O que eu procuro são

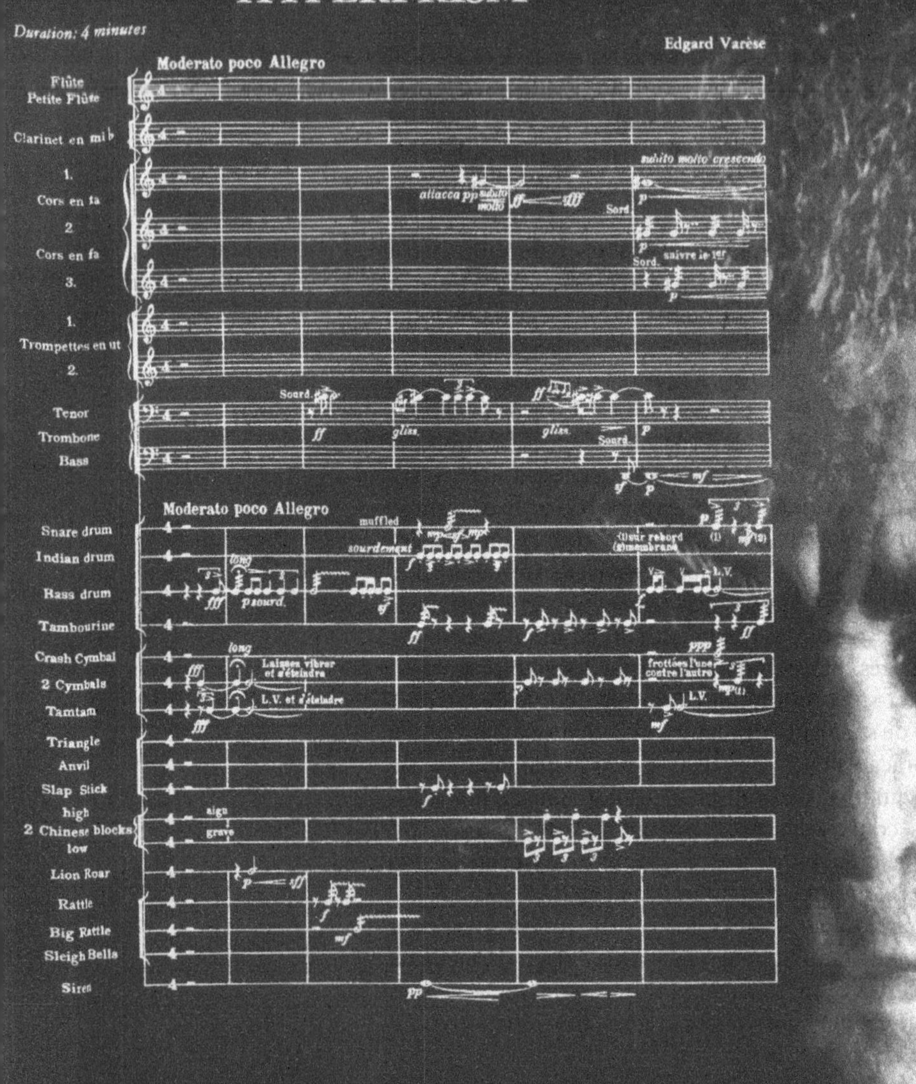

Página inicial de *Hyperprism* (1923). Varèse (foto de 1962).

novos meios técnicos que possam se prestar a não importa qual expressão do pensamento". Em 1924: "Não poderemos explorar verdadeiramente a arte do som (isto é, a música) a não ser que tenhamos meios de expressão inteiramente novos". Em 1930: "O sistema temperado atual me parece perempto".

Ressuscitado pela revolução musical dos anos 50, Varèse embarca para Paris em setembro de 1954, para apresentar sua nova composição, *Déserts*, a primeira após os longos anos de silêncio. A obra previa um conjunto instrumental de quatro sopros e dez metais e 46 instrumentos de percussão, além de fitas magnéticas de som organizado, difundidas por estereofonia em três intervenções. A estreia foi no Théâtre des Champs Elisées, sob a direção de Herman Scherchen, com uma introdução de Pierre Boulez. Um tumulto, "mais violento ainda, mais brutal que o de *Sacre du Printemps*, em 1913, no mesmo teatro", conforme Odile Vivier. Décio Pignatari, que assistiu à apresentação, assim descreveu a reação do público, numa carta de 4 de janeiro de 1955: "a) orquestra em ação: tudo calmo. b) 1º trecho de *enregistrement sonore*: primeiras manifestações de inquietude 'estética', primeiros arremedos, primeiros protestos hípicos. b) orquestra em ação: apaziguamento dos ânimos. d) *enregistrement*: uma bagunça infernal, típica de um cineminha osasquense: metade da sala pateava, arremedava, berrava: *Assez*! *Assez*! Os mais pacatos e honestos pediam silêncio. Boulez, num acesso de fúria sagrado, chamou a audiência pelo nome: 'Cretinos!' Eu, aproveitando o embalo, soltei um berro, que eu quis tão sagrado quanto um elefante branco: 'Silence!' Daí por diante, ouvi 2 músicas concretas: a de Varèse e a da audiência (improvisada). [...] bem no momento em que a algazarra parecia ter tomado conta da sala, uma monstruosa cachoeira de sons soltou-se do teto (amplificadores em pontos estratégicos, além de 2 outros no palco) e hiroshimou os assistentes".

Depois do fracasso-sucesso de *Déserts*, veio o *Poème Eletronique*, apresentado no Pavilhão Philips da Exposição Universal, em Bruxelas, 1958. Varèse tinha, então, 75 anos. Nesse pavilhão, concebido por Le Corbusier e realizado por Xenaquis, a composição de Varèse – mistura de vozes, sinos, órgão e sons eletrônicos – era projetada "de 400 bocas sonoras sobre 500 visitantes", na expressão de Corbusier. Milhares de pessoas puderam ouvir a obra, que era acompanhada de projeções de imagens sem sincronização com a música. Aí estava, enfim, depois de tantos anos, um espaço ideal para a música espacial varesiana.

A última composição de Varèse, iniciada em 1959, ficou inacabada. *Nocturnal*, para soprano, coro de baixos e pequena orquestra (com 34 instrumentos de percussão), combina um texto extraído de *The House of Incest*, de Anaïs Nin, com grupos de sílabas dessemantizadas. Completada por Chou-Wen-Chung, aluno de Varèse, a obra retoma pesquisas vocais com sons elementares, já vislumbradas em *Ecuatorial* e *Êtude pour Espace*, para uma conversa inarticulada, noturna e soturna com a morte.

A propósito de *Poème Eletronique*, disse Varèse tê-lo concebido como um ataque contra a inquisição sob todas as suas formas. Essa frase poderia resumir a mensagem libertária de sua obra – uma obra feita por um verdadeiro operário da música, aquela realmente livre, sem concessões e sem muletas retóricas.

Ultimamente, tem-se falado muito, entre nós, em revisão. É necessária uma reavaliação de Webern, afirmou-se. Por que necessária? Parece estranha essa preocupação de rever o que mal foi descoberto e apreendido. Trata-se a evolução da música como se tudo fosse um mero modismo de verão, alterável segundo o chilique ou o achaque do próximo costureiro-compositor... Ora, Webern e Varèse não foram arrancados do esquecimento, há umas poucas décadas, pelos melhores representantes da nova geração, os que efetivamente mudaram o curso da música – um Cage, um Boulez, um Stockhausen, todos vivos e atuantes – por puro divertimento ou simples arbítrio. Foi uma necessidade histórica o que motivou essa avaliação, feita contra todas as expectativas críticas da época (inclusive as dos dodecafonistas ortodoxos, como Leibowitz), e justificada em estudos e análises até hoje não contraditados e em realizações incontestáveis – as obras dos dois compositores e as dos que deles partiram, abrindo novos caminhos para a música. Quer queiram, quer não, eles vieram para ficar. É verdade que eles tornaram mais difícil a arte de compor. Alguns compositores se iludem quando pensam que, livrando-se dos incômodos fantasmas de Webern ou Varèse, ou Cage, as coisas ficarão mais fáceis para eles. A história já demonstrou que foram os que encararam de frente a realidade desses compositores-limite os que melhor compreenderem a sua época e melhor produziram. Rever Webern? Varrer Varèse? Para quê? Para voltar às velharias de Eisler e Schostakóvitch e aos *diktat* jdanovistas? Ouvidos velhos para o homem novo? Uma "bagatela" de Webern vale mais do que tudo isso junto. O que precisamos é ouvir Webern e ouvir Varèse – coisa de que os brasileiros estão praticamente impedidos pela insensibilidade das nossas gravadoras e pela timidez dos nossos programadores de música.

Como a de Webern, a música de Varèse quase não tem chegado ao Brasil. É lamentável. Seu projeto percussivo e pré-eletrônico tem muito a ver com a nossa experiência musical, da tradição afro-brasileira ao popular urbano. Ele não admirava as batucadas? Frank Zappa o homenageou mais de uma vez, mostrando que a música popular da era pós-eletrônica tem plenas condições de assimilá-lo. Aqui, quando a inquisição e a demagogia populistas dão animados passos no seio da música erudita, urge um banho de Varèse, o insubornável operário dos sons organizados, para ressuscitar em nossos músicos o caráter e a coragem dos que se recusam a morrer.

III
Musicaos

“Uma boa notícia
para os artistas:
A utilidade do inútil.”

“Eu não componho para me expressar
mas para
mudar a mim mesmo” (not to express
but to change myself).

“Grande parte da minha música
é extremamente difícil de tocar.
A superação das dificuldades.
Fazer o
impossível.”

“Os artistas do século 20
que oferecem uma resistência
à nossa compreensão
serão aqueles
aos quais não cessaremos
de ser reconhecidos.”

“Havia uma árvore
que dava a melhor sombra de todas.
Era muito velha
e nunca fora cortada
porque a sua madeira era considera
inútil.”
(Chuang-tse via Cage)

cage rain

A Música Livre de Amanhã*

Em 1967, John Cage, o revolucionário músico norte-americano, afirmou que tinha renunciado ao prazer de compor, mas que, em compensação, transferira esse prazer para a escrita. Por isso mesmo andava escrevendo tanto – acrescentava –, mas previa que em breve renunciaria também a isso. A surpreendente declaração apareceu no seu segundo livro de ensaios, conferências e "poemas" – *A Year from Monday* (*De Segunda a um Ano*). O primeiro da série, *Silence*, fora publicado em 1961. Felizmente, porém, Cage não cessou nem de compor nem de escrever.

Ainda em 67 começou a trabalhar com Lejaren Hiller, especialista em computadores, numa de suas mais extraordinárias criações: *HPSCHD* (da palavra *harpsichord*, reduzida ao código de seis letras do computador), *para 7 Cravos e 51 Fitas Magnéticas*, estreada em 1969. Aqui vai uma lista (incompleta) de composições posteriores. 1969: *Sounds Received Anonymously* e *Cheap Imitation*. 1970: *Musicircus*. 1971: *Mureau*, *62 Mesostics Re Merce Cunningham*, *WGBM-TV* e *Os Cantos de Maldoror Pulverizados pela Própria Assistência*. 1972: *Bird Cage*. 1973: *Etcetera*. 1976: *Lecture on the Weather*, para 12 vozes, fita magnética e filme, e *Renga with Apartment House 1776*.

Esta última (que não é a última, pois há notícia de pelo menos uma nova obra posterior, os *Freeman Études*, para o violinista Paul Zukofsky) foi composta em homenagem ao bicentenário da independência norte-americana. A estreia foi em Boston, com Seiji Osawa à frente da sinfônica local. Pouco depois houve a reapresentação pela Filarmônica de Nova York, conduzida por Pierre Boulez, em Fisher Hall. Um comentarista, Allen Hughes, escreveu que nunca, em 25 anos de experiência de concertos, assistiu a tamanho êxodo de público durante uma execução, mas que, ainda assim, a maioria ficou até o final e aplaudiu ou vaiou entusiasticamente ao término do espetáculo. A orquestra produzia *dissonant background music*, enquanto se ouviam solos vocais e instrumentais com melodias da história americana: canções judaicas, hinos protestantes, canções negras e de peles-vermelhas, estas pela voz de um

* Publicado na revista *SomTrês*, n. 12, dezembro de 1979. Republicado, com ligeiras modificações, sob o título "Cage e o Futuro da Música", no *Jornal da Tarde*, 28.9.1995.

representante autêntico, o Chefe Águia Veloz, que fez acompanhar o seu canto, a certa altura, de uma grande e irresistível gargalhada (parte da *performance*); e mais: música para órgão e marchas militares do século XVIII. Simultaneamente eram projetados 361 desenhos extraídos dos *Diários* de Thoreau. Como se vê, um grande *happening* musical na linha de trabalho que o próprio Cage já definira no título de uma de suas obras da década de 70: *Musicircus*.

O escritor continua tão prolífico quanto o compositor. Depois de *A Year from Monday* (já traduzido há vários anos por Rogério Duprat, mas não editado entre nós, graças à cegueira cultural da Universidade de São Paulo, que se negou a coeditar o livro), Cage publicou *Notations* (1969), *M* – escritos de 1967-1972 (1973) e, em 1979, *Empty Words* (*Palavras Vazias*) – escritos de 1973-1978.

Os livros de Cage são, como a sua própria música, inovadores e imprevisíveis. Em todos eles há uma mistura aparentemente disparatada de eventos. Cage fala não apenas de música, mas de ecologia, política, zen-budismo, cogumelos, economia e acontecimentos triviais, extraindo poesia de tudo e de nada. Um mosaico de ideias, citações e histórias. Os textos se apresentam em disposições gráficas personalíssimas, indo do uso de uma IBM com grande diversidade de tipos até à combinação de numerosas famílias de letra-set; dos signos desenhados para indicar pausas e ruídos, como a respiração e a tosse, até as tonalidades reticulares das letras. Uma concepção tão antiacadêmica que só poderia mesmo chocar os meios universitários mais provincianos. Nos EUA, os livros de Cage vêm sendo editados pela Wesleyan University Press...

Em *Palavras Vazias*, Cage reúne, ao lado do *Prefácio à Conferência sobre o Tempo*, que tem Thoreau como tema, uma introdução ao livro *O Piano Bem Preparado*, de Richard Bunger, na qual rememora as suas experiências com o "piano preparado" (um piano em cujas cordas ele introduziu parafusos, roscas e outros materiais, fazendo-o soar como uma orquestra de percussão), desde a primeira obra, *Bacchanal*, de 1937. Há ainda *Empty Words* (que dá título ao livro): textos e desenhos dos *Diários* de Thoreau, submetidos a operações de acaso, estabelecendo uma transição de uma linguagem sem sentenças (tendo somente frases, palavras, sílabas e letras) a uma "linguagem" tendo apenas letras e silêncio (música). E mais: *Onde Estamos Comendo? E o que Estamos Comendo?* – uma colagem de reminiscências das viagens de Cage com o grupo de dança de Merce Cunningham, a partir não da música mas das comidas e dos apetites dos dançarinos pelos hotéis e motéis do mundo, incluindo algumas receitas – uma forma de questionar nossos hábitos civilizados. Esparsos por todo o livro, como cogumelos, os *Mesósticos* (diferentemente dos acrósticos, aqui os nomes se formam no meio e não no início das linhas). Os mais importantes, formando o nome de James Joyce, foram extraídos do texto de *Finnegans Wake*, que o compositor reconstrói em fragmentos anagramáticos. Diz Cage que se tornou um devoto da linguagem não sintática, "desmilitarizada" (N. O. Brown: "a sintaxe é a organização do exército"; Thoreau: "ao ouvir uma sentença, ouço pés marchando"). Isso o levou a interessar-se pela língua chinesa e pelo *Finnegans Wake*. Mas ao lê-lo verificou que Joyce mantinha as velhas estruturas (*sintalks*) em que colocou as novas palavras que inventou. Daí os mesósticos: Joyce sem sintaxe, ainda mais radicalizado. O livro contém, ademais, uma homenagem ao pintor Morris Graves, recordações de conversas com o artista e seus amigos, misturadas com citações de Sri Ramakrisha e de Jung, do I Ching e dos filósofos cristãos Epifânio e Atenágoras. No fim de tudo, *O Futuro da Música*, versão revista de uma conferência de 1974.

E qual é o futuro da música, segundo John Cage? Não há como sintetizar, em tão breve espaço, todas as previsões imprevisíveis de Cage, mas é possível resumir alguns dos seus enfoques provocativos.

Para Cage, a música é inconcebível à parte da vida. Questões estritamente musicais não lhe parecem mais questões sérias. Quando ele começou a "devotar sua vida à música", havia ainda muitas batalhas a travar dentro do campo da música. Mas essas batalhas, a seu ver, estão ganhas. Já não discriminamos entre sons e ruídos. Podemos ouvir qualquer altura de som, quer seja ou não parte de uma escala temperada, ocidental ou oriental. Sons antigamente considerados desafinados são agora chamados microtons. Nossa experiência de tempo também mudou: somos capazes de perceber eventos breves que anteriormente nos teriam escapado e apreciamos outros muito longos, que há vinte anos seriam considerados intoleráveis. Nem nos preocupamos mais em saber como um som começa, continua ou acaba. Lejaren Hiller descreveu a Cage um projeto de usar o computador para construir uma "orquestra fantástica", capaz de sintetizar sons extraordinários, começando como se fossem instrumentos de cordas tangidos com os dedos, continuando como flautas e terminando como se tocados com arco. O silêncio também foi assimilado. Ele já não é tão perturbador como costumava ser. O mesmo aconteceu com a melodia e com o ritmo. Melodias e ritmos diferentes podem ser ouvidos até simultaneamente. Todas as harmonias são possíveis, ou nenhuma. Qualquer coisa vale.

A abertura musical terá sido ditada por várias causas. Eis algumas delas. As atividades dos compositores modernos. As mudanças da tecnologia musical: gravadores, sintetizadores, sistemas de sons e computadores impedem que nos fixemos na música do passado, embora muitas escolas, conservatórios e críticos musicais ainda continuem presos a ele. A interpenetração de culturas antes separadas: pode-se ouvir música da África, da Índia ou do Japão, juntamente com a música europeia, música dos índios americanos e música nova eletrônica.

Mais. A própria hierarquia tradicional entre compositores, executantes e espectadores está sendo destruída. Três razões. 1ª: as atividades dos compositores de música "indeterminada", em que os executantes não fazem apenas o que lhes foi mandado fazer, mas têm ensejo de optar e decidir, cooperando com o compositor. 2ª: a tecnologia – assim como hoje qualquer um se sente capaz de tirar uma fotografia, no futuro próximo, usando recursos de gravação e/ou sistemas eletrônicos, o espectador se sentirá encorajado às atividades de compositor e executante. 3ª: já não há diferença essencial entre música séria e música popular, ou, pelo menos, uma ponte existe entre elas – o uso comum dos mesmos sistemas de som, dos mesmos microfones, amplificadores e alto-falantes.

Cage acentua que, no caso de grande parte da música popular e de algumas músicas orientais, as distinções entre compositores e executantes nunca foram claras. A partitura não se interpõe entre o músico e a música. As pessoas simplesmente se reúnem e fazem som. Improvisação. Que pode ocorrer dentro das limitações do raga e do tala hindus ou livremente, num espaço de tempo, como os sons do contexto, no campo ou na cidade. E assim como o ritmo a-periódico pode incluir o ritmo periódico, as improvisações livres podem incluir as estritas, e podem até mesmo incluir composições. A Jam Session. O Musicirco.

John Cage tem, ele próprio, exemplificado em suas composições, livros e ações, muitas dessas ideias. E há mais uma barreira que vem sendo rompida por ele. A das disciplinas artísticas, entendidas como compartimentos estanques. Cage, músico, é o maior poeta vivo norte-americano. E o mais jovem. Suas partituras e seus livros inovam a arte gráfica e são exibidos em mostras de artes visuais, juntamente com os seus "mesósticos" em letra-set e com os "plexigramas" de *Não Querendo Dizer Nada sobre Marcel Duchamp* (objeto com textos serigrafados em placas de plexiglás, feito em colaboração com Calvin Sumsion). É ele, sem dúvida, o mais completo artista inter-semiótico de nosso tempo, e poeta dos multimedia: músicopoetapintor.

Mas diante das pregações anárquicas de Cage e destas *Palavras Vazias* objetará algum novo-engajado: "Aonde leva tudo isso?" Cage responde com Chuang-tse: "Havia uma árvore que dava a melhor sombra de todas. Era muito velha e nunca fora cortada porque a sua madeira era considerada inútil". E argumenta com a obra de Thoreau, inspirando as ações de Ghandi e de Martin Luther King. A desobediência civil e a não violência. "A utilidade do inútil", diz Cage, "é uma boa notícia para os artistas. Pois a arte não tem objetivo material. Tem que ver com a mudança de mentes e de espíritos."

profilograma 2: hom'cage to webern (1972)

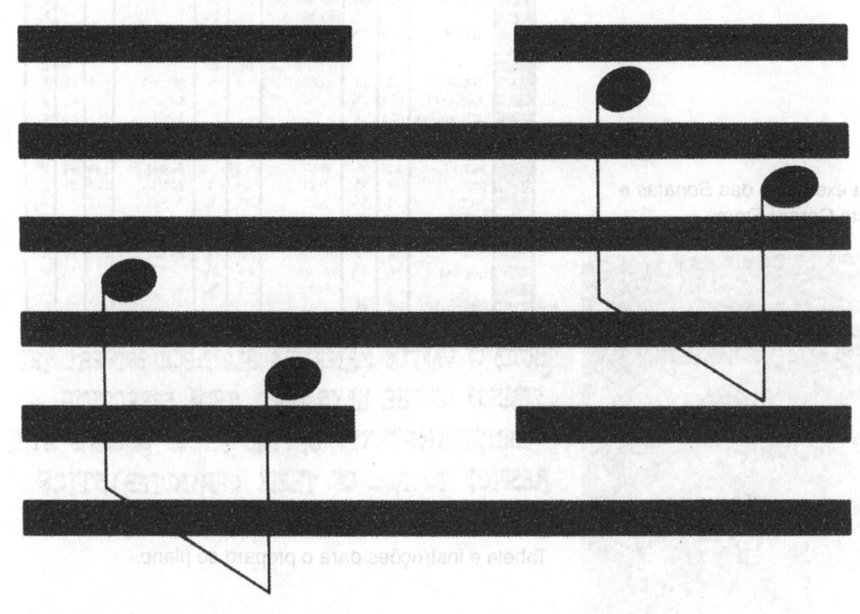

pentahexagrama para john cage (1977)

John Cage preparando o piano.

TABLE OF PREPARATIONS

TONE	MATERIAL	STRINGS LEFT TO RIGHT	DISTANCE FROM DAMPER (INCHES)	MATERIAL	STRINGS LEFT TO RIGHT	DISTANCE FROM DAMPER (INCHES)	MATERIAL	STRINGS LEFT TO RIGHT	DISTANCE FROM DAMPER (INCHES)	TONE
				SCREW	2-3	1½*				A
				MED. BOLT	2-3	1 15/16*				G
				SCREW	2-3	1⅞*				F
				SCREW	2-3	1 15/16*				E
				SCREW	2-3	1¾*				E♭
				SM. BOLT	2-3	2*				D
				SCREW	2-3	1 11/16*				C♯
				FURNITURE BOLT	2-3	2 7/16*				C
				SCREW	2-3	2 5/16*				B
				SCREW	2-3	1⅛*				B♭
				MED. BOLT	2-3	2 3/16*				A
				SCREW	2-3	2¼*				A♭
				SCREW	2-3	3¾*				G
				SCREW	2-3	2 5/16*				F♯
	SCREW	1-2	¾*	FURN. BOLT + 2 NUTS	2-3	2⅛*	SCREW + 2 NUTS	2-3	3¼*	F
				SCREW	2-3	1 9/16*				E
				FURNITURE BOLT	2-3	1⅛				E♭
				SCREW	2-3	1 15/16				C♯
				SCREW	2-3	1 1/16				C
	(MARKER TO BRIDGE = 4⅞, ADJUST ACCORDING[illegible])			MED. BOLT	2-3	3¾				B
				SCREW	2-3	4 5/16				A
	RUBBER	1-2-3	4½	FURNITURE BOLT	2-3	1⅛				G♯
				SCREW	2-3	1¾				F♯
				SCREW	2-3	2 5/16				F
	RUBBER	1-2-3	5¾							E
	RUBBER	1-2-3	6½	FURN. BOLT + NUT	2-3	6⅛				E♭
				FURNITURE BOLT	2-3	2⅜				D
	RUBBER	1-2-3	3⅝							D♭
				BOLT	2-3	7⅞				C
				BOLT	2-3	2				B
	SCREW	1-2	10	SCREW	2-3	1	RUBBER	1-2-3	8¼	B♭
	(PLASTIC (see G))	1-2-3	2 5/16				RUBBER	1-2-3	4½	G♯
	PLASTIC (over 1 under 2-3)	1-2-3	2⅞				RUBBER	1-2-3	10⅛	G
	(PLASTIC (see D))	1-2-3	4¼				RUBBER	1-2-3	5 5/16	D♭
	PLASTIC (over 1 under 2-3)	1-2-3	4⅝				RUBBER	1-2-3	9¼	D
	BOLT	1-2	15½	BOLT	2-3	9/16	RUBBER	1-2-3	14⅛	D♭
	BOLT	1-2	14½	BOLT	2-3	⅞	RUBBER	1-2-3	6¼	C
	BOLT	1-2	14¾	BOLT	2-3	9/16	RUBBER	1-2-3	14	B
	RUBBER	1-2-3	9½	MED. BOLT	2-3	10⅛				B♭
	SCREW	1-2	5⅝	LG. BOLT	2-3	5⅞	SCREW + NUTS	1-2	1	A
	BOLT	1-2	7⅜	MED. BOLT	2-3	2¼	RUBBER	1-2-3	4⅝	A♭
	LONG BOLT	1-2	8¾	LG. BOLT	2-3	3¼				G
				BOLT	2-3	1 1/16				D
	SCREW + RUBBER	1-2	4¾							D
	ERASER (over D, under C-E)	1	6¾							D

*MEASURE FROM BRIDGE.

[MUTES OF VARIOUS MATERIALS ARE PLACED BETWEEN THE STRINGS OF THE KEYS USED, THUS EFFECTING TRANSFORMATIONS OF THE PIANO SOUNDS WITH RESPECT TO ALL OF THEIR CHARACTERISTICS.]

Tabela e instruções para o preparo do piano.

Detalhe de piano preparado para a execução das *Sonatas e interlúdios* (1946-1948) pelo pianista Gerard Fremy.

O Profeta e Guerrilheiro da Arte Interdisciplinar*

John Cage, o maior compositor vivo, poeta-*designer*-pensador de criações originais e imprevisíveis, completa 70 anos, hoje, sem ter sequer um disco ou um livro editados no Brasil, após várias décadas de atividades. A tradução de um dos livros mais importantes de Cage – *A Year from Monday* (*De Segunda a um Ano*) –, feita por Rogério Duprat, revista por mim, não encontra editor há cerca de dez anos. Repleto de inovações gráficas, que vão desde o uso de uma IBM com grande variedade de tipos e do desenho de signos para indicar pausas e ruídos (como a respiração e a tosse), até a aplicação de gamas de retícula nas letras, o livro é um desafio editorial que ninguém ousou assumir até agora, entre nós. Em 1973, a Universidade de São Paulo, consultada, manifestou desinteresse em coeditar a obra. Uma tradução mexicana saiu em 1974, em livro de bolso, pelas Ediciones Era. Pobres de nós.

É difícil resumir tudo o que tem feito esse artista revolucionário e múltiplo: compositor, intérprete, escritor, artista visual, conferencista, de cuja obra instigante e provocativa estão ainda privados nossos ouvintes e leitores.

Discípulo de Henry Cowell e de Schoenberg, interessou-se desde cedo pelos instrumentos de sons indeterminados e pela música e filosofia orientais. E quando Schoenberg (que lhe dava aulas de graça, com a única exigência de que ele prometesse devotar a sua vida à música) recriminou o seu descaso pela harmonia, dizendo-lhe que para um músico isso significava defrontar-se com um muro intransponível, o jovem Cage lhe respondeu: "Nesse caso eu devotarei a minha vida a bater a cabeça nesse muro".

Foi o que fez, literalmente, passando a escrever para instrumentos de percussão, sob a inspiração de *Ionisation* (1931), de Varèse. Ao aproximar-se a década de 40, inventou o "piano preparado", um piano acondicionado com pedaços de metal, borracha e outros materiais entre as cordas, transformando-o numa "orquestra de percussão para único instrumento e um único executante". *Bacanal* (1938), *Amores* (1943), *Sonatas e Interlúdios para Piano*

* Publicado na *Folha de S. Paulo*, 5.9.1982.

Preparado (1946-1948) e *Concerto para Piano Preparado* (1951) estão entre as suas mais belas criações dessa série.

Saudado como um precursor por Schaeffer e Boulez, na virada dos anos 50, quando se desencadeou a revolução da música concreta e eletrônica, ele não se assimilou às correntes europeias. Já numa conferência de 1948 postulava a reavaliação de Satie, colocando-o – para escândalo dos serialistas ortodoxos – ao lado de Webern (e contra Beethoven), no limiar das novas manifestações musicais. Contra a radicalização europeia (música totalmente predeterminada, serialização de todos os parâmetros sonoros), propôs uma outra radicalização: a música indeterminada, a partir de operações de acaso derivadas do I Ching. Do *Livro das Mutações* chinês saiu a *Música das Mutações* (1952), com sons e silêncios distribuídos casualmente. Fatores tão aleatórios como o lançamento de dados ou moedas e as imperfeições do papel manuscrito passaram a interferir na elaboração de suas composições.

Um ano antes, em 1951, promovera o primeiro *happening* de que se tem notícia, numa universidade experimental, o Black Mountain College, em North Carolina. Outras intervenções cageanas, tipo guerrilha: *Paisagem Imaginária* n. 2 (1951), para 12 aparelhos de rádio ligados ao acaso e simultaneamente; *Paisagem Imaginária* n. 5 (1952): a primeira composição de *tape music* americana; *4'33"* (1952): o executante não toca. Quem faz a música é o público, provocado pelos insuportáveis minutos de silêncio.

Aqui chegamos a um dos temas capitais de Cage: o silêncio – título do seu primeiro livro (*Silence*, 1961). Um silêncio carregado de significados, provindo, ideologicamente, da filosofia zen e musicalmente de Webern. "A música europeia poderia ser melhorada com uma boa dose de silêncio", disse ele, certa vez. O silêncio, como dimensão estrutural do discurso musical, é fundamental em suas composições, nas quais sons e ruídos se integram sem qualquer hierarquia. Mas o silêncio de Cage não é metafísico. É, antes, um modo de apropriação do acaso, porque, como realidade acústica, não existe: "Nenhum som teme o silêncio que o extingue e não há silêncio que não seja grávido de som". Dentro de uma câmara à prova de eco, ele ouviu dois sons, um agudo, outro grave: o agudo era o seu sistema nervoso, o grave, o seu sangue em circulação.

O livro *Silence* inaugurou uma série de inclassificáveis livros-mosaicos, misturando artigos, manifestos, conferências, poemas, aforismos e anedotas exemplares (*koans*). *A Year from Monday* (1967) é o segundo compêndio da visão que eu chamaria de "anarcosmusical" de Cage: nesse livro ele inicia a publicação do seu "Diário: como Melhorar o Mundo (Você só Tornará as Coisas Piores)", uma série de reflexões pessoais, reunidas fragmentariamente numa salada de citações, um tanto à maneira de Pound (nos *Cantos*), mas numa dimensão discursiva mais próxima do que Buckminster Fuller viria a chamar de *ventilated prose* (prosa porosa). Segue-se *M* (1973), um título sugerido pela letra "M", escolhida ao acaso, mas que é a inicial de muitas palavras e nomes do interesse de Cage: de *mushrooms* (cogumelos) a *music*, de Marcel Duchamp a Merce Cunningham, de Marshall McLuhan a Mao Tse Tung. O último livro dessa linhagem é *Empty Words* (*Palavras Vazias*), de 1979. Nele aparecem os derradeiros fragmentos do *Diário*, que ficou interrompido. "Sou um otimista", diz Cage, "essa é a minha *raison d'être*. Mas as notícias diárias, de certo modo, me deixaram mudo."

Ultimamente, Cage vem dedicando muitos trabalhos ao *Finnegans Wake*, o mais radical e o mais musical dos livros de James Joyce. O compositor, que em 1942 já musicara um pequeno trecho dessa obra (*A Maravilhosa Viúva das 18 Primaveras*), criou uma série de "mesósticos" sobre o nome de James Joyce, pescado aleatoriamente do texto (*Writing Through Finnegans Wake*, 1978). Numa outra incursão, escavou sons e ruídos para o seu *Roaratorio, an Irish Circus on Finnegans Wake* (1981). E ele ainda promete um *Atlas Borealis com as 10 Trovoadas*, sobre as dez palavras de cem letras que atravessam o livro ("a fala do trovão").

As operações de acaso propostas por Cage não são, como se pode pensar, um ato de negação, "antiartístico". Como Duchamp, o compositor (que não deixa de compor) acredita na sobrevivência da arte. O que ele pretende é uma disciplina do ego, para que o artista, ao invés de impor autoritariamente o seu próprio "eu", aceite a contribuição do que está fora dele e até daquilo de que ele não gosta, e, assim, libertado das preferências pessoais, possa se abrir a novas experiências. Se parece inviável imitá-lo, não há, por outro lado, como eludir a "anedota exemplar", a pergunta sem resposta em que se configura a arte-em-ação de Cage e o questionamento ético e estético que ele propõe.

Inspirado na melhor tradição norte-americana, a da desobediência civil e a da não violência, de Thoreau a Martin Luther King, esse compositor rebelde é um notável compósito de anarquista e construtivista, além de ser o profeta da arte interdisciplinar, da música à poesia, da dança ao vídeo, do teipe à vida.

Neste ano em que Cage, septuagenário, mas mais jovem do que todos nós, foi homenageado com um concerto de 13 horas no Symphony Space, e com uma exposição de suas obras gráficas, *Partituras e Impressos*, no Whitney Museum, de Nova York, o Brasil continua sem esperança de poder corresponder aos votos-lema do compositor: *HAPPY NEW EARS* (trocadilho irreproduzível entre *YEARS*, anos, e *EARS*, ouvidos). Ou em canibalês brasileiro: OUVIDOS NOVOS PARA OS ANOS NOVOS. Uma surdez informativa que nos deixa, lamentavelmente, pelo menos quarenta anos atrasados.

Jantar no estúdio de Cage, 107 Bank Street, Nova York, em março de 1978. Da esquerda para a direita, Lygia (mulher de Augusto), Carmen (mulher de Haroldo de Campos), Haroldo, Cage, Regina Vater, o pintor Alfredo Portillos, Augusto (de costas).

NOTE-O-GRAM
© THE DRAWING BOARD • BOX 505 •

JOHN CAGE
107 BANK STREET • NEW YORK, N

MESSAGE

TO to Augusto de Campos
Rua Bocaina 23 apt 63
São Paulo 05013 São Paulo Brasil

DATE Dec. 28, '77

I will keep March 1-3 free (I must be in Boston after that). Looking forward to being with you. I would be glad to make dinner for you and your brother and wife (or wives?). My telephone number is (212) 989 7132.

Looking forward,
John

BY

A bateria culinária de Cage.

Mensagem de John Cage e Augusto de Campos, convidando-o, e a seu irmão, Haroldo de Campos (e esposas), para um jantar em seu estúdio em março de 1978.

*De Segunda a Um Ano**
(entrevista a J. Jota de Moraes)

J. Jota de Moraes – *John Cage lançou vários livros – lembro-me sobretudo de* Silence, Notations *e* M, *– dentre os quais foi escolhido* A Year from Monday *para ser traduzido para o português. Houve alguma razão específica para essa escolha ou teria esta se dado um tanto por conta do acaso, elemento tão ao gosto cageano?*

Augusto de Campos – Somente Rogério Duprat poderia responder a essa pergunta, pois foi ele quem fez a tradução-base do livro. Mas o fato é que essa tradução foi feita há 13 anos atrás e a escolha, então, se limitava aos dois livros publicados por Cage, *Silence* e *A Year from Monday*, ambos interessantíssimos. Depois de passar por um primeiro crivo de Damiano Cozzella e Décio Pignatari, que fizeram várias sugestões ao tradutor, o livro veio parar nas minhas mãos, e eu vim processando uma revisão sistemática de todo o texto, em várias filtragens, ao longo desses 13 anos, além de ter escrito para ele um prefácio que foi crescendo como uma árvore durante esse tempo. Tornado por Rogério e pelo acaso uma espécie de padrasto, padrinho e procurador desse livro, eu o ofereci a nada menos de seis editores, que não quiseram ou não puderam topar o empreendimento. Uma verdadeira novela, na qual o papel de vilão coube à Editora da USP, que se negou a coeditar o livro, baseada num parecer contrário à publicação, exarado por um músico-professor da ECA, por sinal muito influenciado por Cage...

JJM – *Como os outros livros de textos de Cage,* De Segunda a Um Ano *possui um aspecto gráfico muito peculiar, dando especial atenção à disposição dos textos na página, assim como à escolha de variados corpos tipográficos. Isso tudo vai ser preservado na edição brasileira?*

AC – Este foi, sem dúvida, um dos aspectos que mais contribuíram para desencorajar os editores que eu procurei e que certamente hesitavam em aceitar a proposta ante as dificuldades e o custo da produção e a incerteza do retorno. No livro, cada capítulo tem uma diagramação diferente. O "Diário: Como Melhorar o Mundo" é um mosaico de textos "colagiados" em doze

* Publicada no *Jornal da Tarde*, 5.10.1985.

tipos diferentes, que, na parte final, ganham ainda uma gama de retículas. Noutro texto, Cage utiliza signos para indicar os acidentes da fala (como a respiração e outros ruídos). E assim por diante. Tudo isso será rigorosamente observado na edição brasileira, que, feita no tempo recorde de um mês, pela editora Hucitec, com uma brava equipe trabalhando em *full time*, está destinada a ser um acontecimento em matéria de *design* de livro entre nós.

JJM – *A seu ver, qual o sentido profundo de lançar este livro em nosso país, no momento em que o próprio autor está entre nós? Como você imagina que poderá ser a recepção dada a* De Segunda a Um Ano, *mesmo sabendo de antemão que uma considerável parcela do mundo musical mais ortodoxo não chega sequer a considerar Cage um verdadeiro compositor?*

AC – A presença de Cage, além de nos dar a oportunidade de homenageá-lo com a edição de um de seus trabalhos mais importantes, confere um significado especial ao lançamento, permitindo ao público, de um lado, entrar em contato com várias de suas obras, que serão apresentadas no quadro da Bienal, algumas por ele próprio, e de outro lado, conviver com suas ideias, com a poética e a inventividade dos textos que fazem parte do livro. Creio que há uma enorme curiosidade e expectativa em torno de Cage, e prevejo, portanto, uma excelente recepção para *De Segunda a Um Ano*, que bem poderia chamar-se, entre nós, *De Segunda a Treze Anos*, tanto se esperou por ele. Quanto à tal parcela do mundo musical mais ortodoxo, permito-me desconsiderá-la, por não julgá-la merecedora de maior consideração. Se insistir em fechar os ouvidos, vai perder o pé e ficar para trás. Acho, ao contrário, que vai se curvar ante a beleza e a originalidade do trabalho de Cage e acabará, mesmo contra a vontade, assimilando alguma coisa dele. É assim que sempre acontece.

JJM – *O livro* Silence *foi dedicado "a quem possa interessar".* De Segunda a Um Ano *traz como dedicatória: "Para nós e todos aqueles que nos odeiam, para que os EUA possam se tornar simplesmente outra parte do mundo, nem mais nem menos". A seu ver, a quem se destinam os livros de Cage no Brasil?*

AC – As dedicatórias de Cage já constituem uma resposta suficiente, mas eu acrescentaria, a partir da minha própria experiência, que eles dizem muito aos poetas, na acepção, aqui, não dos que fazem profissionalmente poesia, mas daqueles que são capazes de poesia ("Ser poeta, não. Poder sê-lo", como queria Valéry). Por certo, não se há de esperar esse tipo de sensibilidade da crítica sociologoide ou dos músicos neojdanovistas. Mas a esses mesmos, por contraste e por confronto, se destinam também os livros de Cage, feitos precisamente para "desestruturar" pensamentos bem-pensantes, tanto mais que ele não fala só de música, mas de cogumelos e política, tentando, como os seus detratores – obviamente sem o conseguir – melhorar o mundo.

JJM – *Em que medida os vários textos ("Diários") distribuídos por* De Segunda a Um Ano *e que trazem o título "Como Melhorar o Mundo", passados mais de quinze anos, ainda guardam alguma atualidade?*

AC – Estou convicto de que continuam atualíssimos. Como linguagem, não há muita coisa que os supere, em termos de organização textual. Já escrevi que conseguem conciliar ou reconciliar Gertrude Stein e Ezra Pound, e que, depois da morte de Pound, é Cage o maior poeta americano. Muito mais original e jovem do que toda a poesia *beat* por exemplo (além de tudo, Cage leva uma grande vantagem: os *beat* provêm do surrealismo; Cage, de Dadá e Duchamp). Há toda uma linha importante da nova vanguarda poética americana – a de Dick Higgins, Jerome Rothenberg, George Quasha – que o considera também como poeta. Assim também, Octavio Paz, que se declarou fascinado por seus escritos. Quanto à "mensagem" generosa desses "Diários", que, na tradição de Thoreau e da desobediência civil, postulam um anarquismo ideal, em parte abeberado nas utopias tecnológicas de Buckminster Fuller, acho que tem muita afinidade com a antropofagia de Oswald, buscando sua meta comum na síntese do "homem natural tecnizado". Não é preciso enfatizar que essas teses desagradam aos sócio-logicistas. Basta lembrar a afirmação de um conhecido sociólogo acadêmico de que a antropofagia oswaldiana não passa de "masturbação intelectual": uma colocação que bem evidencia a estreiteza mental e moral de grande parte da nossa sociologia. A mim não me importa muito que algumas das previsões otimistas de Fuller e Cage estejam sendo contrariadas ou adiadas pela ganância dos banqueiros e o egoísmo dos negociantes de nações hiperdesenvolvidas. O próprio Cage autocritica suas especulações político-econômico-sociais ao denominá-las humoradamente "Como Melhorar o Mundo: (Você Só Tornará as Coisas Piores)". Em seu último livro da série (*Palavras Vazias*, 1979), ele diz que em 1973 recomeçou o "Diário" mas não conseguiu concluí-lo: "Sou um otimista, esta é a minha *raison d'être*, mas as notícias diárias de certo modo me deixaram mudo". Segundo ele, o próprio Fuller, nos últimos tempos, se convertera de Profeta da Utopia em Jeremias... De qualquer forma, suas intervenções "desestruturantes", seus *wishful thinkings* são um bem-humorado antídoto ao desacreditado estoque de clichês dos burocratas da política e da sociologia, e uma incitação a um viver poético que nunca deixará de ser atual. Em *Para os Pássaros*, livro de entrevistas, Cage assevera que "a política consiste em afirmar a dominação e procurar alcançá-la" e manifesta a sua concordância com Norman O. Brown, para o qual "a verdadeira vida é a poética, ao passo que a política consiste em suprimir a vida, enquanto vida poética". Donde, a "anarquia sem polícia", preconizada por Thoreau, que, ao ver de Cage e de Fuller, só se pode tornar prática com a tecnologia.

JJM – *Já houve, no Brasil, quem dissesse que os escritos de John Cage seriam nocivos na medida em que são "niilistas", "dadaístas", "anarcoburgueses". Esta, por certo, não há de ser a sua opinião.*

AC – Conversa dos guardinhas do neojdanovismo musical, que, aliás, copiam deslavadamente, sempre que se querem mostrar originais, a linguagem dos escritos de Cage. Eu, na verdade, nunca li nenhuma crítica consistente aos trabalhos de Cage no Brasil. Nada além de tiradas inconsequentes do tipo "faz o jogo do capitalismo", ou "não está fazendo nada" (uma óbvia inverdade a respeito de quem produz tanto como compositor, conferencista, *performer*, escritor ou *designer*). São manifestações mesquinhas de ressentimento, quando não são explosões de fanatismo de neófitos ideológicos. Certamente, as ideias de Cage podem e devem ser discutidas, e são discutíveis. Eu mesmo não concordo com algumas de suas formulações e ponho em dúvida uma sistemática da indeterminação, ainda que ache que as práticas cageanas fazem pleno sentido como projeção do seu modo de ser e constituem, no mínimo, um questionamento válido do racionalismo ocidental e do egocentrismo das obras-de-arte. A obra de Cage é, ela própria, um *koan* ou anedota exemplar que desafia as nossas certezas. Niilista ele nunca foi. Quanto aos componentes anarquistas e dadaístas da personalidade de Cage, para mim são positivos e bem-vindos. Como já dizia, há tempos, Anatol Rosenfeld, "dadá não está gagá".

JJM – *Será difícil encontrar no Brasil outro nome tão ligado ao de Cage – mesmo considerando os compositores – quanto o seu. De início você se interessou pela música ou pelos escritos do compositor? Seria possível falar algo a respeito da sua descoberta de John Cage?*

AC – Tive a sorte de entrar em contato com a obra de Cage muito cedo, já em 1952. Havia uma loja, na Av. Ipiranga, a Stradivarius, do Nagib Elchmer, que trabalhava com discos importados de grande qualidade e que Décio Pignatari, Haroldo e eu frequentávamos. Lá adquirimos, por essa época, discos de Webern, Schoenberg, Berg, Varèse, e os dois volumes das *Sonatas e Interlúdios para Piano Preparado* (1946-1948) – selo Dial. Como a gente não tinha muito dinheiro, eu e o Haroldo ficamos com o 1º volume e o Décio com o 2º. Ao mesmo tempo, me caiu nas mãos o precioso livrinho do Juan Carlos Paz, *La Música en Los Estados Unidos* (Breviarios del Fondo de Cultura Económica, México, 1952), em que o compositor argentino fala, a propósito de Cage, de uma música que responderia mais a um conceito de espaço sonoro do que de desenvolvimento no tempo. Tudo isso me interessou muito, num período em que eu estava elaborando os meus primeiros poemas concretos – a série colorida do *Poetamenos*. Depois disso, foram chegando ao nosso conhecimento os artigos de Boulez, entre os quais *Éventuellement...* (1952), que enfatizava a importância de Cage para a nova música, assim como o livro de Pierre Schaeffer, *À la Recherche d'une Musique Concrète*, também de 1952, colocando Cage entre os precursores da música concreta. O Cage da música indeterminada e dos *happenings* chegaria um pouco mais tarde, na década de 60, assim como os seus escritos revolucionários, uma vez que *Silence*, o seu primeiro livro, só foi publicado em 1961, e era dificílimo conseguir aqui as revistas em que saíram os seus artigos ou os raros discos com suas composições. Só muitos anos mais tarde, por exemplo, consegui adquirir, num sebo, o volume XXVII da revista *ARTnewsANNUAL*, de 1958, que contém a primeira versão de "On Erik Satie", num curioso *design* do próprio Cage.

JJM – *Sabe-se que, mais tarde, você chegaria a entrar em contato direto com Cage, em Nova York. Poderia nos contar como foi esse encontro?*

AC – O contato com Cage começou, via epistolar, em 1973, quando terminei a primeira revisão da versão de Rogério e buscava a autorização para a edição brasileira. O poeta e músico Dick Higgins, que eu conhecera em 1968, forneceu-me o endereço. Higgins dirigia a editora de vanguarda Something Else Press, que publicou, em belíssimas impressões, livros de Gertrude Stein, Merce Cunningham e Cage (*Notations* e uma seção do "Diário" em várias gamas de cor), assim como a *Anthology of Concrete Poetry*, com ampla representação dos concretos brasileiros. Mandei a Cage também alguns livros, como a *Antologia Noigandres*, *Poetamenos* e, mais tarde, *Caixa Preta* e *Poemóbiles*. Trocamos algumas cartas. Depois, em 1977, ele enviou para uma exposição do MAC um dos seus trabalhos visuais, feito com o auxílio do artista gráfico Calvin Sumsion – *Not Wanting to Say Anything About Marcel Duchamp* (*Não Querendo Dizer Nada Sobre Marcel Duchamp*) –, oito folhas de plexiglás com letras serigrafadas formando uma espécie de aquário pré-holográfico. E, numa carta ao diretor do museu, pediu que, terminada a exposição, o seu poema-objeto me fosse entregue. Quando fui para a Europa em fins de 77 pensei em voltar por Nova York. Haroldo já estava em Yale. Escrevi ao Cage para tentar um possível encontro e ele, generosamente, se dispôs a nos receber, entre viagens, nos primeiros dias de março de 78 – "I would be glad to make dinner for you and your brother and wife (or wives?)". Numa noite de inverno, no dia 3, lá estivemos, todos, mais Regina Vater e Alfredo Portillos. Um memorabilíssimo jantar, feito pelo próprio Cage, muita bebida, muito papo. Ele fez questão de fazer até o café, num coador de pano, à velha maneira brasileira, utilizando para ferver a água uma chaleira que apitava e para cuja música-de-ruídos chamou a nossa atenção. Um homem de grande sabedoria, humor e modéstia, que não falava sobre sua obra a não ser quando frontalmente perguntado e sempre com um pouco de blague. Sabendo que ele tinha composto música sobre textos de Cummings, e que este também morara em Greenwich Village, indaguei se tinha conhecido o poeta. Ele disse que sim, e que havia mostrado suas composições a Cummings, mas que este não se interessara muito por elas e que, na verdade, só conseguira fazer um pouco de amizade com Marion, mulher do poeta. Nenhuma pretensão. Ao sairmos, na noite fria, à procura de um táxi, tropeçando na neve, ele caminhava lépido à nossa frente, com um gorro engraçado, que tinha algo de cogumelo. "HAPPY NEW EARS!" – ele parecia estar dizendo todo o tempo, rindo, ridente. Falamos sobre Duchamp, Boulez, Gertrude Stein, Pound, poesia e música e muitas outras coisas. Lamentavelmente não tomei nota de tudo o que conversamos naquela noite mágica, da qual saímos meio alígeros, de alegria e de álcool, todos "um pouco acima do chão".

JJM – *Lembro-me de que alguns dos primeiros comentários críticos a respeito de certa produção de vanguarda internacional foram feitos, no Brasil, na década de 1950, por você e Haroldo de Campos. Você acha que a poesia brasileira, sobretudo o movimento concreto, teria chegado antes que a própria música a certos músicos produtores de informações novas?*

AC – No começo dos anos 50, Koellreuter estava, certamente, muito bem informado, especialmente sobre as novas correntes europeias – ele, que fora o introdutor no Brasil do dodecafonismo – e nós frequentamos, nessa época, com muito proveito, a Escola Livre de Música, que ele dirigia na Rua Sergipe. Através de suas aulas e conferências nos vieram também muitas informações. Mas, por outro lado, a nossa prática poética, muito avançada para a época, nos fez realmente chegar mais rápido, muitas vezes, à informação nova. Fizemos, por exemplo, com Boulez, quando ele aqui esteve em 1954, um contato que não foi feito, no mesmo grau, por nenhum músico daqui. Ao sairmos de uma conferência que ele fez na Escola Livre, nós o levamos para um papo no apartamento de Waldemar Cordeiro, e, entre outras coisas, o questionamos sobre o *Lance de Dados* de Mallarmé ("Nenhum dos novos compositores pensou em musicá-lo?", "Sim, eu" – ele respondeu) e fizemos, para ele, uma leitura a quatro vozes de *lygia fingers*. Depois, Décio conviveu com ele em Paris, inclusive nas refregas da estreia de *Déserts*, de Varèse, em 1954-55. E conheceu pessoalmente Cage, também em Paris. Haroldo se encontrou, antes do que qualquer compositor brasileiro, com Stockhausen, em Colônia. Eu talvez tenha sido o primeiro brasileiro a escrever sobre Charles Ives, que nem aparecia na *Nova História da Música* de Carpeaux... De qualquer forma, o nosso contato com a música e os músicos de vanguarda foi sempre muito intenso. Não esquecer que foi nas páginas da revista *Invenção* que foi lançado o manifesto "Música Nova", em 1963. Eu, particularmente, em meu trabalho, encontro muitas vezes mais afinidade com músicos e artistas visuais do que com literatos.

JJM – *Quais os pontos de contato existentes entre as propostas de Cage e as suas próprias premissas poéticas?*

AC – Eu admiro Cage – e muito – pelo que tem de diferente de mim. Por saber fazer aquilo que eu não sei fazer. Mas é claro que há pontos de contato e influências (dele sobre mim). Tendo partido de um experimentalismo de marca construtivista, os meus poemas dos anos 50 receberam mais influência da música de Webern e se aproximaram mais, a princípio, do cerrado estruturalismo de Stockhausen e Boulez (que serializaram todos os parâmetros do som, caminhando para o *ostinato rigore* da composição totalmente controlada). Nesse período, em que o meu conhecimento da obra de Cage estava mais restrito às peças para piano preparado, me interessavam a sua concepção espacial da composição, o seu uso do silêncio e da melodia-de-timbres percussiva. Mais tarde, já nos anos 60, as ideias de música indeterminada de Cage, que também repercutiram – queiram eles ou não – nas composições "aleatórias" de Stockhausen e Boulez, influíram, na minha decisão de incorporar o acaso aos procedimentos de elaboração do poema. É o que acontece com *Acaso* e *Cidade*, ambos de 1963. O primeiro, que faz do *acaso* o seu próprio tema, foi composto com todas as permutações possíveis das letras dessa palavra, liberando assim o controle semântico do texto; no segundo, as palavras terminadas em *cidade* foram simplesmente arroladas em ordem alfabética, e depois reduzidas, por um segundo critério arbitrário (o da identidade da grafia em português, francês e inglês) ao formato final do poema. Nesses dois exemplos, no entanto, não há indeterminação absoluta, e sim, um balanceamento entre o acaso e a razão semântica, que acaba direcionando o poema. Esse é também o caso de poemas posteriores, como *Memos*, em que eu sobreponho duas leituras, uma ordenada, pregnante, e outra, caótica, em caminho-de-rato, que se abre à exploratória casual. À parte disso, vários dos meus trabalhos se referem expressamente a Cage, em homenagem: *Hom'cage to Webern*, *Pentahexagrama para John Cage*, *Todos os Sons*. Por seu turno, Cage tem manifestado interesse pela poesia concreta, como se vê do prefácio do livro *M* (1973), reconhecendo a precedência desta na área da poesia não sintática, embora lhe pareça que muitos poetas tenham substituído as estruturas sintáticas por estruturas gráficas, quando o caminho para ele é o da abolição das estruturas. Na verdade, Cage preconiza a supressão de quaisquer *cages* (jaulas, gaiolas), por entender que as estruturas feitas pelo homem (inclusive as estruturas em outros campos que não os da linguagem: o governo em seus aspectos não utilitários e os zoológicos, por exemplo) devem desaparecer se se pretende que os seres para os quais elas foram criadas – quer se trate de pessoas, animais, plantas, sons ou palavras – hão de continuar a respirar e existir sobre a terra. Aí estão alguns pontos de contato e de diferença. Pessoalmente, me sinto incapaz de trabalhar com o acaso total, ainda que admire profundamente as experiências de Cage e ache que elas são autênticas e coerentes com a sua personalidade. O próprio Cage, no entanto, estimula as contradições, lembrando que o seu mestre, Duchamp, tornava qualquer coisa – um papel de embrulho, um charuto ou um cartão de membro da Sociedade de Micologia da Tchecoslováquia – numa obra-de-arte, simplesmente assinando-a. Ao mesmo tempo, passou os últimos vinte anos de sua vida compondo a obra-de-arte mais rigorosamente controlada que jamais se fez – *Étant Données* (1946-1966), onde até a distância a partir da qual o espectador deveria observar a obra, através de dois buracos numa porta de madeira, foi predeterminada.

JJM – *Dentro do panorama da literatura brasileira, parece-me que você continua sendo um dos únicos poetas a se referir à música de uma maneira definitivamente não impressionista. Dizendo de outra maneira, percebo em você um desbravador de tendências musicais e de compositores pouco ou nada conhecidos entre nós. E é partindo disso que pergunto: em que medida você percebe a influência de Cage na música brasileira?*

AC – A influência é patente nos músicos da minha geração, dos mais velhos aos mais novos: Gilberto Mendes, Rogério Duprat, Damiano Cozzela, Júlio Medaglia, Willy Corrêa de Oliveira, para citar alguns dos que mais se destacaram e cujo trabalho acompanhei mais de perto. Nos *happenings* que Rogério e Cozzella realizaram em São Paulo, em 1964, na FAU e na Galeria Atrium (Exposição dos Popcretos) e na Universidade de Brasília, em 1965, com a participação de Décio Pignatari, e que culminaram com a instituição do grupo M.A.R.D.A. (Movimento de Arregimentação Radical em Defesa da Arte), promotor de *happenings* e anti-*happenings*, que incorporaram também o maestro Júlio Medaglia. É visível também na introdução de elementos aleatórios em várias obras de Gilberto, Willy, Cozzella (ver a propósito o meu artigo "Juanita Banana no Municipal", de 1966, no *Balanço da Bossa e Outras Bossas*, em que comento, entre outras peças, *Blirium C9*, de Gilberto e *Ouvi-ver Música*, de Willy). Nesse contexto, caberia mencionar também Conrado Silva, músico uruguaio há muito radicado entre nós, que vem desenvolvendo, como compositor e professor, um trabalho muito referenciado às práticas de Cage (que, aliás, incluiu em seu livro *Notations* uma partitura de Conrado). Quanto aos músicos das gerações mais novas, o que verifico é que a influência da obra de Cage é cada vez mais intensa, e cada vez maior o número de seus intérpretes e estudiosos. O interesse em torno de sua obra, de resto, transcende o campo da música erudita, para abranger poetas, escritores e artistas visuais, além dos músicos populares mais sofisticados. Estou certo de que a vinda de Cage ao Brasil, a apresentação de suas obras e a publicação de *Segunda a Um Ano* vão aumentar ainda mais esse interesse.

Cage em São Paulo, com Augusto de Campos, em 1985, na 18ª Bienal, ouve algumas de suas composições executadas simultaneamente no dia 6 de outubro. Sobreposta, a partitura de *4'33"* (o título corresponde à duração da peça, prevista para três movimentos). Essa obra, incluída entre as apresentadas na Bienal, foi estreada em 1952 pelo pianista David Tudor, em Woodstock.

Em reunião, na casa de Anna Maria Kieffer e Rodolpho Nanni, em 3 de outubro de 1985, o poeta mostra, a pedido do jornalista da *Folha de S. Paulo*, que cobria o evento, o cartaz do poema *pós-tudo* (em serigrafia de Omar Guedes).

Augusto retira com o lenço o batom que uma fã deixara no rosto de Cage, na visita à Bienal.

a piece of Music
in the sAme tempo
each time aNd even if
taken differently ' eaCh
shEwn e.g. in the
temPo
E.g. in
the piece would peRhaps be written
vertically ' Finding
abOve them
veRtically finding out one's thoughts '
bidding us hear it like this the first tiMe
mAjor to staff
has Never yet written
suCh
givEn two
and in the same temPo only
to programmE music ' dance of the peasants ' but that is not
but isn't undeRstanding
even iF
such a directiOn
is not to say that the contRast is not
to be played equally loud and in the saMe tempo only
bidding us heAr it like this the first
turN is not to say that
a direCtion
shadE off in all directions and that in turn is
equally loud and in the same temPo only
tEmpo ' only taken
like this the fiRst time and like this the second without
staFf
Of a piece of music to have
days of south ' the south atlantic ' the human Rights
placed above theM bidding us
be written for A
iN the same tempo only taken differently '
a Chiming
wEll read

equally loud and in the same temPo only
atlantic thE human
oRgans ' as long as thought continues through
taken diFferently each time and
identical bits Of a piece of music '
veRtically finding out one's thoughts '
has never yet written such a direction Might not

Mesóstico de Cage (das *Conferências de Harvard*): tema "equally loud and in the same tempo".

Pós-Cage*

Quando eu acompanhava Cage, em 1985, na sua caminhada errática pelo pavilhão da Bienal de São Paulo, onde eram executadas simultaneamente várias de suas composições, admirou-me a paciência com que respondia aos inúmeros interlocutores que o abordavam para fazer perguntas de toda a sorte. A um que lhe indagou, à queima-roupa, a razão de sua obra, respondeu: "O que eu faço não é para me expressar, mas para mudar a mim mesmo". *Not to express, but to change myself.* Pós-tudo, mudo.

Por isso mesmo, jamais renunciou à vanguarda. Numa entrevista concedida ainda este ano (*Folha de S. Paulo,* 16.8.1992) reafirmou: "Ela sempre vai existir, de um modo ou de outro". Concedia, no máximo, que o conceito habitual de vanguarda deveria ser reformulado, porque já não haveria um *mainstream,* uma corrente principal, mas várias, como um rio em delta. Para ele, a vanguarda não esgotou o seu papel, nesta quadra do século. Seu significado é "abertura e flexibilidade de mente, necessidade de invenção e liberdade de qualquer amarra institucional ou teórica". Podemos preferir usar outra terminologia. Eu mesmo tenho falado, muitas vezes, em arte "de invenção" (para me valer do jargão poundiano). Mas o fato é que, na prática, quando falamos de "vanguarda", todos sabemos muito bem do que se trata. Para o bem ou para o mal, ninguém dirá que Camargo Guarnieri é um autor de vanguarda...

Cage foi até o fim da vida um incansável vanguardista. Era (coisa estranhável em toda a parte, e mais ainda entre nós) intelectualmente jovem aos quase-80 anos. Os seus últimos trabalhos são tão radicais e inovadores como os primeiros e continuam a desafiar a nossa curiosidade e os nossos preconceitos e a irritar ou aturdir os mais conservadores.

Este é o caso de *I-VI - The Charles Norton Lectures,* as seis conferências que pronunciou na Universidade de Harvard, em 1988-1989, editadas em 1990 pela Harvard University Press. Muito mais do que as não conferências de e.e. cummings (poeta admirado por Cage), refogem essas palestras a quaisquer modelos ou antimodelos conhecidos da espécie, a não ser os dele próprio.

* Publicado na *Folha de S. Paulo,* 6.9.1992.

As novas conferências de Cage partem de textos configurados segundo a técnica do "mesóstico", já estabelecida em obras anteriores. Em torno de quinze palavras-eixo dispostas em linhas verticais e alternadas aleatoriamente (representando quinze aspectos teóricos das composições de Cage, *método, estrutura, intenção, disciplina, notação, indeterminação, interpenetração, imitação, devoção, circunstâncias, estrutura variável, incompreensão, contingência, inconsistência, performance*), constelam-se palavras e frases fragmentárias extraídas, por meio de operações computadorizadas, do I Ching, de 487 citações pré-selecionadas por ele. Como nos casos precedentes, há certas regras autoimpostas para a obtenção desses extratos linguísticos que se vão formando horizontalmente em linhas desiguais, articuladas por uma letra às palavras-eixo. Assim, as palavras verticais são impressas em letras maiúsculas, as demais em minúsculas. As linhas horizontais não podem ter mais do que 45 letras, quer à esquerda quer à direita. Em lugar de pontuação, signos indicativos de pausa para respiração (um espaço seguido de apóstrofe) ou acentuação de sílabas normalmente não acentuadas (impressão em negrito).

A novidade é que, desta feita, Cage se permitiu maior intervenção volitiva. Além de escolher autores e textos citados e, quase sempre, as próprias citações (com exceção dos extratos de jornais, obtidos por escolha casual computadorizada, a partir das notícias internacionais de três periódicos pré-selecionados), Cage interveio, depois, para reduzir os textos, cortando segmentos que lhe pareceram menos interessantes.

Não são, pois, as conferências-mesósticos obra de puro acaso. Há nelas um certo balanceamento entre acaso e escolha, intencionalidade e não intencionalidade, por mais enigmático que possa parecer o seu resultado final e por mais intenso que seja o *animus* cageano de "disciplinar o ego". Na verdade, a maioria dos autores selecionados se vinculam, de algum modo, às suas concepções e frequentam muitos dos seus livros, como é o caso de Buckminster Fuller (que comparece com 64 citações), de McLuhan (60 citações), de Thoreau (49) e de L. C. Beckett, 15 vezes citado, cujo livro *Neti Neti (Nem Isso nem Aquilo)* Cage afirma poder ilustrar com a sua própria vida. Ele mesmo participa com 57 citações extraídas do livro *Composition in Retrospect* e com feixes de pequenos itens compilados de anotações suas de temas e ideias abordados em textos anteriores. Afora as 90 notícias jornalísticas escolhidas ao acaso, com absoluta neutralidade, as citações restantes provêm de autores com os quais Cage tem um relacionamento difícil ou contraditório: 97 são de Wittgenstein ("sempre o li com prazer, mas raramente o entendi") e apenas cinco de Emerson ("não consegui engoli-lo").

Estas conferências - Cage o enfatiza - foram escritas "para serem lidas", chegando cada qual a cerca de 2.500 linhas, com duração aproximada de uma hora. "Na linguagem das conferências", adverte ele, ainda, "a sintaxe pode aparecer ou não." É que as operações de acaso geram, muitas vezes, conglomerados de *empty words* (palavras vazias), ou seja, conectivos, partículas etc., que assumem situação de igualdade com as partes fortes do discurso. O resultado é, frequentemente, uma leitura musical, de semântica fugidia, que a alguns espectadores pareceu bela e hipnótica, afigurando-se a outros maçante ou incompreensível (cerca de 1/3 dos presentes se retirou durante a primeira conferência).

Cage era um especialista neste tipo de provocação. Aqui mesmo em São Paulo, quem assistiu ao concerto em sua homenagem, no Teatro de Cultura Artística, em 8 de outubro de 1985, pôde vê-lo em ação na *inolvidável performance* da leitura de alguns trechos da composição intitulada *Muoyce (Music + Joyce)*, sobre textos do *Finnegans Wake*, uma cantilação inaudita e inclassificável, um mantra entre pele-vermelha, *Sprechgesang* e salmo, melopeia e ruído, que deixou a plateia suspensa e em suspenso, emudecida de admiração e perplexidade durante a sua execução, seguida de muitos aplausos. Sabendo que a estreia da mesma peça na Itália, em Turim, fora recebida com verdadeiro tumulto, recheado de insultos, vaias e protestos (segundo as reportagens "Su, fischiate! La musica ora siete voi", publicada em *La Republica*, de 8.5.1984 e "Quanti fischi per John Cage!", no *L'Unità*, de 9.5.1984), perguntei, depois, como explicava essa reação aparentemente respeitosa e apreciativa do público paulista. Ele riu bem-humorado e saiu-se com esta: "É, mas aqui foram só dez minutos, lá o concerto estava programado para uma hora e quarenta minutos..."

Mas as conferências de Harvard nos reservam ainda outras surpresas, quando consideramos a sua edição, a começar pelo fato de o livro vir acompanhado de duas fitas-cassete, uma contendo a leitura da Conferência IV e outra, uma montagem dos debates (perguntas e respostas) ocorridos nos seis seminários que Cage realizou uma semana após cada palestra.

O próprio livro, não apenas mantém a elegância e a inventividade gráfica que caracterizam as edições dos textos de Cage, a partir de *Silence* (1961), mas apresenta inéditas peculiaridades. Há, na verdade, três níveis textuais, aparecendo em primeiro plano, como é óbvio, as conferências propriamente ditas, que se espraiam por cerca de quatrocentas páginas com o aspecto de cachos de poemas visuais. A elas Cage fez acrescer, na parte final do livro, o que chama de *source texts* (textos-fontes): em 15 seções tituladas, pela ordem, com as palavras-temas *Método, Estrutura, Intenção* etc., são arrolados todos os textos que serviram de base à combinatória dos mesósticos, a partir, sempre, das citações do próprio Cage e sem terem relação, a não ser por coincidência, com os temas em epígrafe. O terceiro nível textual se oferece nas linhas impressas em corpo menor ao pé da página, em sequência ininterrupta: trata-se de um resumo das debates gravados nos seminários, tais como foram registrados em linguagem coloquial não retocada (e sem qualquer pontuação: perguntas em itálico, respostas em romano). Segundo Cage, "servem de contraponto aos mesósticos".

Para completar os deslocamentos de planos de leitura, intercalam-se aos textos 15 variações fotográficas aleatórias feitas a partir de um negativo obtido por processos também casuais da primeira página manuscrita da partitura de 76 *Danças* (1951), uma antiga composição de Cage.

São muitos os fulcros de interesse suscitados pelo músico-poeta-ensaísta-pintor nessa sua multicomposição.

Sua proposta atrita várias linguagens e disciplinas. Pode-se recepcioná-la como composição musical ou poético-musical na dimensão de sua leitura *in vivo* (parcialmente reproduzida e exemplificada no cassete da Conferência IV) ou como simples leitura silenciosa. Pode-se intensificar a sua dimensão verbal, poético-ideogrâmica, na tradição dos mosaicos de citações dos *Cantos* de Pound, com a retroalimentação semântica proporcionada pelos textos-fontes. É possível ler também a estes últimos, por si sós, como um ensaio fragmentário - analectos ou coleções de aforismos, a compor um ideograma menos dispersivo e caótico da *mens* cageana, sobre o qual irão incidir, em segundo grau, os textos mesósticos, mosaico de mosaico, à Gaudi. O último chamariz de leitura são as linhas que percorrem a base da página e que registram as perguntas e respostas dos seminários, constituindo aquilo que Marjorie Perloff denomina "princípio da realidade", ao examinar as conferências no capítulo final de seu livro *Radical Artifice (Writing Poetry in the Age of Media)*, recém-publicado.

No que tange à dimensão propriamente poética, cabe enfatizar que, ao admitir entre os critérios organizadores dos textos mesósticos o princípio da repetição ou da recorrência, Cage contrabalança os efeitos demolidores do discurso fragmentário. Aliada ao *feedback* operatório dos textos-fontes, que ressemantizam os mesósticos, a repetição cria fugatos e variações frasísticas que permitem a fixação de temas, se bem que numa sequência ainda mais vertiginosa que a precipitada pelo "dilúvio de haicais" dos últimos Cantos de Pound. Como aquele "The temple is holy / The temple is not for sale" (O templo é sagrado / O templo não é para vender), que irrompe em diversos momentos e com diferentes gradações de completude no "Canto XCII" de Pound, motivos recorrentes afloram nessas conferências cageanas em variações temáticas relevantes. Assim: "equally loud and in the same tempo" (uma frase extraída de um texto-fonte de Wittgenstein sobre a percepção diferente de dois trechos musicais idênticos tocados com a mesma intensidade e os mesmos tempos), que comparece 35 vezes no final da Conferência IV.

Uma outra reflexão que nos ocorre diz respeito ao nível metalinguístico das operações cageanas, no desconstruir e reconstruir dos textos de outros autores. Um tipo de estratégia dialogal característico de trabalhos que interfaceiam a poesia e a crítica, comutando linguagens. Com essa radicalidade, conheço poucos trabalhos entre nós, não me sendo possível deixar de referir as composições visuais do físico-poeta Roland de Azeredo Campos, que, em *Subversões de Reis* (revista *Bric-a-Brac* 4, 1990), combina textos de Pessoa e Borges a respeito do jogo de xadrez num tabuleiro de letras, e, em *Bashô no Pantanal do Símbolo (Bric-a-Brac* 5 e Edições Serigráficas Entretempo - aqui em versão computadorizada de Arnaldo Antunes, 1991), projeta na paisagem ambígua de uma cartografia celeste-lacustre fragmentos extraídos de poemas simbolistas que alegorizam a rã ou o sapo: uma poeira constelar de haicais sintagmáticos sob a invocação do clássico de Bashô recriado por Haroldo de Campos.

Mas é na interpenetração dos níveis textuais, nas idas e vindas, no e/ou da variedade de leituras sugeridas em sua multiestrutura que reside a especificidade do livro, a projetá-lo neste fim-início de século, como pedra-de-toque das novas linguagens.

Ao lado de *Silence, A Year From Monday, M, Empty Words, X* e outros escritos de Cage, essas conferências se comportam como deslivros livres. Utilizando os novos *mídia* tecnológicos em interface com o livro, produzem *koans* eletrônicos, polianedotas exemplares, que, por um lado, se ligam à ideologia da indeterminação e da disciplina do ego, e, por outro, às convicções anarcossociais de Cage, que buscam na conjugação da ecologia com a tecnologia do inútil uma resistência às ideologias dominantes do egoísmo e do lucro.

Uma das funções básicas da poesia é a de incentivar a desautomatização da linguagem contratual, útil e eficaz para a comunicação pragmática, mas insuficiente para captar toda a gama de sensibilidade e pensamento de que é capaz o ser humano. Essa operação delicada, aparentemente inconsequente, pode ter e tem um papel significativo na ressensibilização da espécie, na sua almejada e necessária desanimalização. Para que o homem seja mais do que um superdotado bicho predatório. Aí entram as "inutilidades úteis" de Cage.

O Brasil, que passa por ser um país musical, está em dívida com ele. De todos os seus livros apenas *A Year From Monday* (*De Segunda a Um Ano*), em tradução de Rogério Duprat, revista por mim, veio a ser publicado em 1985, após 13 anos de baldadas tentativas editoriais. E as nossas gravadoras são possivelmente recordistas mundiais em omissões no catálogo discográfico de suas obras. Que eu saiba, em vinil só existe a iniciativa isolada do Grupo de Percussão do Instituto de Artes do Planalto-UNESP, que interpretou corajosamente duas antigas composições de Cage, *Second Construction*, 1940, e *Third Construction*, 1941, em um LP de pequena tiragem produzido pelo Estúdio Eldorado em 1987. Em CD, o *Quarteto de Cordas em Quatro Partes*, 1950, que aparece ao lado de outras obras contemporâneas interpretadas pelo Quarteto LaSalle, num registro lançado pela Polygram, em 1989. Nem ao menos as *Sonatas e Interlúdios para Piano Preparado* (1946-1948), o maior *hit* musical de Cage, que teve inúmeras gravações desde a primeira com a pianista Maro Ajemian, mereceu prensagem entre nós. Em 1952, Haroldo, eu e Décio compramos em São Paulo, na Stradivarius (a excelente loja de discos importados que Nagib Elchmer tinha na Av. Ipiranga) os dois LPs dessa composição. Como não havia dinheiro suficiente, combinamos dividir entre nós os discos: Haroldo e eu (que ainda morávamos juntos) ficamos com o primeiro volume, Décio com o segundo. Ao ouvir o registro em estúdio, Cage exclamara: "Vocês estão gravando perfume!" Hoje, um clássico puro da música da modernidade, essa composição fundamental nos soa como um "postal do céu". Que ainda não chegou ao Brasil. Pior para o Brasil.

Cage continuava vivo e produtivo. Renovando e inovando. Era, sob vários aspectos, o mais jovem de todos nós. É exatamente isso que faz com que nós, que o amávamos, como a um mestre zen da sensibilidade, um sorridente revolucionário do som e do silêncio, mais lamentemos a sua morte. Mas ele por certo continuará a nos inspirar e incentivar com a "anedota exemplar" de sua vida e de sua obra. Na verdade, ele ainda está entre nós. Só um pouco acima do chão.

Boulez e Cage no Lance de Dados*

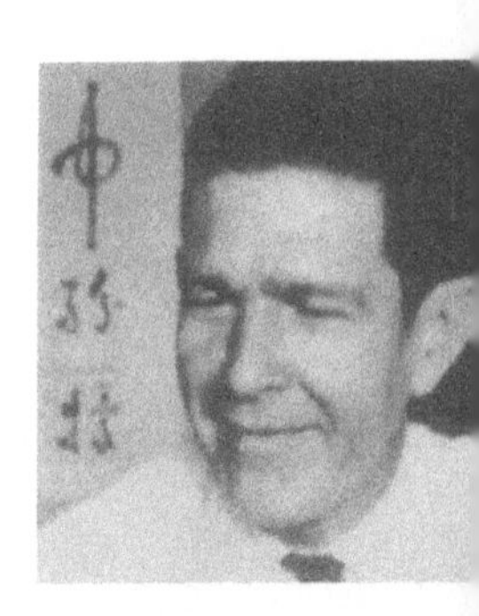

Editada primeiro na Suíça, em francês e inglês (1990), a seguir pela editora parisiense Christien Bourgeois (1991), e mais recentemente em inglês pela Cambridge University Press (duas edições, 1993 e 1994), a *Correspondência Boulez-Cage* constitui um documento importantíssimo para a compreensão dos desenvolvimentos da música contemporânea. O epistolário coligido compreende o período entre maio de 1949 e agosto de 1954 (com o acréscimo de uma carta posterior de Boulez, de 1962, e vários outros documentos, inclusive uma conferência inédita, de 1949, do compositor francês sobre a música de Cage para piano preparado). A organização e a introdução, excelentes, ficaram a cargo de Jean-Jacques Nattiez, o mesmo organizador do livro *Points de Repère*, que, juntamente com *Relévés d'Apprenti* (*Apontamentos de Aprendiz*), publicado entre nós pela Editora Perspectiva, compõe o conjunto de estudos musicais mais abrangente de Boulez. Tradução, cuidadosamente editada e anotada, por Robert Samuel, dos textos em francês, inclusive os de Cage, quando nesse idioma, preservados os de Boulez, quando em inglês (um engraçado inglês aproximativo).

Em alguns poucos momentos extremamente técnica, mas cheia de lances afetivos e espirituosos e de preciosas observações musicais e literárias, a correspondência confirma e esclarece a intensa amizade e a mútua admiração que houve entre os dois compositores até a hora em que os separou a divergência estética: Boulez caminhando para o pan-serialismo ou serialização total dos parâmetros sonoros e para o aleatório controlado; Cage para a aventura do acaso e da indeterminação.

Tanto a polarização como o dissídio não são novidade no âmbito da discussão musical. Novas são as luzes que a correspondência lança sobre a questão, que não parece resolver-se numa simples equação maniqueísta. A ponto de o organizador arriscar o paradoxo de uma recíproca influência com troca de sinais: "Em certo sentido, Boulez deveria o serialismo total a Cage, e Cage o conceito de acaso a Boulez". Aquele declarou, certa vez, a

* Publicado na *Folha de S. Paulo*, 26.10.1997.

Henry Cowell que Boulez o influenciara com o seu conceito de mobilidade. Por outro lado, este sempre proclamou a sua admiração pelas descobertas de Cage, seu uso de agregados sonoros e sua organização da estrutura rítmica. Além disso, Boulez reconheceria, mais tarde, que a automaticidade do serialismo total era capaz de induzir a uma certa anarquia, que, como observa Nattiez, poderia fazer a indeterminação entrar pela porta dos fundos do controle total.

As cartas relativizam, também, os juízos caracterológicos do livro de Joan Peyser, *Boulez, Composer, Conductor, Enigma* (Nova York / Londres, Schirmer, 1976), severamente criticado por Glenn Gould por suas tentativas de bisbilhotice sobre a vida íntima do músico francês e pelas suas pretensões de "retrato psicobiográfico". Apesar de oferecer um quadro vívido das ideias e atividades de Boulez e de considerá-lo um gênio musical, Peyser tende a amesquinhar as divergências artísticas em termos de conflitos do ego, revolta filial e culpa fraterna, e a caracterizar Boulez como uma personalidade fechada, indiferente aos sentimentos e às amizades. Não é o que mostram as suas cartas. Verifica-se, também, que, ao contrário do que afirma Peyser, Boulez não deixou de escrever a Cage depois do seu reencontro com ele, em Nova York, em 1952, embora se acentuem as divergências em torno do uso do acaso, enunciadas por ele com firmeza mas com discrição em suas cartas.

Cage irritou-se com o artigo "Alea" (1957), em que Boulez toma posição diante dos problemas da interferência do acaso na composição (admite o acaso controlado mas rejeita o que qualifica de "acaso por inadvertência", referindo-se indiretamente às práticas preconizadas pelo músico americano, embora sem nomeá-lo). Segundo Peysner, Cage teria afirmado: "Depois de ter muitas vezes proclamado que não se poderia fazer o que eu queria, Boulez descobriu o *Livro de Mallarmé*. Era operação de acaso até o mínimo detalhe. Comigo, o princípio tinha de ser rejeitado; com Mallarmé, tornou-se subitamente aceitável para ele. Agora, Boulez promove o acaso, só que a *sua* espécie de acaso [...]" Na verdade, porém, lido à distância, o texto de Boulez, densa e sibilinamente redigido, questiona o que é questionável nas práticas de música indeterminada, e o faz em nível elevado, embora com a característica veemência do articulista, não descendo jamais ao ataque pessoal. O que esperava Cage? Adesão total ao *seu* Acaso? O mais curioso é que um ouvinte comum não detectará diferenças essenciais de linguagem entre os lances de dados sonoros das *Sonatas 2 e 3 para Piano*, de Boulez ou os da *Music of Changes* de Cage. São numerosos os pontos em comum entre os compositores, à época – ambos cultivavam a impessoalidade da obra, ambos se utilizavam de tabelas e "quadrados mágicos" para organizarem suas obras, ambos queriam se livrar de toda "memória" musical, ambos, a partir de Webern, pareciam chegar a uma espécie de *móbile* de explosões sonoras rodeadas de silêncios.

Mas eles tomariam rumos diferentes, e é difícil imaginar que alguém com uma personalidade musical tão definida como Boulez devesse sucumbir ao ímpeto progressivamente anárquico das ideias de Cage apenas em nome de uma boa amizade. Eles, de fato, se interinfluenciaram. Mas o que era liberdade para Cage parecia, em seu limite, facilidade a Boulez, e o que era rigor para este afigurava-se limitado para aquele. Nada a fazer.

Boulez afirma que, quando a edição de *Le Livre de Mallarmé* organizada por Jacques Scherer apareceu (março de 1957) ele já tinha alcançado o princípio de composição aleatória de sua *Terceira Sonata* (1956-1957). Os esboços e notas do texto permutatório de Mallarmé teriam constituído para ele "mais do que uma confirmação, uma prova final da urgente necessidade de renovação poética, estética e formal". De qualquer forma, tenha o livro póstumo do poeta francês precipitado as concepções de música aleatória de Boulez ou simplesmente intercorrido na sua elaboração, o fato é que, desde muito, Mallarmé ocupava sua mente, e não qualquer Mallarmé, mas precisamente o criador de *Un Coup de Dés*, poema que, por sua mobilidade plástica e sua tematização do Acaso, pode ser visto como um prefácio ao projetado "livro". Já em 1963, Haroldo de Campos abordara o tema, à luz da edição de *Le Livre* e suas conotações com a música de Boulez e Cage, em "A Arte no Horizonte do Provável", artigo depois incluído na coletânea de ensaios do mesmo nome (Perspectiva, 1969).

As cartas sinalizam em vários momentos o envolvimento específico de Boulez com *Un Coup de Dés* (então fora das cogitações da *intelligentsia* literária francesa). O fato ficou obscurecido pela circunstância de o compositor ter afinal desistido do projeto, acalentado, ao que parece, por vários anos, de musicar o texto mallarmeano (tratar-se-ia, segundo esclarecem as notas à correspondência, de uma obra para coro e grande orquestra).

Boulez reiterará mais tarde que o que o levou a escrever a *Sonata nº 3* foram mais as experiências literárias do que as considerações musicais. Cage, de seu lado, haveria de revelar um prodigioso talento de escritor e de poeta na série de livros que publicaria a partir de *Silence*. Musicou textos de Cummings e Joyce. Fundiu Pound e Stein na prosa poética dos seus *Diários*. E não haveria uma alusão às mallarmaicas "subdivisões prismáticas da Ideia" nas estruturas numéricas de ritmo, que ele mesmo chamou de "prismáticas"? A correspondência evidencia esse vórtice de interesses interdisciplinares. É algo que merece atenção em nosso próprio contexto, e por mais de um motivo.

O Brasil é o pano de fundo de algumas cartas relevantes de Boulez, que, muito jovem, veio por duas vezes ao Rio e a São Paulo, em 1950 e 1954, como diretor musical da companhia teatral de Jean-Louis Barrault e Madeleine Reynaud. Tanto ele como Cage se divertem com o fato de Boulez ter de reger a música de Milhaud, que os dois abominavam. Este, como se sabe, estivera no Brasil, com Paul Claudel, entre 1917 e 1918, e voltara impregnado de temas folclóricos brasileiros em suas composições (*L'Homme et son Désir, Le Boeuf sur le Toit, Saudades do Brasil*). Cage (carta de 17 de janeiro de 1950): "Quando você estiver no Brasil, ponha algodão nos ouvidos para não ficar milhaudizado". Boulez (abril de 1950): "Tentarei não voltar como Milhaud!" Boulez (maio de 1950): "Meu caro John. Aqui estou já *Saudading in Brazil*". Boulez (julho de 1954): "Estou milhaudizando com todas as minhas forças (por causa do Cristóvão Colombo, que está me fazendo descobrir a América tanto quanto eu quiser)". Entre parênteses: Milhaud escrevera a música para a peça *Christophe Colomb* de Claudel, que a Companhia Renaud-Barrault apresentava. Boulez ainda (julho/agosto de 1954): "O giro termina em cerca de 10 dias. Ufa! depois retornamos – mas certamente não terminamos com Cristóvão Colombo! Descobrir a América não dá nenhuma folga". No futuro, Boulez seria mais indulgente com Milhaud, lembrando, numa entrevista a Claude Samuel, em 1984, a independência da percussão nas suas *Coéforas* (1915), "onde [ele o sublinha] encontramos um movimento para coro e percussões, que se serve de percussionistas, mas também confia aos componentes do coro uma série de assobios. Não é um fato musical muito importante mas assinala uma data na história da percussão". Na mesma linha, *L'Homme et son Désir*, com sua inusitada variedade percussiva, atravessada de vocalises, num conflituoso tecido sonoro politonal e polimétrico, bem poderia contar mais alguns pontos para o autor das *Coéforas*, que, curiosamente, foi também visitado pelos manes mallarmaicos no Brasil. Pelo menos, o seu catálogo de obras registra: *Chansons Bas* (Mallarmé) *suivies d'un verso Carioca*, e *Deux Petits Airs (I – Indomptablement a du; II – Quelconque une solitude)*, composições datadas de 1917, Rio de Janeiro, o que quer que valham.

As primeiras referências presumíveis ao *Lance de Dados* ocorrem numa carta de junho de 1950, endereçada por Boulez a Cage, a partir do Lord Hotel (Av. São João, 1173, São Paulo): "Para o Mallarmé, eu trouxe toda as obras corais de Bach. Que vitalidade! é uma intimidação incrível". Mais adiante, após uma referência ao Nick Bar, de São Paulo: "Estou principalmente orquestrando velhas coisas. Uma tarefa que, afinal, requer menos concentração que uma composição propriamente dita. Contudo, não dei um passo avante com meu Mallarmé!". Segundo as notas da edição, também a menção a uma *Work in Progress* em carta de outubro de 1950 diria respeito a sua projetada versão musical de *Un Coup de Dés*. Uma carta de 30 de dezembro de 1950 contém referências mais explícitas: "Além do *Coup de Dés* de Mallarmé, comecei uma nova obra de câmara" (*Polyphonie X*). Mais adiante, depois de algumas explicações de cunho técnico sobre a divisão microtonal da escala em 1/4 e 1/3 de tom, de modo a obter até 1/18 e 1/24 de tom, observa: "Esses microcosmos poderiam ser organizados pelo princípio da série generalizada". E logo mais: "Estou pensando em terminar o meu *Coup de Dés* de Mallarmé desta forma (fazendo construir um instrumento especialmente afinado para tanto)".

Em carta de 22 de maio de 1951, depois de discorrer sobre suas pesquisas com o I Ching e seus diagramas de acaso, à luz de novas composições como o *Concerto para Piano Preparado e Orquestra*, as *16 Danças* e *Paisagens Imaginárias IV, para 12 Rádios*, acrescenta Cage: "Você pode imaginar de minha presente atividade o quanto eu fiquei interessado pelo que você escreveu sobre o *Un Coup de Dés* de Mallarmé". Boulez (carta entre 22 de maio de 17 de junho de 1951): "Acho [sua carta] extremamente interessante. Estamos no mesmo estágio de pesquisa". Cage chegou a pensar, por seu turno, em musicar *Un Coup de Dés*. Carta de 1º de maio de 1953: "[...] um poeta daqui (francês) pediu-me que compusesse a música para uma leitura de *Le Coup de Dés*. Gostaria de fazê-lo, mas eu lhe disse que você poderia já ter feito essa música e nesse caso ele deveria usar a sua. Ele vai lhe escrever a respeito disso. Não começarei nada até ouvir de você se devo ou não fazê-lo". Não há mais qualquer menção ao assunto na correspondência subsequente. Apenas em carta de Boulez de 18 de junho de 1953, ele avisa que está enviando a Cage a primeira edição completa da obra de Mallarmé, da Plêiade.

Com Mallarmé na cabeça, Boulez deve ter-se surpreendido quando, em São Paulo, ignorado pela imprensa e pelo grande público, foi procurado pelos poetas concretos, que, entre outras coisas, lhe perguntaram se ninguém pensara em fazer uma composição sobre *Un Coup de Dés*. Tocávamos, sem o saber, num ponto-chave de suas preocupações. Boulez dá um toque para Cage em sua carta de julho de 1954, de Buenos Aires: "Quanto a mim, estou na América do Sul por outro mês. O mesmo giro da última vez – Rio, São Paulo (onde encontrei um grupo de pessoas muito interessante). Montevidéu (entediante!). Agora Buenos Aires – depois Santiago do Chile". O nosso encontro se deu após uma conferência por ele realizada na Escola Livre de Música, dirigida por H. J. Koellreuter, na Rua Sergipe. Terminada a palestra, nos reunimos com Boulez no apartamento do pintor Waldemar Cordeiro à rua Conceição. Conversamos muito, um pequeno grupo, confraternizando em Webern e Mallarmé (o de *Un Coup de Dés*), que os poetas concretos consideravam coincidentemente a base de suas propostas poéticas. Chegamos a improvisar para ele, inclusive, uma leitura a várias vozes de alguns dos poemas pluricoloridos da série do *Poetamenos* (1953), que já circulava entre nós em cópias datilografadas e estampadas com carbonos de várias cores. Mais tarde, empregaria, também ele, cores na partitura da sua *Terceira Sonata*. Uma carta, de 2 de junho de 1954, que escrevi a minha mulher, então no Rio, traz este registro do encontro: "[...] para erguer alguns dias está aqui Boulez, Pierre Boulez, o jovem músico concreto que há muito admirávamos e que

veio agora com o Barrault. O Cordeiro [*Waldemar Cordeiro*] conseguiu cercá-lo numa festa-homenagem ao Barrault e trazê-lo domingo a uma reunião na sua casa. Comigo, Décio, Haroldo e um pouco o Willys [Willys de Castro]. Boulez confirmou o que esperávamos. Acessível, inteligentíssimo, apenas 29 anos, lotou a gente em matéria de literatura, falando exatamente em Joyce, Pound, cummings e Mallarmé. Esteve 4 horas seguidas com a gente, num francês claríssimo. Indagado sobre se alguém já tinha tentado musicar o *Un Coup de Dés*, disse: – *Não. Ninguém. Eu estou tentando*. Prometeu colaborar na revista e mesmo distribuí-la a amigos na Europa. Fez uma importante conferência. Amanhã fará outra, com audição de discos de música concreta. – *Stravínski est à genoux devant Webern*. Posso me enganar mas penso que lhe está reservado um grande destino!" (Ele, de fato, cumpriu esse vaticínio, mas, quanto ao *Lance de Dados*, ficou na promessa, ainda que o poema tivesse seguramente influenciado suas ideias musicais: quando ouvimos a primeira gravação de *Le Marteau sans Maître*, verificamos, com certa decepção, que, apesar do brilhantismo da obra, o "Maître" não era Mallarmé, mas René Char...) Eu só vim a revê-lo pessoalmente mais de quarenta anos depois, na última visita que fez a São Paulo em 1996, agora famoso, nalguns dos breves contatos exteriores que lhe permitiu a guarda régia de autoridades culturais e bonzos universitários, de que ele não conseguiu se livrar com facilidade. Ao contrário de Cage, que, quando aqui esteve, na Bienal de 1985, soube esquivar-se de programas e cerimônias oficiais e privilegiar os contatos informais, recebendo diretamente em seu hotel ou visitando, em particular, músicos, poetas e amigos.

O Acaso, enfim, ao mesmo tempo aproximaria e afastaria os dois grandes interlocutores. Se Boulez revelou Mallarmé a Cage, este, em contrapartida apresentou-lhe nada menos que o *Finnegans Wake* de Joyce, os *Cantos* de Pound, e a poesia de Cummings (de Gertrude Stein não há sinal, à época, embora Cage mencione seus estudos sobre a obra de Virgil Thomson, que deu vida musical às "óperas" de Stein, mas em relação ao qual Boulez expressa um juízo negativo, na carta de junho de 50, parecendo-lhe interessante como personalidade, mas inconsistente como compositor).

Cage, que já musicara um texto do *Finnegans Wake* – em *The Wonderful Widow of Eighteen Springs* (1942!) – presenteou Boulez com uma cópia do livro (em carta de janeiro de 1950, Boulez agradece: "Devo parecer uma toupeira por não lhe ter agradecido pelo *Finnegan's* [*sic*] *Wake*, de que gostei demais", e: "Mais uma vez mil vezes obrigado pelo *FW*. Você não pode imaginar o quanto eu apreciei o livro. É quase um 'totem'. Na verdade, lê-lo é mais do que lento, dada a dificuldade de decifrá-lo". Em carta posterior (abril de 1950), conta a Cage ter ouvido a gravação da voz de Joyce lendo trechos de *FW*. Da funda impressão que a obra de Joyce causou em Boulez diz bem esta importante passagem da carta precedente, em que avulta, ainda, o reconhecimento de Boulez do seu débito musical para com o compositor americano: "[...] você é a única pessoa que me trouxe ansiedade a respeito dos materiais sonoros que eu uso. Encontrá-lo me fez terminar um período "clássico" com o meu quarteto [*Livre pour Quatuor*], que ficou bem para trás agora. Agora temos que chegar ao 'delírio' real em som e experimentar com os sons como Joyce fez com as palavras. Basicamente – agrada-me descobri-lo – eu ainda não explorei nada e tudo resta por pesquisar em campos tão variados como som, ritmo; orquestra, vozes; arquitetura. Temos que realizar uma 'alquimia' em som (ver Rimbaud) para a qual tudo o que eu fiz até aqui é apenas um prelúdio e que você clarificou grandemente para mim". Diga-se que o entusiasmo de Cage por Boulez, à época, não era menor. Em carta de 18.12.1950, referindo-se à *première* americana da *2ª Sonata para Piano* por David Tudor, exclama: "Sua música dá àqueles que a amam uma sensação de iluminação capaz de elevar e de tirar o fôlego. Ainda fico sempre tremendo depois de ouvi-la". Em carta de 7/21 de maio de 1951, Boulez agradece o recebimento dos *Cantos* de Ezra Pound (cuja primeira edição completa saíra em Nova York em 1948). Quanto a Cummings, do qual muito mais tarde utilizaria um poema para a composição coral *Cummings is der Dichter*, também foi revelado a Boulez por Cage, quando visitavam uma livraria de Nova York, em 1952.

Não são poucas as contradições e os paradoxos dessas cartas e documentos. Duríssimos, mas quase sempre certeiros, alguns juízos de Boulez parecem superados. Assim a sua desconfiança para com a música de Scelsi, rapidamente dispensado, em carta de novembro de 1949, mais ou menos na base do não ouvi e não gostei ("Estou criticando sem ter ouvido", reconhece, a propósito da cantata *La Naissance du Verbe*), e cuja obra, melhor conhecida a partir dos anos 70, desvelaria um compositor fundamental. Ou as suas considerações sobre Mondrian ("prefiro, de longe, Klee"). Compreende-se que Boulez ache demasiadamente "imprecisas" e "simples" as experiências de Morton Feldman com "quadrados brancos" – os diagramas que Feldman fornece, em vez de partituras, contendo instruções para a execução de suas peças indeterminadas, *Projections* e *Intersections*. Mas ele debilita sua crítica quando associa Feldman a Mondrian e tenta justificar-se afirmando ser contra a "facilidade" do pintor holandês. Como não concordar com o assombro de Feldman ante esse julgamento ("ele ficou mortificado", trocadilha Cage, "por saber que você também não gosta de Mondrian")? Atribuir "facilidade" ao despojamento da obra de Mondrian (muito mais próxima do que a de Klee da fase madura, a mais ortodoxa, de Webern), parece realmente um equívoco espantoso, do qual, deve-se dizer, Boulez penitenciou-se em declarações ulteriores, colocando Mondrian entre os artistas que mais o influenciaram, embora deixe patente a sua maior sintonia com Klee e a sua incompreensão da última fase de Mondrian, que ele aproxima da regressão estética do derradeiro Schoenberg. Em seu paraíso plástico, nenhum Duchamp, por certo...

Registro especial merece a belíssima carta de Boulez (a única datilografada de toda a coleção, e em minúsculas, à maneira de Cummings), enviada de Baden-Baden, em 5 de setembro de 1962, muitos anos, portanto, depois de definido o conflito entre os dois músicos. Em resposta a uma carta, infelizmente perdida, em que Cage pede a sua interferência a fim de receber um convite para viajar à Europa, Boulez o informa que há quatro anos já não vive em Paris. Lembrando que naquela data Cage completava 50 anos, Boulez entra a fazer digressões sobre o tempo e a idade de ambos: "se você vai fazer 50, eu cheguei aos 37, a idade que você tinha quando nos encontramos pela primeira vez em Paris... o que ao menos me deixa com a esperança, a julgar pelo seu exemplo, de que eu tenha uma porção de coisas a descobrir antes de chegar aos 50, quando você terá 63!! e assim por diante, até que nos tornemos (do que eu duvido) hipercentenários, quando a diferença relativa tenderá a zero, ainda que, mesmo aí, estou certo, a distância absoluta permaneça constante". Numa sequência poética de neologismos joyceanos, vislumbra um tempo que não é "o tempo anterior, nem o tempo recente, nem o tempo de agora, nem o tempo que virá, mas o tempo gelabolido, fixexplodido, espelhorrefletido, magirradiante, narcoseleito, achaperdido, perdido, perdido? sim? ido!". E mais à frente: "ora, bem, para o seu jubileu (que, para voltar aos meus cálculos significa que você tinha exatamente duas vezes a minha idade em 1938) [...] – um período em que você tinha 26, e eu 13 anos – não há nada com que se preocupar, é um divertido problema algébrico exposto em todas as boas revistas de divulgação científica". Finalizando: "eu ao menos o fiz sorrir na expectativa desse marco de meio século? enquanto espera – não tanto quanto eu espero o seu sorriso pelo correio, ao menos você tem a habilidade do gato da alice – você deduzirá desta carta, ou que eu cresci consideravelmente ou que eu retornei à infância, é essa a mensagem que eu gostaria de deixar, em conclusão, nestes difíceis tempos relativistas. como sempre, malgrado a óbvia falta da rue beautreillis, permaneço um capuchino [a rua de Boulez, em Baden-Baden, era a Kapuzinerstrasse] que pensa, mais do que com atenção, com ternura, em você".

Da perspectiva de hoje, é difícil dizer qual dos dois tinha razão. Se as conhecidas críticas de Cage aos serialistas europeus e à rigidez dos seus conceitos passaram a ganhar sentido, especialmente depois da fase inicial, quando esse radicalismo parecia absolutamente necessário, não se revelaram menos razoáveis as desconfianças de Boulez ante o vale-tudo das composições indeterminadas, mormente quando os dados eram lançados por mãos menos íntegras que as de Cage. Este mesmo chegou a dizer certa vez: "preciso encontrar um meio de fazer com que os músicos sejam livres, mas não sejam estúpidos". Se o rigorismo bouleziano teve de flexibilizar-se, não se pode dizer que a indeterminação cageana tenha prevalecido, embora o exemplo radical de Cage tenha afetado profundamente o ato de compor e contribuído para descongestioná-lo dos excessos do serialismo racionalista. Boulez nunca deixou de preocupar-se com a elaboração da obra, que além de provocar pela novidade deveria também encantar ou elevar pela perfeição, tendo o rigor estrutural como uma espécie de ética estética. Cage pareceu progressivamente menos interessado em criar obras acabadas do que em desencadear ações ou situações musicais imprevistas, que induzissem a uma deslavagem da memória musical e a uma renovação da mente.

Tudo somado, talvez seja o caso de adotar a fórmula dialética: "Um estava certo mas o outro também não estava errado". De Boulez e de Cage (aquele num concentrado estilo polêmico-mallarmeano, este no informalismo de sua prosa-poesia gráfico-espacial) provieram os mais instigantes escritos sobre música deste século. Deles também emanam algumas de suas obras capitais. As cartas documentam significativamente o seu encontro, deixando à nossa especulação, como enigma a ser decifrado, entre muitos silêncios, reticentes escaramuças e palavras inconclusas, o desencontro e a abertura de duas formas de ver a música. Pelas frestas desse embate se infiltraram, ao longo dos anos, outros caminhos e outras opções, mas que não infirmam a contribuição dos dois grandes músicos e os lances dos dados de sua imaginação sonora, que podem ser vistos, deste centenário do antes famigerado e hoje famoso poema de Mallarmé, como ápices do pensamento musical contemporâneo.

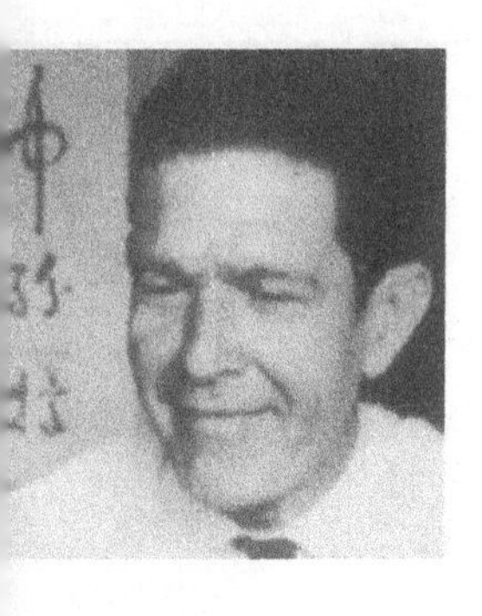

De Olvido e Ouvido*

Há mais de uma década, em outubro de 1985, John Cage esteve no Brasil, convidado pela Bienal de São Paulo para assistir a execuções de suas peças e participar, ele próprio, de uma performance – a composição *Muoyce*, sobre textos extraídos do *Finnegans Wake*. Com a presença do autor, foi lançado, então, o único livro de Cage até hoje publicado no Brasil: *De Segunda a Um Ano* (*A Year From Monday*, 1967), pela Editora Hucitec, em tradução de Rogério Duprat, revista e introduzida por mim. O grande artista norte-americano morreria em 1992, pouco antes de completar 80 anos, deixando diversos livros (inclassificáveis e originalíssimos) de textos, poemas, manifestos, conferências, a partir de *Silence* (1961) – um marco da literatura musical e poética da segunda metade do século –, e mais de duas centenas de composições, de 1931 a 1992, abrangendo portanto sessenta anos de atividade criativa. No entanto, desse inventor polimorfo, que é uma das figuras seminais das artes e do pensamento da nossa era, não há sequer um disco individual entre nós. Somente três composições apareceram em coletâneas dedicadas a vários autores: a *Segunda* e a *Terceira Construção* (de 1940 e 1941), num LP do Grupo de Percussão de Artes do Planalto – UNESP, sob a direção de John Boulder, estampado em 1987 pelo selo Eldorado, e o *Quarteto para Cordas em Quatro Partes*, de 1950, num CD da Polygram, de 1989. Sequer as *Sonatas e Interlúdios para Piano Preparado* (1946-1948), seu maior sucesso discográfico, tão agradáveis de ouvir ("depois de um certo tempo tudo vira melodia", dizia Cage, citando o compositor Christian Wolff) estão disponíveis entre nós. É pobreza demais para um país que pretende ser um dos mais musicais do mundo (e talvez o seja, se pensarmos nas magníficas intuições da música popular) mas que é, também, um dos mais retardados em formação e informação musicais e um dos mais absurdamente indiferentes à extraordinária aventura da *música contemporânea*, que é, afinal, literalmente, a música do nosso tempo. Que o diga Gilberto Mendes, o heroico e jovial decano da nossa Música Nova (74 anos, 1 LP, 2 CDs – o último, belíssimo, gravado na Bélgica

* Publicado (com os *Mesósticages*) no *Suplemento Literário de Minas Gerais*, Belo Horizonte, fevereiro de 1997.

e milagrosamente lançado em 1996 sob o patrocínio da Prefeitura de Santos!). A rigor, ainda vivemos musicalmente no século XIX. Entristece constatar que, ao findar do século, a obra fundamental de Anton Webern (um único álbum com quatro CDs) não seja acessível aos brasileiros a não ser através de importação de discos (hoje paradoxalmente, quando feita pelo correio, sobretaxada como artigo de luxo!). Dele, como de Schoenberg, Berg, Ives, mestres imensos da música da nossa era, chuviscaram, aqui e ali, esporádicas gravações. *Idem*, de Varèse, Messiaen, Boulez, Stockhausen, Berio. Que dizer das mais recentes revelações de Scelsi, Nancarrow, Nono ou Feldman, ou ainda de gente como Ferneyhough, Radulescu, Sciarrino, Subotnik, a russa Galina Ustvolskaia – uma Tsvietáieva pós-suprematista da música, marginalizada pelo stalinismo –, todo um cortejo de nomes estranhos e luminosos, ilustres desconhecidos das nossas gravadoras, clamando por passagem em vão desesperanto? Relembrando Cage, seus ensinamentos, uma visita que lhe fiz em Nova York em 1978, sua breve passagem por São Paulo, em 1985, o concerto do Teatro Sérgio Cardoso com as insólitas harpas do "Postcard from Heaven" e a mágica *performance* do compositor cantofalando *Muoyce* (*Música + Joyce*), compus estes mesósticos não ortodoxos (*mesóstico*, na prática de Cage, é um acróstico em vertical intermediária, no qual se inscreve um tema ou um nome recorrente, que é atravessado pelo texto). Nos numerosos mesósticos cageanos as linhas têm a sua extensão predeterminada por processos aleatórios (em geral derivados do I Ching) e certas letras não podem ser repetidas. Menos complexos em sua elaboração os meus (MESÓSTICAGES) foram livremente construídos. Modesta homenagem ao profeta da arte interdisciplinar, tentam desembalar do berço esplêndido a adormecida consciência musical brasileira e demandar-lhe MENOS OLVIDO E MAIS OUVIDO.

L'UNITÀ / MERCOLEDÌ
9 MAGGIO 1984

il concerto

Quanti fischi per John Cage!

☐ la Repubblica
martedì 8 maggio 1984

Una recente immagine di John Cage

A Torino "Muoyce" in un festival dedicato tutto a John Cage

Su, fischiate! La musica ora siete voi

Vaias para Muoyce no Festival de Torino (montagem das manchetes dos jornais *La Republica*, 8-5-1984, e *L'Unità*, 9-5-1984.

Muoyce

WRITING FOR THE
FIFTH TIME THROUGH
FINNEGANS WAKE

I

rufthandlingconsummation tinyRuddyNew-
permienting hi himself then pass ahs c
e i u floundered e w myself s ct making
Hummels ct life's She to east time the
thesion br is thosen southsates i over
thg the he an ndby fluther's sees e as
brown ou a as m her i i The Vortexglad
soil for he's hisBut at milkidmass and
nightfallen useawhile under the pudem-
dascope heartbreakingly i town eau And
onedimbeofforan furrow follower width-
Non plus ulstra to get enough for any-
onea prodigal heart would h be u'a m a
oebelt p t l ofder wraugh e ai farmo i
north e eve jest to h i ntand sllyc ch
mizFu zie showed ti em ae n Ishoak s e
bite msh The Hon l Ultimogeniture when
strengly forebidden ryno worsenooselst
tondststrayedlinehavenotsouin his hor-
rorscup it forth perfidly morelasslike
hearing for theannias spuds Solvituror
and V.B.D. tillBump skreek madre's re-
surrectAntiannthesackclothedhis behav-
ing hauntsheldthe cainapple

Texto de *Muoyce*, "escrevendo pela 5ª vez através do Finnegans Wake" (página inicial).

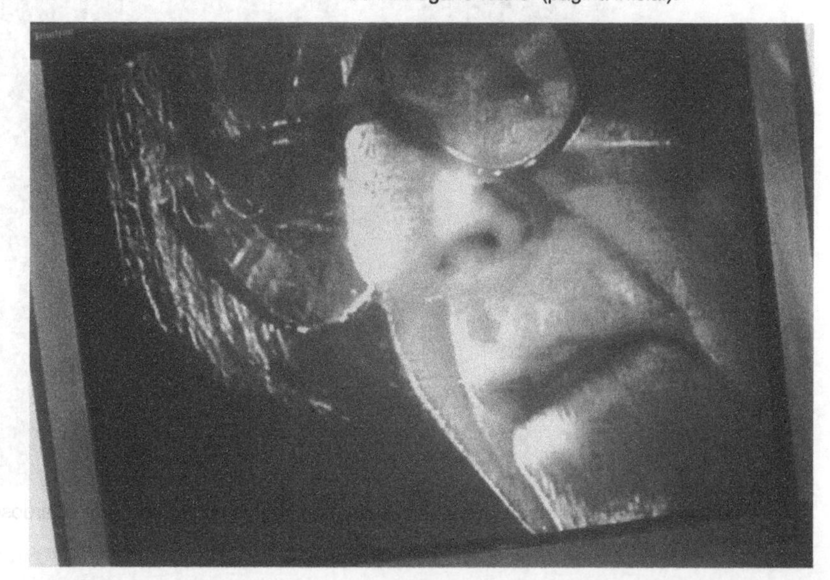

Em São Paulo, no concerto dedicado à sua obra, no Teatro Sérgio Cardoso, em 8-10-1985, Cage performa um trecho de *Muoyce* (a foto foi tirada do especial feito pela TV Cultura sobre o evento).

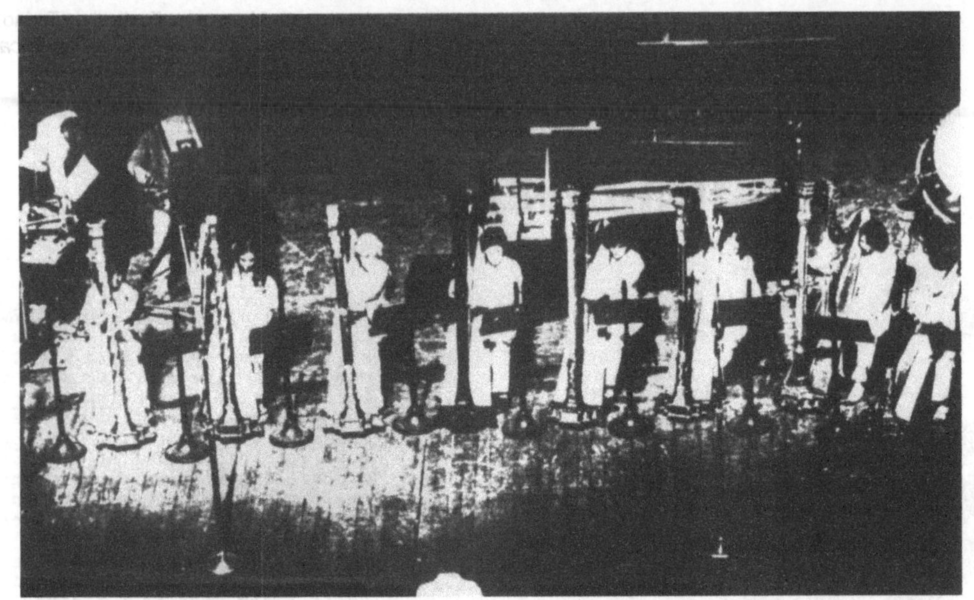

Postcard from Heaven (Postal do Céu), de 1982, para um conjunto de até 20 harpas. Composição apresentada por um grupo de 11 harpistas, sob a regência de Abel Rocha, na Bienal, no dia 6, e no Teatro Sérgio Cardoso, no dia 8 de outubro de 1985. A foto é desta última apresentação.

Uma floresta de cordas e mãos desafinando harpas no Teatro Sérgio Cardoso (8-10-1985).

1

eleJá se foi
mas sÓ de passagem
está Hoje aqui
como seNunca tivesse ido
veio pare fiCar
outrorAgorasempre
sua viaGem
é de ida E volta

2

enquanto haJa
sOns
Haverá ruídos
e haverá aiNda
aCasos
e cAos
e um luGar
para Ele

3

almeJando
o impOssível
trabalHando
sobre oNada
Com palavras
vAzias
siGnificando
sem mEnsagem

4

con Jurando
O silêncio
(sozinHo
Na câmara anecoica
esCutou dois sons
um grAve e um agudo
seu sanGue em circulação
e sEu sistema nervoso)

5

areJando
osOuvidos
com o barulHo do silêncio
para defeNder o novo
de Varèse a NanCarrow
de SAtie a Webern
de SchoenberG
a ScElsi

6

Jogando
O
I CHing
como discipliNa
Contra
a tiraniA do
eGo
e do gosto pEssoal

7

com a aJuda de Kuang-tsé
"uma mulher bOnita
que agrada aosHomens
quaNdo
Cai
nA
áGua
assusta os pEixes"

8

pro Jetando
cOmo
melHorar
o muNdo
sem tornar as Coisas piores
e desfrutar A tecnologia
sem estraGar
a naturEza

9

via Jando
para o futurO
em meio à velHice do
preseNte
Com
o passAdo
na baGagem
dE mão

10

dese Jando
a tOdos
HAPPY
NEW EARS
Curiosidade
mudAnça
e desapeGo
ao sucEsso

11

no Jantar que nos fez
no estúdiO em NY
havia uísque, vinHo, cerveja e chá
só quaNdo perguntado
falou de sua músiCa
a cafeteirA emitia sons
ao sair vacilávamos no Gelo
enquanto dEslizava a nossa frente

12

com Jeans e uma cesta
(sua dieta macrObiótica)
cHegou em Cumbica
sorriNdo para nós
a Caminho da Bienal
admiravA as flores
da paisaGem de São Paulo
quE nunca tínhamos visto

13

sem qualquer Jactância
respOndia aos curiosos
na livre caminHada
pela BieNal
"eu não Componho
para me expressAr
but to chanGe myself
para mudar a mim mEsmo"

14

11 harpistas Juntas
em "pOstal do céu"
desacordando Harpas
quando canNtou "muoyce"
era Cantofalado
nAvajo ou gregoriano?
o público enGasgou
de Emoção e silêncio

15

sempre o mais Jovem
de tOdos nós
nenHuma receita
Nenhuma regra
Caminhar
sem olhAr para trás
colher coGumelos
e vivEr

Pós-Música

Trecho da partitura de *Quatro Pezzi per Orchestra (ciascuno su una sola nota)*, 1959. Símbolo e assinatura da Scelsi.

Um Velho Novíssimo*

As coisas mais novas que ouvi em música, ultimamente, não são de jovens mas de velhos, precisamente de dois velhos, juvenilíssimos, um italiano e um americano: Giacinto Scelsi e Conlon Nancarrow, ambos praticamente desconhecidos entre nós e – é claro – ausentes de nossos catálogos discográficos.

Scelsi – o mais antioperístico, o mais anti-italiano dos compositores italianos – fez 80 anos este ano. É uma descoberta recente nos arraiais da "música contemporânea". Recente e surpreendente. Surpreendente e misteriosa. Os dicionários de música não o mencionam. Tampouco as histórias, já numerosas, da música contemporânea. Quase tudo o que sei a seu respeito é o que consta da contracapa dos três discos que obtive de sua música na viagem que fiz à Europa em junho-julho deste ano.

Quem me deu a dica foi um jovem violonista e compositor gaúcho, Arthur Nestróvski. Quando estudava música na Inglaterra, em 1983, Arthur me mandou uma cópia de sua dissertação de mestrado, em que trata de um assunto fascinante: as relações entre a obra de Debussy e a de Poe e as óperas inacabadas do compositor sobre textos do poeta, *A Queda da Casa de Usher* e *O Diabo no Campanário*[1]. Trocamos correspondência. Dele recebi duas fitas com algumas novidades musicais: Wishart, Ferneyhough, Smalley, Philip Glass etc. Tudo muito interessante. Mas os 15 minutos de Scelsi (*4 Pezzi*, 1959) e os dez de Nancorrow (*Studies for Player Piano*) me impressionaram fortemente.

"Scelsi virou culto – mais um compositor 'esquecido' etc." – me dizia Arthur na carta de dezembro de 83, em que me anunciava o envio da fita com a pequena mostra do compositor italiano. O "culto" existe, realmente, e

* Publicado na *Folha de S. Paulo*, 8.9.1985.

1. A dissertação converteu-se, afinal, no livro *Debussy e Poe* (Porto Alegre, L&PM, 1986). Sobre a obra do compositor italiano Nestróvski veio a escrever um estudo divulgado pelo jornal *Zero Hora*, de Porto Alegre (9.11.1985). Nestróvski publicou também o primeiro estudo, entre nós, sobre a música de Brian Ferneyhough, compositor inglês adiante referido ("O mais Impopular dos Impopulares", *Folha de S. Paulo*, 5.1.1986).

é natural que assim seja, em face da tardia divulgação da sua obra. Jean-Noel von der Weid informa que o primeiro disco comercial de Scelsi a ser publicado por um grande editor foi o FY 103, distribuído em 1982 pela RCA de Paris, contendo os já referidos *4 Pezzi* (ou *4 Fragmentos sobre uma Nota Só*) e *Kya* (1959), *Okanagon* (1968) e *Pranam II* (1973), executados pelo *Ensemble 2e2m*, tendo Jean-Claude Brion como clarineta-solo e regência de Luca Pfaff. Scelsi tinha 77 anos. Um outro amigo, Paolo Scarnecchia, me conseguiu um disco italiano, de 1978, de um selo local, Ananda 3, onde aparecem *No* (1960) – quatro melodias para solo vocal, *Khoom* (1962) – para voz e seis instrumentos, e *Pranam I* (1972) – para voz, 12 instrumentos e fita magnética, com interpretações da cantora Michiko Hirayama e regência de Vieri Tosatti. Na melhor das hipóteses o compositor teria mais de 70 anos ao ser gravado pela primeira vez.

Encontrei ainda referências a duas outras gravações dos anos 80 (selos Fore 6 e Fore 80/13-14, respectivamente), a primeira com *Trilogia – as Três Idades do Homem*, *Dança de Shiva* (1967) e *Ko-Tha* (1978); e a segunda com *Quartetos de Corda* (1944 e 1964), *Duetos para 2 Violinos e para Violino e Violoncelo* (1972).

Um disco deste ano, que adquiri em Paris, veio somar-se à escassa discografia de Scelsi. Trata-se de *Musique Sacrée* (FY-119), contendo uma obra antiga, *Tre Canti Sacri* (1958) e outras mais novas, *Antífona* e *3 Preces Latinas* (1970) e *In Nomine Lucis I* e *V* (1974).

Já o compararam a Ives e a Varèse, nomes que nos ocorrem naturalmente pela história semelhante de rebeldia e marginalização. Morton Feldman – o irreverente discípulo de Cage e criador de composições pianíssimas, no limite do inaudível – o qualificou de "Charles Ives da Itália", mas, como observa Harry Halbreich, "o paralelo, ainda que tentador, não resiste a um exame aprofundado: aristocrata de nascimento, de espírito e de maneiras, Scelsi é um artista muito mais introvertido e obsessivo do que o americano da Nova Inglaterra, eclético e exuberante. Certamente, ambos trabalharam no isolamento e na obscuridade durante longos anos e nunca viveram da sua música, ambos são idealistas com uma forte base metafísica e religiosa, mas enquanto Ives produziu o essencial de sua obra entre os 20 e os 45 anos, ainda que tenha vivido até os 80, Scelsi continua a compor ainda hoje, e suas obras realmente importantes e originais foram produzidas depois dos seus 50 anos: de um total de 150 *opus* ele resolveu renegar a maioria de suas primeiras composições, de modo que a lista publicada por seu editor Schirmer contém apenas cerca de 85 títulos. Quanto ao universo espiritual de Scelsi, com sua fascinante síntese das filosofias religiosas do Oriente e do Ocidente, não há muita coisa em comum com o transcendentalismo de origem nitidamente protestante de Ives, enraizado no solo da Nova Inglaterra". Halbreich acha mais pertinente a comparação com Varèse, "outro pioneiro cuja linguagem tinha decênios de avanço em relação ao seu tempo e que viu igualmente aparecer seu primeiro disco comercial depois dos 70 anos. Por certo, a produção severamente limitada de Varèse contrasta com a abundância da de Scelsi, assim como o seu ateísmo lúcido opõe-se totalmente à profunda religiosidade do italiano. Mas aqui, ao menos, um paralelo é possível entre compositores mais aplicados à renovação radical do fenômeno sonoro em si mesmo do que a uma nova combinatória dos sons existentes – combinatória que, de sua parte, Scelsi havia esgotado na sua primeira fase serial".

Entre nós, o nome a ser lembrado seria o de Walter Smetak, o compositor suíço-baiano que morreu em 1984, aos 74 anos, com apenas dois discos – um editado em 1974, pela Philips, por iniciativa de Caetano Veloso e Gilberto Gil, outro (*Interregno*) em 1979, pela Fundação Cultural do Estado da Bahia – a registrar suas numerosas composições e invenções instrumentais. Duas características, pelo menos, em comum com Scelsi, à parte a dificuldade da divulgação do trabalho de ambos: o microtonalismo e o misticismo. Lembrar que Smetak, em entrevista a Renato de Moraes (1975), afirmou que "procurava diferenciar claramente o fazer som, um meio de despertar novas faculdades da percepção mental, e o fazer música, apenas um acalento para velhas faculdades da consciência". "Mais do que o mistério da música", lhe interessaria "o mistério do som".

Segundo Halbreich, Scelsi foi um dos primeiros compositores, fora do círculo dos vienenses, a utilizar o dodecafonismo de maneira ortodoxa (alguns anos antes do seu compatriota Dallapiccola); em meados de 1950, no entanto, teria abandonado esse caminho.

Os *4 Fragmentos sobre uma Nota Só*, terminados em 1959 (por coincidência o mesmo ano em que foi lançado o *Samba de uma Nota Só*, de Jobim/ Newton Mendonça, na voz-instrumento de João Gilberto) trazem já as marcas essenciais que iriam caracterizar a personalidade musical de Scelsi. Como explica Halbreich, os quatro movimentos dessa composição, feita para uma orquestra de câmara de 26 músicos, giram cada qual em torno de uma nota (fá, si, lá bemol, lá), variando apenas a entonação, através de microintervalos e glissandos, a articulação, a densidade, o timbre instrumental e a dinâmica. O resultado, para o ouvinte, é uma música estática e extática, de sons prolongados, que se deslocam uns dos outros numa espécie de *continuum* sonoro de ressonâncias nostálgicas, como uma sinfonia de muitos navios partindo para terras distantes. Uma música meditativa, porém perturbada, de quando em quando, por inflexões lancinantes, que lhe imprimem alta tensão dramática: como se fosse feita dos gemidos do Tempo e da Memória. Algo que tem a ver – sem propriamente se identificar com nenhuma outra música – com certas pesquisas de Varèse com durações e intensidades, ou (especialmente nas composições corais) com as vozes fugidias e hipercromatizadas de György Ligeti, cujas obras *Atmosphères*, *Lux Aeterna*, *Requiem* se tornaram conhecidas do grande público ao serem usadas na parte final de *2001 – Uma Odisseia no Espaço*, de Kubrik – a viagem do solitário astronauta Bowman para Júpiter. Smetak também andou atrás dos "sons longos", conforme esclarece na contracapa do seu segundo disco, *Interregno* (1979); passando a incorporar um órgão elétrico ao seu artesanato microtonal de cabaça-e-cordas exatamente para explorar esse estiramento do som, que interfere com as noções de tempo e espaço em nossa percepção.

Em Scelsi, o uso frequente da monodia, associada ao microtonalismo, contribui para o impressionante recorte musical, blocalmente despojado, em que se traduz o "delírio lúcido" de suas criações. Há um desnudamento de sons, mesmo nas instrumentações mais complexas, ao qual corresponde uma sobriedade vocal, que o leva, muitas vezes, a preferir o nu-e-cru das vozes-solo ou *a capella*. Sua música parece também prefigurar algo do "minimalismo" dos anos 70, na sua ascese monocórdica e na sua aparente simplificação do discurso sonoro.

Em uma de suas peças mais originais, *Okanagon* (um insólito trio para harpa, gongo e contrabaixo amplificado), os sons parecem provir de um bulbo acústico, como que um coração ressoante (*scordato strumento/cuore*, como dizem os versos de Montale) que pulsasse com as vibrações de uma estranha melancolia cósmica. As peças vocais, em muitos casos, dispensam os vocábulos, como nas composições interpretadas por Michiko Hirayama, ou centram-se obsessivamente numa só palavra ("Gesù", na *Antífona*), que tanto pode evocar as salmodias da Idade Média como projetar os seus melismas, dilatados até a quase dessemantização, na contemporaneidade de um som planetário.

A propósito dos *Canti Sacri*, que, sendo de 1958, antecipam de muito os voos corais microtonalizantes de Ligeti, o comentarista Jean-Noel von der Weid chega a falar de sons que dão a sensação de uma "onda petrificada, perpassada por ecos pungentes, que nos levam à essência mesma da música, para além da percepção auditiva".

As criações mais recentes são dos anos 70: as duas pequenas litanias de câmara, *Pranam* (a palavra identifica o gesto de saudação hindu), com sua rede de sons cumulativos, em longos vibratos e glissandos, e as peças para órgão-solo em semitons e quartos-de-tom, *In Nomine Lucis*, que exploram as ressonâncias do instrumento em inauditas tensões e distensões. Todas elas mantêm, incólume, a força hipnótica das primeiras obras, com uma intensidade, uma *virtù*, que não encontramos facilmente nos exercícios experimentais de tantos outros compositores.

Esse músico solitário, indiferente ao sucesso, não gosta de entrevistas e não se deixa fotografar. Nos três discos aparece apenas, em lugar da figura do compositor, o singelo signo zen correspondente ao sol (um círculo sobre uma linha), tendo abaixo a sua assinatura. Este é Scelsi. Outro velho novíssimo, Nancarrow, requer o espaço de outro artigo.

au niveau
du silence
la poussière
de toute chose

Poema de Giacinto Scelsi (manuscrito)

Página inicial de *Rotativa* (1930), composição do jovem Scelsi, no espírito da *machine music*.

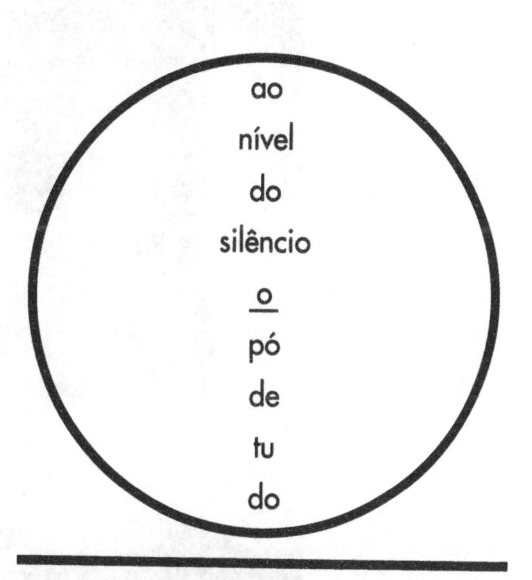

"Intradução: Pó de Tudo" (scelsi)
(Augusto de Campos, 1993)

o mesmo som (homenagem a Scelsi)
Augusto de Campos (1989-1992).

his

mUsiC ~~not~~ is at
th center
~~a circlE~~ of

of s i L ence
and
~~a~~ (Sound

~~sound~~ s I lence and.

John Cage '92

Mesóstico de John Cage dedicado a Scelsi (1992)

Escultura de Giacinto Scelsi (década de 60), inspirada no seu conceito de folhas vibratórias (as "folhas-sons" de *Il Sogno 101*). Museu de Arte Moderna de Roma.

Scelsi: o Celocanto da Música*

Uma referência que fiz a Giacinto Scelsi, na palestra "Poesia Concreta: Una Non-Lettura", por mim proferida em Roma, em 25 de novembro de 1991, me proporcionou uma extraordinária soma de novas informações sobre o grande compositor italiano. É que, para minha fortuna, assistiam à conferência alguns "scelsianos", que vieram, depois, falar comigo, um tanto perplexos com o fato de um brasileiro conhecer a obra do músico, até há pouco ignorado e ainda agora escassamente reconhecido na própria Itália. Entre eles encontrava-se um irmão de Luciano Martinis, o principal animador da Fundação Isabella Scelsi, instituída para preservar a música e a memória do compositor. Luciano, que vim a conhecer pouco depois, me levou ao seu estúdio, onde pude tomar contato com a notável coletânea que vem publicando desde 1982 por sua editora, sob a exótica rubrica Le Parole Gelate: livros não comerciais de poesia e de ideias, quase todos de tiragem limitada e requintada fatura, tendo Scelsi como principal centro de interesses. Destes, eu conhecia apenas a indispensável monografia *Giacinto Scelsi* (1985), que contém diversos estudos críticos, acompanhados de relação completa de composições e da discografia e bibliografia existentes até a época. Obras de destacados poetas da vanguarda italiana, como Ugo Carrega e Giovanna Sandri, e ensaios valiosos como *aero... futurismo e il mito del volo* (1985), de Claudia Salaris, sobre a "mitologia aviatória" no futurismo, fazem parte do acervo de publicações da editora, que abrange também uma revista semestral, de grande formato, *Le Parole Rampanti*, cujo n. 2 (1985) foi todo dedicado aos 80 anos de Scelsi. Luciano Martinis está ainda envolvido em outros projetos relacionados ao compositor, como a produção de discos de sua música.

Mas quem é, afinal, esse Scelsi em torno ao qual se estabeleceu tão amoroso e renitente culto na Itália, e também na França, na Alemanha? Os leitores que se interessam por música contemporânea lembrar-se-ão, talvez, do artigo que publiquei na *Folha de S. Paulo*, em 8 de setembro de 1985, sob o título "Giacinto Scelsi, um Velho Novíssimo". Nele eu chamava a atenção para a originalidade da obra do músico marginalizado, "o mais antioperístico, o mais

* Publicado na *Folha de S. Paulo*, 2.5.1993.

anti-italiano dos compositores italianos", que só depois dos 70 anos começara a ser descoberto pela e para a música contemporânea – um mestre radical do microtonalismo, criador de obras inquietantes, a partir de um único som, de cujas ressonâncias e variações resultaria uma música meditativa, de grande impacto, perturbada por inflexões lancinantes a imprimir-lhe alta tensão dramática: como se fosse feita dos gemidos do Tempo e da Memória. Passei, então, em revista os discos que adquirira em viagens à Europa, desde uma gravação do pioneiro selo italiano Ananda, dos anos 70, aos registros lançados em Paris a partir de 1982, época em que surgem os primeiros discos comerciais de Scelsi publicados por um editor de renome, contendo obras fundamentais como os *4 Fragmentos sobre uma Nota Só*, de 1959. Admirada por Cage e Ligeti, Xenakis e Morton Feldman, que a comparou à de Charles Ives, a obra de Scelsi surpreendeu e maravilhou a crítica europeia dos anos 80. "Onda petrificada, perpassada por ecos pungentes, que nos levam à essência mesma da música, para além da percepção auditiva", exclamou Jean-Noel von der Weid, diante dos *Canti Sacri*, de 1958, precursores dos voos corais microintervalares de Ligeti. "Polícroma monotonia", "esfumaturas dinâmicas", foram expressões cunhadas por Hans Rudolf Zeller para descrever alguns dos seus processos compositivos. Para Eric Antoni, ele praticava o "ioga do som". Martin Zenck, em termos mais estritamente técnicos, entende que sua música "elabora o novo material sonoro de modo intrassônico: o conceito de harmonia torna-se como que espectral. Os sons que se movem no espaço, assim como a sua sintaxe, são aqui referidos ao espaço dos harmônicos superiores – às relações espectrais".

Passou despercebida aos grandes veículos de comunicação a morte de Scelsi, ocorrida em 9 de agosto de 1988. Que eu saiba, nenhum jornal brasileiro sequer a noticiou. É verdade que Scelsi nunca fez muito pela divulgação de suas obras. Não dava entrevistas. Não se deixava fotografar. Nem mesmo se considerava um compositor, afirmando-se, antes, um mero intermediário, "um instrumento transmissor de alguma coisa maior do que ele", "um simples carteiro, com as solas gastas, entregando daguerreótipos cheios de sonhos...". Por vezes, nem assinava os seus trabalhos, limitando-se a apor-lhes uma rubrica zen, um simples círculo sublinhado por um traço, a sugerir tanto o nascer como o pôr do sol. É grandeza demais para um mundo demasiado pequeno, dominado pelo narcisismo e pela ânsia do sucesso. Sob certo aspecto, o caso-Scelsi me faz lembrar outro, mais conhecido, o do grande pianista Glenn Gould, que, aos 32 anos, em 1964, abandonou uma extraordinária carreira de concertista, para passar a tocar exclusivamente em estúdios de gravação, onde aprimorava, com micrométrico rigor, as suas execuções, regendo sofisticadas mesas de som: concluíra que as apresentações públicas induzem fatalmente a uma média comunicativa desfavorável à perfeição técnica e que, em última análise, a maior parte dos frequentadores de auditórios ali estava menos para ouvir música do que para assistir a um espetáculo... São dois casos-limite de nobreza espiritual, que se não podem ser generalizados ou imitados facilmente, merecem ser lembrados para ao menos servirem de inspiração edificante aos que, de fato, amam a arte e não apenas as suas transitórias benesses. Não se trata, aqui, de renúncia – pois ambos continuaram o seu trabalho artístico – mas de desprendimento, como postulava Scelsi.

Depois que o compositor morreu, surgiram novos discos recobrindo áreas cada vez mais significativas de sua criação, que monta a mais de cem obras, das numerosas peças para instrumentos-solo à música orquestral, da voz monódica aos grandes corais. Entre 1988 e 1990, com a marca da Accord e distribuição da Musidisc, saíram três CDs, abarcando um grande leque de composições, desde antigos estudos, como *Quatro Illustrazioni* e *Cinque Incantesimi* (1953) para piano – na confluência de Scriabin e Schoenberg e das melodias e ritmos hindus –, onde já assomam os *clusters*, as ressonâncias e as obsessões monocórdicas do Scelsi maduro, até as obras mais recentes como *L'Ame Ailé/L'Ame Ouverte* (1973) para violino solo, ou *Pfhat* (1974) para coro, órgão e orquestra. Na etiqueta ADDA, em coprodução com a Radio France e a Editora Salabert, o conjunto de câmera Ensemble 2e2M gravou, sob a regência de Paul Méfano, outra série de preciosidades que incluem, também, composições de todos os períodos, do *Poème pour Piano n. 2* ("Comme un cri traverse le cerveau", ou "Como um Grito Atravessa o Cérebro"), de 1936/1939 – a mais remota obra de Scelsi já gravada –, uma peça que procede das mais desafiadoras especulações sonoras do último Scriabin, até *Kho-lo*, para flauta e clarineta, e *Maknongan* para contrafagote, ambas de 1976, explorando as ascéticas monodias scelsianas para um ou dois instrumentos. (Os títulos extravagantes são extraídos, na maior parte, do hindu.) A etiqueta Wergo, por seu turno, reeditou os *Cantos de Capricórnio* (1962/1972), para voz-solo – já em parte divulgados pela Ananda, no final da década de 70 – na magnífica leitura da soprano japonesa Michiko Hirayama. Radicada em Roma desde os anos 60, ela se tornou a principal intérprete das composições pré-silábicas de Scelsi, nas quais injetou inflexões e técnicas oriundas da tradição do *Nô* e do *Kabuki*. Canções originalíssimas, que prescindem das palavras e onde o vocalise pode associar-se inesperadamente a instrumentos como o saxofone, o gongo, ou a percussão, por vezes com a colaboração da própria cantora, que no belíssimo *Canto 19* usa o sopro da voz para emitir sons simultâneos numa flauta-baixo, com extraordinário efeito encantatório. Por fim, a Fundação Isabella Scelsi, em coprodução com a WDR e a Editora Salabert, encarregou-se de registrar, num CD duplo, com o Quarteto Arditi, a integral dos quartetos para cordas, e mais duas peças importantes: o *Trio para Cordas n. 3*, de 1963, e *Khoom* (1962), para soprano e seis instrumentos, com o concurso de Michiko Hirayama e a regência de Aldo Brizzi.

Há muitas novidades no largo panorama de obras descortinado por essas novas gravações, muitas das quais constituem primeiros registros mundiais. Os aficionados da música contemporânea podem conhecer o *Quarteto n. 4* (1964), que um Lp do selo Mainstream divulgou, em fins de 1970, na nobre companhia de peças para cordas de Pierre Boulez e Earl Brown. Obra fascinante, que já foi conceituada como uma composição "orquestral" para 16 cordas, de vez que estas são tratadas individualmente em pautas separadas, segundo a técnica da *scordatura*, ou afinação não convencional. Mais surpreendente ainda é o *Quarteto n.* 5, a última criação de Scelsi, terminada em 1984 e dedicada à memória do poeta Henri Michaux, seu grande amigo, falecido nesse ano. A composição desenvolve um procedimento que Scelsi instaurara em *Aïtsi* (1974), para piano amplificado eletronicamente, que teve o seu primeiro registro fonográfico no mesmo ano (1990), no já mencionado CD da etiqueta ADDA. Durante seis minutos, o mesmo som (a nota fá) é reiterado 43 vezes, em variações que vão do som simples até os agregados e *clusters*, com alternâncias de ataque e articulação, duração e intensidade e múltiplas ressonâncias – sons e ruídos da mesma matriz, que nos atingem como gestos primais, mantras inusitados como que a sinalizar o conflito entre a afirmação da vida e a opacidade da morte. "Uma estela funerária austera e nua, como que talhada em bronze, de efeito perturbador, que se pode também considerar como o próprio Requiem de Scelsi", nas palavras de Harry Halbreich, um dos mais abalizados exegetas de sua obra. Impressionante é também *Konx-om-pax*, de 1969, para coro e orquestra (o título significa "paz" em assírio antigo, sânscrito e latim), onde a sílaba sagrada do budismo, Om, entoada sobre o lá, emerge e submerge majestosamente das justaposições corais em meio a camadas de sons interdeslizantes produzidas pelos glissandos e cromatismos massivos dos grupos de instrumentos. Em *Pfhat* (1974), que tem por subtítulo "Un lampo... e il cielo si aprì" ("Um clarão... e o céu se abriu"), com formação semelhante à peça anterior, o coro, no primeiro movimento, limita-se a respirar; o segundo movimento, curtíssimo, é constituído por um único *cluster*; o terceiro evolui da quietude a um novo e gigantesco agregado sonoro (o "clarão"?) que envolve orquestra e coro num crescendo tão veemente como o famoso clímax das *6 Peças para Orquestra*, Opus n. 6, de Webern; depois de uma pausa, "o céu se abre" no quarto movimento, todo ele ocupado pelo incessante retinir de pequenos sinos tocados pelos integrantes do coro. Dentre as peças mais antigas, chamou-me a atenção a denominada *Coelocanth*, de 1955, para viola solo, in-cluída num dos CDs já referidos, da Accord, já pela bizarria do título, que, por uma sutil variação vocálica (*coelo* em lugar de *coela*) transforma em "canto celeste" o nome do "celacanto", peixe pré-histórico que julgavam extinto e que veio a ser redescoberto por aquela época nas profundezas do Oceano Índico. Essa obra assinala o abandono do universo tonal pelo compositor, em sua melodia fugidia atravessada por insólitas interferências (uma surdina aplicada numa só corda e toques *col legno* em certas passagens). Parente próximo dos ancestrais dos vertebrados que habitavam a terra há quatrocentos milhões de anos atrás, o celacanto é quase um fóssil vivo, de hábitos noturnos e solitários, cujo mundo sensorial elétrico, totalmente estranho aos seres humanos, ainda hoje desafia a imaginação dos biólogos. Não estaria aí uma personificação do próprio Scelsi, o "celocanto" da música contemporânea?

Outra novidade são os livros de poesia e de ideias revelados pela editora Le Parole Gelate. Livros de poesia, reeditados em 1988 (todos escritos em francês): *Le Poids Net* (1949), *L'Archipel Nocturne* (1954), *La Conscience Aigüe* (1955). Embora sem a originalidade e a consistência das obras musicais, os poemas de Scelsi interessam pelo que revelam de suas concepções e visão do mundo. De linguagem concisa e abstrata, eles se radicalizam no último volume, que corresponde à maturidade do estilo musical do compositor, chegando a incorporar a espacialização tipográfica às suas breves e enigmáticas reflexões poéticas:

Imensa
a triste opacidade das coisas
dilacera em nós o espaço
bruscamente revelado
enquanto nasce
do imo do vazio
e da noite
a ideia
única
sem
fim

•

D O OLHAR A
E NO CENTRO I
U C
M R
A É
BRANCA IN

RECONSTITUI O FUTURO
ENGOLIDO

Os outros livros são de mais difícil classificação. *Art et Connaissance*, publicado em 1982 numa elegante edição com tiragem de apenas 244 cópias numeradas, vem acompanhado de nota que esclarece tratar-se de conversas improvisadas entre amigos, gravadas em 1953-1954. Aí estão, dispersos, muitos dos pontos de vista do compositor, tanto teóricos quanto práticos, alguns surpreendentes e esclarecedores como por exemplo a sua discordância dos surrealistas: "eles não superaram as camadas superficiais do sonho e do inconsciente". Obras mais específicas de teoria musical foram publicadas em 1991 pela Fundação Isabella Scelsi: *Évolution du Rythme*, *Évolution de l'Harmonie*. Ainda menos fácil de qualificar é o livro *Cercles*, de 1986, reunindo uma série de aforismos poético-filosóficos e até mesmo um poema sem palavras, *Transfiguration*, composto de figuras geométricas que vão do triângulo ao círculo, passando por transformações poligonais intermediárias. Essas figuras nos remetem a mais uma curiosa criação de Scelsi, o livro *Il Sogno 101* (*2ª Parte – Il Ritorno*), de 1982, publicado, por vontade do autor, sem o seu nome, portando apenas o seu signo ideogrâmico, com a seguinte nota: "esta narrativa foi gravada diretamente pelo Autor em fita magnética na noite de 27/28 de dezembro de 1980 e depois fielmente transcrita por R. S.". Trata-se, de fato, de um espantoso relato de vida-após-a-morte, feito na primeira pessoa, em linhas cortadas como versos, no qual o narrador – trespassado de luzes e espirais, visitado por fantasmagorias da memória e exposto a toda uma floresta sonora (bolhas-som, sons-folhas, sons-sóis, sóis-tons-espaços, sons-espaço-tempo) – descreve a sua transformação primeiro em triângulo e depois em pentágono, hexágono, octógono, até chegar ao círculo, de onde retorna, incapaz de fixar-se nesses estágios superiores, ao ovo humano: "Ancora una volta / devo attendere / la luce". Tudo descrito de forma tão natural e direta que dá a sensação de uma experiência realmente vivida, tão perturbadora e tão pungente como a própria obra musical de Scelsi.

Num depoimento de 1991 (divulgado pela revista *i suoni, le onde...* n. 2, da Fundação Isabella Scelsi, do mesmo ano), afirmou Cage: "O que há de mais interessante para mim na música de Scelsi é a concentração num único som ou numa situação muito limitada de alturas musicais. Lembra-me a 'escrita branca' de Mark Tobey em pintura. É uma situação em que a atenção fica tão concentrada que as mínimas diferenças se tornam, no caso de Tobey, visíveis, e no caso de Scelsi, audíveis. É claro que esta é uma atividade tão extrema que não pode ser muito concorrida. Pouca gente faz o que Scelsi fez. Eu não sei de ninguém. Mas é indo a tais extremos que se realiza uma obra realmente importante". Scelsi, por sua vez, manifestava grande apreço pessoal pelo músico americano, conforme se lê nos fragmentos de uma conversa registrada por Luciano Martinis em 1988, revelados pela mesma revista. Para o crítico Heinz-Klaus Metzger, ainda que tivessem em comum a inspiração budista e a disciplina do ego, Cage e Scelsi estariam nas antípodas um do outro. Cage, acolhendo de bom grado, em suas obras mais provocativas, a intromissão de quaisquer ruídos eventuais; Scelsi, na busca obstinada do som, rejeitando todas as interferências a ele exteriores – uma postura que se refletiria nas suas próprias atitudes pessoais: certa vez, incomodado pelo ruído persistente da água a gotejar de uma calha quebrada, encerrou-se no armário de um apartamento de hotel e lá passou toda a noite. E isso nos leva à misteriosa personalidade de Scelsi, tão exótica como a sua própria música.

Scelsi nasceu na cidade de La Spezia em 1905, de ascendência nobre e abastada, ao que se afirma. Iniciou em Roma o seu aprendizado musical. Da década de 20 em diante, até princípios dos anos 50, fez numerosas viagens à África e ao Oriente e passou largas temporadas no exterior, especialmente na França e na Suíça. Em Genebra foi aluno de Egon Koehler, que o iniciou no sistema composicional de Scriabin. Entre 1935/1936, em Viena, Walter Klein, aluno de Schoenberg, o introduziu no dodecafonismo, de que foi o primeiro praticante italiano, antecedendo ao seu conterrâneo Luigi Dallapiccola. Sua primeira composição, *Rotativa* (1929), para três pianos, metais e percussão, parece vincular-se à *machine music* da época, que, procedendo do futurismo, entusiasmou Antheil e Pound. Depois, num grande giro experimental, vieram as peças scriabinianas e dodecafônicas. Na década de 50, após uma longa crise, abandona o serialismo estrito, abraça a filosofia oriental e se encaminha definitivamente para a atomização sonora que caracteriza o seu estilo da maturidade. De volta a Roma, em 1951/1952, leva uma vida retirada e solitária, participando, no entanto, ao lado de Franco Evangelisti e outros, do grupo Nuova Consonanza, que organiza concertos de música contemporânea, uma atividade que ele já desenvolvera pioneiramente, em 1937/1938, com Goffredo Petrassi. Respeitando a proibição do compositor, os seus amigos não divulgam fotografias dele. Luciano mostrou-me, em particular, uma velha partitura em que havia uma foto de Scelsi, ainda jovem – uma figura serena, de olhos claros e traços aristocráticos, que me fez lembrar alguma coisa de Bela Bartok. Conta Heinz-Klaus Metzger que Scelsi fora um menino muito bonito, de longos cabelos dourados, e que, por causa de uma excessiva sensibilidade dolorosa, não deixava que ninguém o penteasse, nem mesmo a mãe ou a ama. Criança ainda, sem qualquer iniciação musical, gostava de improvisar ao piano e, quando o fazia, ficava num estado de tal absorção que permitia, então, que outros o penteassem. Mais tarde, já adulto, passou a ser afetado por uma singular neurastenia: a sensação de que dedos estranhos passavam dolorosamente entre os seus cabelos. Internou-se numa casa de saúde, mas os médicos, depois de algum tempo, incapazes de achar cura para o seu mal, deram-no por desenganado, registrando como sintoma de agravamento da doença o seu hábito crescente de tocar, por horas, ao piano a mesma nota, até que se extinguisse. Foi, talvez, essa "nota só", sistematizada e desenvolvida, que o salvou, nas asas do Budismo Zen, da profunda crise artística e espiritual que o acometeu por muitos anos – o seu "mal de Usher". Uma das fixações de Scelsi era o número 8 (que ele naturalmente associava ao símbolo do infinito). Nascido em 8 de janeiro de 1905, morava há muitos anos numa casa da Via San Teodoro n. 8, à vista do Antigo Fórum Romano. Morreu nessa casa (hoje sede da Fundação que leva o nome de sua irmã, também já falecida), octogenário, após um ataque cardíaco que começou no dia 8.8.1988 e teve seu desenlace no dia seguinte. (A propósito, o artigo anterior que escrevi sobre ele foi publicado num dia 8 no 8º Caderno – Ilustrada – da *Folha de S. Paulo.*) A suma de suas ideias sobre a vida e sobre a arte está compendiada num *Octólogo*, que Luciano Martinis fez editar num belo livro de amplas dimensões e de apenas 323 cópias, terminado de imprimir expressamente em 8 de janeiro de 1987. Em suas 8 páginas, em 8 idiomas, do hebraico ao italiano, lê-se apenas o seguinte:

1.
Não se tornar opaco
nem se deixar opacizar

2.
Não pensar
deixar que pensem
os que precisam pensar

3.
Não a renúncia
mas o desprendimento

4.
Aspirar a tudo
e não querer nada

5.
Entre o homem e a mulher
a união
não o ajuntamento

6.
Fazer Arte
sem arte

7.
Ser o filho
e o pai de si mesmo
Não olvidá-lo

8.
Não diminuir
o significado
do que não se compreende.

A Pianola Explosiva de Nancarrow*

Nova, novíssima, é a música do velho Conlon Nancarrow, nascido em 1912, como Cage, que o admira, e tanto, que escreveu este mesóstico – reproduzido em *Empty Words* (*Palavras Vazias*), 1979 – em louvor à originalidade de suas criações:

the musiC
yOu make
isN't
Like
any Other:
thaNk you

oNce you
sAid
wheN you thought of
musiC
you Always
thought of youR own
neveR
Of anybody else's.
that's hoW it happens.

o que daria em português – excluída a última linha ("é como ela acontece"), que não se pode traduzir no mesóstico para não perder o "W" – mais ou menos o seguinte:

* Publicado na *Folha de S. Paulo*, 14.9.1985.

a músiCa
que vOcê faz
Não é
iguaL a
nenhuma Outra:
Nós lhe agradecemos.

Não faz muito
você fAlou que
quaNdo pensava em
músiCa
pensAva sempre
na sua própRia
sem pensaR
na dOs outros.
that's hoW it happens.

Essa admiração é compartilhada por György Ligeti, que, em carta de 1981 a Charles Amirkhanian, faz este enorme elogio ao compositor, contando como o descobriu: "No último verão, encontrei numa loja em Paris os discos da música de Conlon Nancarrow (volumes 1 e 2). Ouvi-os e fiquei entusiasmado. Esta música é a grande descoberta desde Webern e Ives... algo grandioso e importante para toda a história da música! Sua música é tão extraordinariamente original, agradável, perfeitamente construída mas ao mesmo tempo emotiva... para mim é a melhor música de qualquer compositor vivo que se faz hoje".

Arthur Nestróvski, a quem devo a revelação desse compositor tão especial, e tão especialmente louvado, vem de escrever no jornal *Zero Hora*, de Porto Alegre, um excelente artigo – e creio que, também, o primeiro entre nós – sobre ele[1].

Não se sabe grande coisa sobre a vida de Nancarrow. Nasceu em Texarcana, Arkansas. Estudou música em Cincinatti e em Boston com Walter Piston, Nicolas Slonimsky e Roger Sessions. Em 1937 lutou contra Franco, na Espanha, na "Lincoln Brigade". Ao regressar aos Estados Unidos, em 1939, sofreu perseguições políticas por parte do governo norte-americano, acabando por transferir-se em 1940 para a Cidade do México, onde vive até hoje, tendo-se naturalizado mexicano a partir de 1956.

1. Publicado no jornal *Zero Hora* de Porto Alegre (10.8.1985). Nestróvski voltaria ao tema em novo texto estampado em *O Estado de São Paulo*, sob o título "As Deliciosas Dificuldades do Mago da Pianola".

Toccata

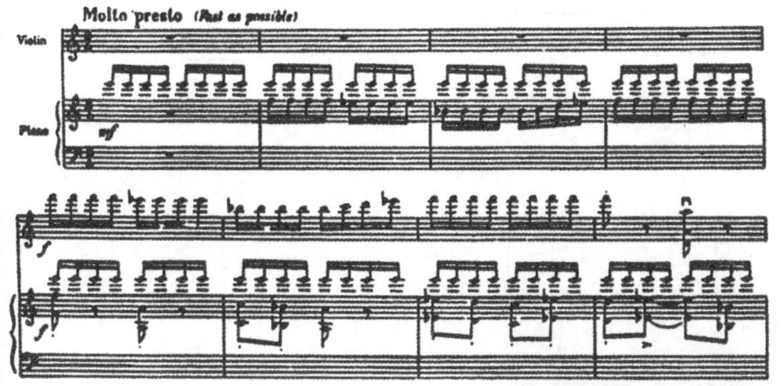

Início da *Toccata para Violino e Piano*, uma velha composição de Nancarrow, (1937), na qual já se desenha o estilo que Peter Garland denominou de "metralhadora staccato", um mi agudo é repetido 200 vezes no piano antes de se dissolver num glissando fortíssimo.

Conlon Nancarrow, 1983. "Um jovem e miúdo papai-noel" – na expressão de Bob Doerschuk. No passado lutou contra Franco na Espanha, integrando a Abraham Lincoln Brigade.

Trecho de composição de Nancarrow para piano mecânico.
Nancarrow, trabalhando na marcação dos rolos mecânicos, em seu estúdio (1983).

A revelação de Nancarrow teria eclodido nos anos 80, quando sua obra começou a aparecer em disco nos Estados Unidos, onde ele veio a fazer sua primeira apresentação em concerto somente em 1981, após cerca de quarenta anos de exílio. Segundo Amirkhanian, que vem editando a obra completa de Nancarrow em disco, tal apresentação, para a qual Nancarrow veio como convidado de honra da New Music America '81, em São Francisco, foi saudada como a sua "volta ao lar" e teve grande repercussão em todo o país. Em agosto de 1982, voltou a ser convidado para participar, com John Cage e Lou Harrison, do 20º Festival de Música Cabrillo na Califórnia. No mesmo ano, Nancarrow comemoraria os seus 70 anos com uma viagem à Europa, executando suas obras em cidades da Áustria e da Alemanha, e, finalmente, no famoso IRCAM de Paris, o Instituto da Música do Centro Georges Pompidou, dirigido por Pierre Boulez.

Curiosamente, quase toda a originalíssima música de Nancarrow é concebida para um único "instrumento": a pianola. Por incrível que pareça, ele consegue extrair dos rolos mecânicos as mais insólitas e variegadas combinações – verdadeiras cascatas sonoras, em ritmos e tempos imprevisíveis e, algumas vezes, impossíveis de execução humana, mas que não soam inumanos, cerebrais ou artificiais, e sim, recarregados de vida e emoção, provocativos, energéticos. Talvez para isso contribua a sua experiência com o jazz e com a música popular, pois ele tocava trumpete na década de 30 e seus primeiros estudos para a pianola, em 1949, foram uma série de peças derivadas de *blues* e *boogie-woogie*. Afirma Arthur Nestróvski, no artigo mencionado: "A grande vantagem da pianola reside no fato de que, uma vez gravado o rolo metálico com a precisão para reproduzir as ideias sonoras do compositor, desaparece o problema da *performance*. Altas velocidades, mudanças graduais de pulso, superposições de pulsos independentes, arabescos vertiginosos – tudo é tão fácil para a pianola como a mais trivial melodia. Nancarrow aprendeu a marcar os rolos metálicos e logo inventou uma máquina acessória que permite 'executar' mudanças contínuas de pulso (acelerações e desacelerações contínuas) e não somente as mudanças graduadas que permite uma máquina comum. A seguir, modificou os martelos de suas duas pianolas, para obter uma sonoridade mais precisa, menos pianística, mais próxima dos instrumentos de percussão. Após o processo de composição propriamente dita, a marcação dos rolos metálicos para uma peça pode levar até nove ou dez meses de trabalho diário (para marcar cerca de cinco minutos de música...)".

Enfatizando a distinção musical entre ritmo e tempo ou pulso (a velocidade real em que um ritmo é executado), Arthur Nestróvski destaca uma frase de uma entrevista de Nancarrow que é extremamente autodefinidora: "Minha música move-se através de choques de tempo". Ao contrário da música de Scelsi, que conduz à meditação e à interiorização, a de Nancarrow, não menos hipnótica, é uma fonte ininterrupta de estímulos dinamogênicos, já que atua por alternâncias, superposições e conflitos de ritmos e pulsos.

Nestróvski lembra o interesse demonstrado por Henry Cowell, o inventor dos *clusters* pianísticos, já em 1930, no seu livro teórico *New Musical Resources*, pelas possibilidades da pianola. Conviria acentuar que Stravínski não deixou de fazer uma pequena incursão nessa área, no seu *Estudo para Pianola (Madri)*, composto em 1917 e estreado no Aeolian Hall de Londres, em 1921. O breve *divertissement* Stravínskiano pode ser ouvido, ao lado de obras muito mais consequentes, como as ácidas e percussivas *3 Peças para Quarteto de Cordas*, de 1914, e a *Canção do Rouxinol*, de 1917, num dos belos discos da série Boulez/Stravínski, da RCA (ARL1-4453, editado em 1982).

Não seria despropositado trazer à baila aqui as predições e invectivas de Ezra Pound contra o piano (chamado desdenhosamente de *pye-ano*) e em favor de George Antheil (o autor do polêmico *Ballet Méchanique*, de 1926) e da "música da máquina".

"The pianola 'replaces'/Sappho's barbitos" – isto é, a pianola "abafa" o bárbitos (ou alaúde) de Safo – dizia o poeta, na *persona* decadentista de Hugh Selwyn Mauberley, em 1920.

Na série de artigos sobre música que escreveu por essa época e que foram depois reunidos no volume *Antheil and The Treatise on Harmony* (*Antheil e o Tratado de Harmonia*), Paris, 1924, em grande parte influenciados pelos experimentos e pelas anotações do jovem Antheil, o musicista Pound toca em muitos problemas que iriam interessar à música do futuro: "a *decomposição* do átomo musical" (via Stravínski e Antheil), a música no espaço-tempo, com o fator tempo afetando as relações espaciais, a exploração da natureza percussiva do piano, a música da máquina ("machines are musical").

A pianola não deixa de entrar nas suas cogitações. "Tecnicamente, Antheil descobriu a Pleyela, e libertou-se da ignomínia: agora é um instrumento, não uma pobre imitadora do piano" – afirma ele. E ainda: "Antevejo, talvez não muito infundadamente, o dia em que o piano será como o trole, com o qual nem um pouco se parece, e em que o pianista será como o motorista de carro, pelo menos quando se tenha em vista a sala de concerto. Mas o instrumento sobreviverá conosco, pois existe a pianola, e, se por algum tempo, é necessário treinar acrobatas para tocar Bach-Busoni para os discos de pianola, certamente a invenção humana induzirá a um meio – e já o descobriu – de fazer discos diretamente. O compositor futuro fará sua obra, não com uma pena mas com uma pinça (*not with a pen but a punch*)". E mais: "O futuro da música de piano está no jazz e podemos esperar um aparelho muito mais barulhento e mais variado com conexões para xilofone, assobio e gongo nas oitavas agudas e sólidas barras de ferro no baixo. O novo e próximo implemento, ao que se induz, apresentará muito mais vantagens sobre o *pye--ano* do que o original pianoforte sobre os seus antecessores".

R. Murray Schafer, o organizador do livro *Ezra Pound and Music* (*The Complete Criticism*), 1977, que contém os escritos poundianos sobre música, esclarece que Antheil originalmente pretendia orquestrar o seu *Ballet Méchanique* para 16 pianolas, mas teve de abandonar a ideia diante da inviabilidade de resolver o problema da sincronização. Mesmo assim, chegou a preparar uma versão para uma única pianola, que teve uma apresentação na sala Pleyel, assistida por James Joyce, Sylvia Beach e Robert McAlmon.

Um outro estudioso dos aspectos musicais da personalidade de Pound, o compositor Ned Rorem, em seu artigo "O Músico Ezra Pound" (que serviu de prefácio a uma nova edição do *Tratado de Harmonia* do poeta) teve a sensibilidade de associar as suas anotações fragmentárias aos pronunciamentos idiossincráticos de Ives e aos diários não ortodoxos de Cage. Por acaso, Rorem, que como compositor parece bastante conservador, demonstra ter tomado conhecimento da música de Nancarrow. Em seu estudo "Para Onde Vai a Nossa Música", incluído, como o anterior, em *Music and People* (1968), editado entre nós pela Cultrix (*Música e Gente*, 1970), ele fala de um encontro com Aaron Copland, que terminou "com uma audição de fitas gravadas de um certo Conlon Nancarrow, um americano exilado no México que desde a década de trinta compõe laboriosamente para rolos de pianola com impressionantes resultados..."

E assim voltamos ao nosso tema principal. Até 1981, Nancarrow completara 44 estudos para pianola. Com a recente publicação em disco do 4º volume desses estudos (1750 Arch Records S-1798), em 1984, ficou documentada quase toda a sua produção do período pré-1977. Outros são prometidos. Cabe perguntar: quando é que as nossas gravadoras assumirão o risco de servir ao nosso público o biscoito fino de Nancarrow?

O "bad boy" entrando pela janela em seu apartamento sobre a Livraria Shakespeare & Co. (Paris, 1925).

Balé Mecânico na Era Eletrônica*

Os avanços da tecnologia na Era Eletrônica, que a humanidade já começou a vivenciar, não influem apenas no futuro, mas também no passado, permitindo avaliar com olhos novos, quando não recuperar ou regenerar, informações que, à sua época, não puderam se patentear totalmente e acabaram bloqueadas, talvez por estarem à frente do seu tempo, como antenas premonitoras da raça. (Ezra Pound: *artists are the antennae of the race.*)

Este parece ser o caso do compositor americano George Antheil, cujas concepções inovadoras, sem possibilidade de veiculação adequada e sem estímulo receptivo, findaram por conduzi-lo ao impasse e à anulação artística, depois de ter protagonizado um dos mais notáveis "fracassos" (eu ia dizendo "sucessos") "de escândalo" da música moderna com seu *Ballet Mécanique*, nos privilegiados anos 20.

O que suscita estas considerações é a "recriação digital", em 1989, pelo regente e pesquisador Maurice Peress e uma excelente equipe de músicos, do Concerto que Antheil realizou em 10 de abril de 1927, no Carnegie Hall, e que abrangia, além das versões completas do *Ballet Mécanique* e da *Sinfonia de Jazz* (ambos de 1925), a *Segunda Sonata para Violino, Piano e Tambor* (1923) e o *Quarteto para Cordas nº 1* (1924). O trabalho de recuperação musical está documentado, como *world première recording*, num CD do selo Music Masters, de 1992. No folheto que acompanha o compacto se afirma que, tendo causado tumulto em 1926 no Théâtre des Champs-Élysées de Paris, e, no ano seguinte, no Carnegie Hall, tornando-se um dos acontecimentos mais controvertidos da história da música americana, o *Ballet Mécanique* não teve nenhuma outra audição pública por 62 anos, até que Maurice Peress localizasse a partitura original e reencenasse o concerto de 1927 no mesmo Carnegie Hall, em 12 de julho de 1989.

A afirmação comporta uma ressalva. Pelo menos duas apresentações intercorreram. A primeira se deu em Nova York, em 20 de fevereiro de 1954, sob a regência de Carlos Surinach, com a presença do autor, e foi muito aplaudida, tendo parecido a um crítico do *New York Times* "a versão ampliada de um

* Publicado na *Folha de S. Paulo*, 17.9.1995.

gamelão balinês", conforme o relato de Gilbert Chase (*America's Music From the Pilgrims to the Present*, 1955, traduzida em português com o título *Do Salmo ao Jazz*, 1957). A segunda teve lugar em Amsterdã, em 1976, sob a prestigiosa regência de Reinbert de Leeuw, com o Grupo de Sopros Holandês, em 1976, num concerto que compreendeu também a *Sinfonia de Jazz* e as *Sonatas para Violino e Piano* de 1923. O concerto foi gravado ao vivo pela Harlekijn num LP que, por milagre, chegou ao Brasil, reprensado pela Telefunken-Chantecler em 1978. O que acontece – evidencia-se agora – é que as duas apresentações constituem versões abreviadas (com 15 ou 18 minutos em lugar de meia hora de duração!) e com instrumentação incompleta. Num e noutro caso os músicos se basearam na versão reduzida e amaciada que o próprio Antheil elaborou em 1952[1]. E isso faz uma grande diferença.

A partitura original do *Ballet* chegou a prever o uso de 16 pianos mecânicos sincronizados a um único mecanismo de rolos (depois o autor se contentou com uma pianola e diversos pianos), além de sinos elétricos com 11 diferentes alturas, sirenes e hélices de avião. Nenhuma das apresentações anteriores à de Maurice Peress pôde realizar integralmente a orquestração prevista. A versão abreviada suprimiu o piano mecânico e encurtou drasticamente a peça, eliminando os *loopings* musicais e as longas pausas da parte final. Nem a *Sinfonia de Jazz* passou incólume à revisão do compositor arrependido. A orquestração inicial de 1920, concebida pelo *band-leader* Paul Whiteman, era francamente jazzística, com saxofones, oboé, metais de jazz, banjo, tuba, bateria, xilofone e uma pequena seção de cordas. No concerto do Carnegie Hall a obra, que incorporava citações de Scott Joplin e Stravínski, fora executada pela orquestra negra de jazz de W. C. Handy com Antheil ao piano. Pois em 1955 Antheil normatizou a partitura, recauchutando-a para um conjunto tradicional de sopros e reduzindo a peça em 50% (passou a ter uma duração de cerca de onze minutos e meio). Só a "recriação" de Peress veio restaurar-lhe a extensão e também a sonoridade jazzística original, muito mais agressiva e pertinente.

Com os recursos tecnológicos da eletrônica atual, Maurice Peress pôde aproximar-se com muito maior propriedade da concepção inicial do *Ballet*, integrando com nitidez à orquestração a seção pianística (com uma pianola e seis pianos), as 11 alturas de sinos elétricos e o ruído das hélices de avião. Foi, nesse passo, auxiliado por Gordon Gotlieb, um percussionista especializado em computação, que "sampleou" diversos sinos ligados por uma interface "midi"

1. Um registro do *Ballet* com o NY Percussion, sob a regência de Surinach, consta de um catálogo Schwann de 1978. Encontrei ainda menção a uma outra gravação, com o LA Contemporary Music Ensemble regido por Robert Craft, num catálogo Schwann de 1968. Não há dúvida que se trata de versões reduzidas.

a um teclado elétrico, e registrou com o mesmo processo o som gravado de aviões da época em três diferentes alturas.

Portanto, o que, a rigor, se deve dizer é que esta é a primeira vez, após 62 anos, em que se ouviu cabalmente essa música "futurista, da era da máquina, inspirada no *ragtime*, de uma complexidade que ultrapassa as capacidades humanas de execução", para usar palavras do regente. Uma audição privilegiada de que o próprio Antheil jamais chegou a desfrutar, já que, pelo menos no que concerne ao *Ballet*, nem mesmo a apresentação do Carnegie Hall parece ter seguido à risca todas as prescrições da partitura.

Assim equacionada, a importância desta "primeiríssima audição" é grande. Ela traz novas luzes sobre as ideias musicais de Antheil, justificando o entusiasmo incomum que Ezra Pound manifestou por elas. Infunde-lhes muito maior brilho e consistência e redime, definitivamente, o compositor do desprezo a que foi relegado, em parte devido à imprevista guinada de rumos de sua carreira, a partir do concerto-fracasso de 1927.

Afinal, outros, que por motivos diversos, abandonaram os extremismos iniciais – assim Schostakóvitch, Hindemith ou Eisler (que, como Antheil, acabou em Hollywood) – têm sido tratados com mais condescendência. Por que se deveria menosprezar o que Antheil fez de extraordinário antes da queda? Talvez a consciência das dificuldades de execução de sua obra, tornada evidente agora, pela restauração do seu trabalho, possa, senão justificar, pelo menos ajudar a entender a enigmática e tão deplorada deserção do compositor. Mais admiráveis serão, por certo, aqueles que, como Varèse, se mantiverem coerentes e irredutíveis, ao preço até do silêncio. Sem meios para levar à prática os seus projetos pré-eletrônicos, o visionário Varèse ficou praticamente dezoito anos sem compor, e só voltou à cena em 1954 para a apresentação de *Déserts*, sobrevivendo à amargura e à obscuridade para ser consagrado pelos melhores músicos da nova geração. Morreu, dignificado por essa recepção qualificada, aos 82 anos, em 1965, em Nova York, a mesma cidade em que Antheil falecera, seis anos antes, com 59 anos, esquecido e desprestigiado por vanguardas e retaguardas, apesar de haver-se proclamado um dia *The Bad Boy of Music* – título da autobiografia que publicou em 1945.

Nascido em Trenton, New Jersey, em 1900, iniciou carreira fulgurante e tumultuária de "pianista-compositor ultramoderno" em alguns dos principais centros europeus com apenas 22 anos. Em Paris, foi acolhido e promovido por Ezra Pound. Conheceram-se em 1923, num dos turbulentos concertos de Antheil em Paris, ao qual compareceu Satie, que aplaudia, entre as vaias, gritando: *Quel précision! Quel précision! Bravo! Bravo!* "O James Cagney da música [escreveu o poeta] voltou de Berlim sem um tostão no bolso e com o maior recorde de distúrbios, fiascos e vaias jamais obtido por um concertista na Alemanha. Um homem de talento, cheio de talento, um compositor em defesa do qual eu haveria de publicar um livro. O caos continuou em Paris. O Théâtre des Champs-Elysées, com gente subindo pelas paredes, à espera de um espetáculo de variedades, virou um manicômio cinco minutos depois que Antheil estava ao piano". O livro que Pound escreveu chamou-se *Antheil and the Treatise of Harmony* (1924). Em algumas de suas apresentações Antheil levava um revólver que colocava em cima do piano, para atemorizar os seus contestadores. Daí, talvez, a expressão do poeta – "Cagney da música" – que o próprio Antheil transformaria depois no *bad boy* da sua autobiografia. Antheil era, além disso, de baixa estatura, o que acentuava a analogia com o famoso gângster do cinema. Suas estripulias não paravam nos concertos: uma fotografia da época registra o jovem músico americano, que às vezes usava o cabelo, inconvencionalmente, em franja sobre a testa, entrando pela janela em seu quarto. Em *The Crazy Years: Paris in the Twenties* (1991) – *Os Anos Loucos: Paris na Década de 20*, na tradução brasileira, da José Olympio Editora – conta William Wiser que Sylvia Beach, a proprietária da famosa livraria Shakespeare & Company, encantou-se tanto com Antheil e sua mulher que consentiu que eles se instalassem no pequeno apartamento em cima da loja, no qual ele penetrava, quando esquecia a chave, pisando na tabuleta da livraria para alcançar a sacada... Antheil auxiliou Pound na orquestração da ópera *O Testamento de Villon* e compôs para a violinista americana Olga Rudge (depois companheira do poeta) as primeiras sonatas para violino e piano, atuando com ela em concertos realizados entre 1923 e 1925.

O *Ballet Mécanique* foi concebido inicialmente como trilha sonora para o filme homônimo do pintor Fernand Léger, em 1923, por sugestão de Pound, que participava da aventura cinematográfica não como poeta, mas ao lado do fotógrafo americano Alvin Coburn, como coinventor do "vortoscópio" – um caleidoscópio "cubista" que permitia fragmentar especularmente as imagens por meio um prisma colocado diante das lentes da câmara. No ano seguinte, o compositor começou a retrabalhar e expandir a obra, que veio a ter uma ante-estréia privada para um grupo de convidados (entre os quais – além de Pound, obviamente – Hemingway, Joyce e Margaret Anderson), na Salle Pleyel, em 16 de setembro de 1924. Essa primeira apresentação era para solo de pianola, ou *pleyela*, como a batizou Pound. A estreia pública ocorreu em 19 de junho de 1926, no Théâtre des Champs-Élisées, com a presença, entre outros, de Pound, Joyce, Milhaud, Duchamp... (O mesmo teatro que já fora palco dos tumultos que acolheram a *Sagração da Primavera* em 1913 e que voltaria, algumas décadas depois, em 1954, a se convulsionar com os estrondosos ruídos de fábrica, em fita gravada, que Varèse interpolou em sua composição *Déserts*, provocando análoga indignação do público).

Àquela altura – esclarece Maurice Peress – a partitura do *Ballet Mécanique* tinha 399 páginas compactas e o compositor acrescera à música para pianola partes para dois pianos (depois multiplicados nas *performances*), três xilofones,

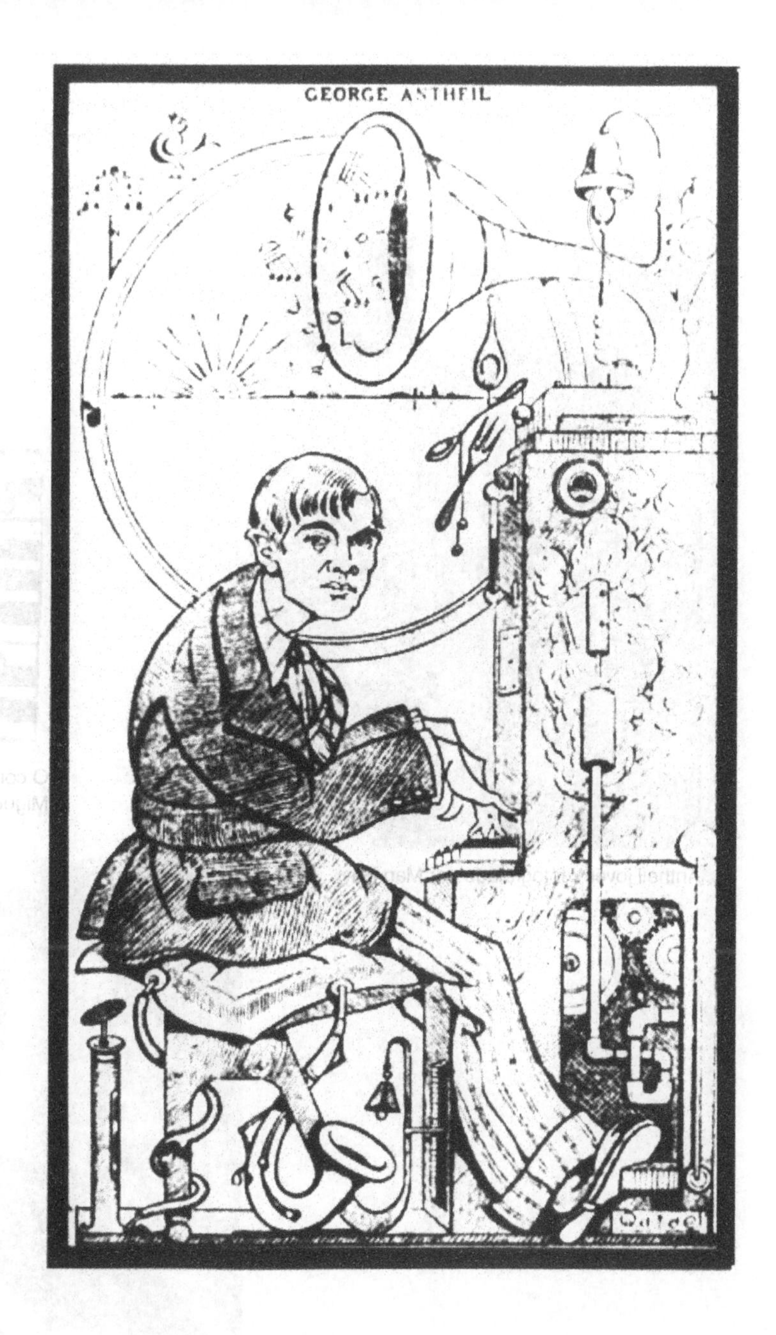

George Antheil e seu piano “movido a vapor”.
Caricatura de um jornal parisiense (1923).

Antheil jovem, fotografado por Man Ray.

O compositor, visto pelo caricaturista mexicano Miguel Covarrubias (1904-1957), nos anos 20.

George Antheil ao piano.

dois tambores-baixo, gongos, uma sirene, sinos elétricos de 11 alturas e três hélices de avião (duas de madeira de diferentes tamanhos e uma de metal).

As apresentações se tornaram legendárias e as descrições, nem sempre coincidentes e pontuais, que delas ficaram, têm um colorido anedótico que deixa transparecer o clima emocional que despertaram. Diz William Wiser (enganando-se de ano): "A obra mais famosa – ou infame – de Antheil foi o *Ballet Mécanique*, apresentado em 1925 na Salle Pleyel sob a direção de Bravy Imbs, aluno de Antheil, pois o compositor estava fora de Paris na época e a música foi gravada em rolos de piano. James Joyce, que, embora não fosse um amante da música moderna, assistiu ao concerto, opinou que a composição lembrava muito Mozart e até pediu para ouvir o segundo rolo de novo. Uma apresentação do *Ballet Mécanique* em escala integral incluiu oito pianos bem como um motor de avião: quando este foi ligado, as perucas das mulheres na plateia, segundo se disse, teriam voado longe, mas o mais provável é que isso tenha acontecido com seus chapéus. Mais uma vez, a polícia foi obrigada a controlar o tumulto". Sylvia Beach, testemunha ocular, relembra um pouco diversamente a estreia pública do espetáculo em 1926 no Théâtre des Champs-Élisées: "O público foi extraordinariamente afetado pelo *Ballet Mécanique*. A música foi abafada por gritos que partiam de todos os cantos do teatro. Os contraditores da plateia foram respondidos pelos defensores das galerias; a voz de Ezra sobrepujava as outras, e alguém disse tê-lo visto dependurado de cabeça para baixo do alto da galeria. Viam-se pessoas se esbofeteando, ouviam-se os brados, mas nenhuma nota do *Ballet Mécanique*, que a julgar pelos gestos dos executantes prosseguia sem parar. Mas o público enfurecido calou-se subitamente quando as hélices de avião previstas na partitura começaram a roncar e levantaram uma ventania que, segundo Stuart Gilbert, arrancou a peruca de um homem que estava perto dele e a arremessou para o fundo da sala". Antheil, que foi um dos pianistas, tem esta vívida recordação da estreia: "Aos primeiros acordes do *Ballet Mécanique* só faltou o telhado se levantar do teto! Algumas pessoas literalmente caíram para trás com o abalo gigantesco! O restante dos nossos convidados torcia-se como sardinhas vivas numa lata; os pianos acima, abaixo ou do lado dos seus ouvidos estrondeavam poderosamente numa inusitada sincronização". Mais recentemente, à longa distância dos fatos, o crítico Roderich Fuhrman saiu-se com estas imagens fantásticas ou fantasiosas sobre o espetáculo: "No salão se encontravam oito pianos de cauda, na peça contígua e sobre a escada estavam instalados um piano mecânico e a percussão. Vladimir Golschman – de pé, à frente do piano central – dirigia a execução. O público, composto de quase duzentos convidados, estava deitado sobre ou sob os pianos, se não à sua volta, e certas pessoas preferiram dependurar-se nos lustres. O ruído de uma hélice de avião serviu de pedal a tudo. A noite atingiu o seu ponto culminante – como conta Antheil, não sem orgulho – com a celebração de uma *party*, no decorrer da qual a própria hospedeira foi projetada no ar, dentro de um lençol de cama, impulsionada por duas princesas, uma duquesa e três barões italianos".

O espetáculo do Carnegie Hall, o mais completo, em 10 de abril de 1927, não foi menos tumultuado, segundo o mesmo Roderich Fuhrman: "Provocou escândalo: o compositor parece ter passado da medida, recorrendo a 16 pianos, bigornas, serrotes, buzinas de automóvel e uma hélice de avião". Com base no depoimento de Joe Mullens, que criou os cenários e rememorou o evento em seu livro *The Mechanical Angel* (1948), Maurice Peress dá uma versão diferente, e mais confiável, do evento. O *Ballet* teve como pano de fundo o ciclorama de uma cidade futurista com arranha-céus. Na frente, uma série de máquinas de fazer ruído. No meio do palco Antheil postou dez pianistas, entre os quais estavam Aaron Copland e Colin McPhee, oito xilofones e quatro tambores-baixo; quatro pessoas, pelo menos, foram encarregadas dos "efeitos mecânicos": sinos elétricos, sirenes e hélices de avião; no centro, à frente de um piano mecânico especialmente construído para a ocasião, sentou-se Antheil; o regente, Eugen Goosens, dirigiu do alto de uma mesa num canto do palco. A hélice de avião (um ventilador elétrico maquiado) criou enorme confusão e o público reagiu atirando ao palco aviõezinhos de papel feitos com o programa. Uma sirene descontrolada continuou a tocar depois que a peça terminou. De algum ponto do auditório ergueu-se uma bandeira branca na ponta de uma bengala...

Rejeitado pelo público, odiado pela crítica, o concerto do Carnegie Hall encerrou a carreira "experimental" do *bad boy* da música. Segundo conta Virgil Thomson, em sua autobiografia (1966), o compositor, desacoroçoado, acabou contraindo uma doença pulmonar. Curou-se numa viagem à Tunísia. Depois de uma tentativa de retorno à cena europeia com a ópera *Transatlantic* (1927-1928), estreada em Frankfurt, em 1930, com texto em alemão e passagens de jazz, retornou aos Estados Unidos, onde acabou compondo trilhas sonoras para filmes de Hollywood e escrevendo dois livros de conselhos amorosos, com base na suposta influência das glândulas endócrinas, e um sobre a Segunda Guerra Mundial (cuja eclosão antecipou em artigos jornalísticos). Das óperas *Transatlantic* e *Helen Retires* – esta apresentada em Nova York, em 1934 – pouco se sabe, nem consta que tenham sido gravadas. Pouco se conhece também sobre a sua produção posterior, embora o consenso geral seja de que constituam um regresso estético. Esta é a impressão que fica da audição do insosso 3º *Quarteto de Cordas* (1948) e até mesmo do 2º, já neoclássico e beethoveniano (de 1927, mas revisto em 1943), recentemente gravados com o *1º Quarteto*, de 1924, pelo The Mondriaan Street Quartet (Etcetera, 1993). Conforme Gilbert Chase, que classifica *Transatlantic* como "sátira contra a alta finança e a corrupção política", Antheil pretendia que ela fosse "a primeira ópera política moderna"; quanto a *Helen Retires*, assinalando-lhe a disparidade de estilos, que vão "da comédia musical à dissonância moderna", concede que merece um lugar dentro da nova tradição da ópera realista americana. Escrevendo em 1952, Juan Carlos Paz, que filia o compositor ao futurismo italiano, mas não lhe nega originalidade ("soube extrair consequências aproveitáveis para a sua própria causa de um ponto de vista estético pessoal: algumas vezes desenfreadamente pessoal"), vê a sua obra estacionária e sem saída, caracterizando como "neoclassicismo duvidoso e pouco convincente" a fase posterior ao futurismo inicial e à etapa em que se orienta para uma aplicação da música derivada do jazz (que julga superior à derradeira). Informa Paz que *Transatlantic* foi dedicada a Ernst Krenek. O que faz pensar em alguma relação com *Jonny Spielt Auf*, a ópera-jazz que o compositor austríaco encenou com enorme sucesso a partir de 1927 e que veio a ser proibida, posteriormente, pelo nazismo como *Entartete Musik*, ou música degenerada[2]. Pound referiu-se a *Transatlantic* como "a primeira grande ópera americana" no mesmo texto em que desmentiu publicamente que ela lhe houvesse sido dedicada. Assistiu à estreia, trazendo em sua companhia o famoso africanólogo germânico Leo Frobenius. Este chamara a atenção para a complexidade da linguagem dos tambores africanos e Pound queria que ele "distinguisse entre os dois *Barbarismus*"... Segundo o poeta, o antropólogo não achou a ópera satírica mas ingênua, ainda que interessante como manifestação cultural; questionou o uso de instrumentos nobres para música "democrática e proletária" e alguns dias depois levou Pound e Antheil para verem um "mecanismo eletrônico para gerar novas sonoridades". Afirma R. Murray Schafer (*Ezra Pound and Music – The Complete Criticism*, 1977), que as relações entre os dois começavam a esfriar e acabaram se interrompendo. Em sua autobiografia de 1945, Antheil se desidentifica do poeta e chega a queixar-se (e não sem certa razão) de que ele o prejudicou com sua linguagem "calculada para antagonizar todo mundo" e os seus excessos admirativos: "Ninguém podia ser um décimo tão bom quanto Ezra me fez". O poeta, porém, nunca deixou de relembrá-lo com afeição. Em *Guide to Kulchur* (1952), volta a defendê-lo: "Moralistas musicais amaldiçoaram na minha presença esse garoto muito malvado, George Antheil. Ele foi para o inferno e para Hollywood, 'um talento submedeiano' [alusão a Medeia, que, na mitologia grega, ajudou Jasão a apossar-se do velocino de ouro], fez de si mesmo um bufão e virou alguém. Tinha instrução imperfeita em música, em letras, em todas as coisas, mas, não obstante, reivindicou certa vez pedaços de SOLIDEZ, pedaços curtos e duros de ritmos martelados, castigados até que eles se tornassem indestrutíveis e inflexíveis".

Ao ouvir, hoje, os ecos pitorescos dos concertos espaventosos dos anos 20, é natural indagar se estamos diante de mero fogo de artifício, para "escandalizar

2. Uma excelente gravação dessa ópera, sob a direção de Lothar Zagrosek, foi editada em 1993 pelo selo London.

a burguesia" – ingrediente indispensável a algumas intervenções da vanguarda histórica – ou se há nessa obra algo de mais duradouro e significativo.

A verdade é que a recepção da música de Antheil se dividiu abismalmente entre as grandes pretensões do compositor (e de seu principal propagandista, Ezra Pound) e a reserva de críticos e colegas (boa parte dos quais mal ouviu ou ouviu mal as suas criações mais consequentes) quanto ao seu valor definitivo.

Em seus diversos artigos sobre Antheil, o poeta chama a atenção especialmente para a "música da máquina" (entendida não como representação mimética mas como "nova computação da matemática da harmonia"), o conceito de "espaço-tempo" musical e a exploração do caráter percussivo do piano. Destaco, a seguir, algumas passagens, que se revelam extraordinariamente instigantes em relação aos posteriores desenvolvimentos da música moderna.

Sobre a machine music:

"Antheil é provavelmente o primeiro artista a usar máquinas – máquinas modernas, sem sentimentalismo".

"As máquinas não são realmente literárias ou poéticas, qualquer tentativa de poetizar as máquinas é tolice".

"As máquinas são musicais. Duvido que elas sejam sequer muito pictóricas ou esculturais, elas têm forma, mas o seu traço distintivo não está na forma e sim no seu movimento e energia; reduzidas à condição estática perdem *raison d'être*, como que a sua essência".

"O homem mecânico da ficção futurista não passa de uma pastoral falsa, não pode preencher a literatura mais do que o homem bucólico".

"Entendo que a música é a arte mais apropriada para exprimir a refinada qualidade das máquinas. As máquinas agora fazem parte da vida e é natural que os homens devam sentir algo a respeito delas; haveria alguma coisa de errado com a arte se ela não pudesse lidar com esse novo tema".

"Três anos atrás Antheil falava meio vagamente em 'entoar' cidades inteiras, em 'silêncios de vinte minutos na forma' etc. Pensava-se que era mera especulação, ou especulação 'pura'. Agora, depois dos três anos, não me arrependo nem um pouco de qualquer comparação que eu tenha feito entre Antheil e Stravínski em favor do primeiro. Com a *performance* do *Ballet Mécanique* pode-se conceber a possibilidade de organizar os sons de uma fábrica, digamos de uma chapa para caldeiras ou de qualquer outro ruído estridente, os sons reais do trabalho e, no entanto, com tais pausas e durações que, ao fim das oito horas, os trabalhadores não saiam com os nervos esfrangalhados mas estimulados – fatigados mas estimulados".

"A *Sacre* permanece, mas seus cubos, por mais sólidos que sejam, estão para o *Ballet Mécanique* como as proporções da arquitetura para as do planejamento urbano".

Sobre "espaço-tempo":

"Antheil é extremamente sensível à existência da música no espaço--tempo. O uso do termo 'quarta dimensão' é provavelmente tão confuso em Einstein como em Antheil. Penso que Einstein concebe o fator tempo como afetando as relações de espaço".

"Assim como Picasso e Lewis e Brancusi nos tornam cada vez mais conscientes da forma, da combinação da forma ou dos precisos limites e demarcações de formas planas e de volumes, assim Antheil está fazendo seus ouvintes cada vez mais conscientes do espaço-tempo, das divisões de espaço-tempo".

(*A Propósito da Terceira Sonata para Violino e Piano*)[3]: "[...] via Stravínski e Antheil e possivelmente algum outro compositor, somos levados a uma concepção mais imediata do tempo, uma batida mais rápida, uma apreensão mais aguda ou, digamos, uma decomposição do átomo musical".

Sobre o uso percussivo do piano:

"Antheil expurgou o piano, transformou-o num instrumento musical respeitável, reconhecendo sua natureza percussiva".

"Há o uso do piano, não mais melódico ou cantábile, mas sólido, unificado como um único tambor. Refiro-me a sons *únicos* produzidos por múltiplo impacto, diferentes de acordes, que são espécies de encadeamentos ou pastas de som".

Sobre o Ballet Mécanique:

"[...] esta obra tira definitivamente a música da sala de concertos. Tecnicamente, o fato é que o Sr. Antheil usou durações mais longas do que qualquer outro compositor jamais tentou usar [...] durações muito mais longas".

Vivendo na Europa, mais em Rapallo que em Paris, Pound, obviamente, não conhecia as primeiras experiências de *clusters* pianísticos de Charles Ives ou de Henry Cowell, na América, ou mesmo as aventuras percussivas de Varèse, que para lá partira desde 1915. Varèse estreou *Amériques*, na Filadélfia, em 9 de

3. Todas as três *Sonatas para Violino e Piano* foram estreadas por Olga Rudge ao violino, as duas primeiras em Paris em 1923. Somente a 1ª e a 2ª estão registradas em disco, conforme referido no início deste artigo. A gravação mais completa encontra-se num CD do selo Audivis Montaigne, de 1994, pela dupla Reinbert de Leeuw (piano) e Vera Beths (violino). Os dois apresentaram essas peças, em abril de 1989, num concerto em Düsseldorf em homenagem a Ezra Pound, com a presença da nonagenária Olga Rudge, que as interpretara 66 anos antes e que eu vim a encontrar, em 1991, ainda lúcida e cheia de vida, em Merano, no Castel Fontana, residência de Mary de Rachewiltz, filha dela e de Ezra Pound. As duas sonatas são obras poderosas, fulcradas sobre a percussão e o *ostinatto*, a segunda repleta de colagens musicais, justificando a alta apreciação de Charles Amirkhanian, que a relaciona ao mesmo tempo à música precedente de Charles Ives, então desconhecida, e ao minimalismo que eclodiu quarenta anos depois.

abril de 1926. Em Paris, por um breve período naquele ano (agosto a dezembro), deixou por pouco de assistir à *première* do *Ballet Mécanique* no Théâtre des Champs-Élisées (junho de 1926). Curioso desencontro de sirenes e de músicos...

O próprio Antheil, cujos escritos musicais, que eu saiba, não foram ainda compilados, procurou, em mais de uma oportunidade, justificar a seriedade do seu trabalho: "O *Ballet Mécanique*: aqui eu parei. Aqui era a linha divisória, a beira do precipício. Aqui, na parte final desta composição, *onde em longas passagens nem um único som acontece e o próprio tempo age como música*; aqui estava a mais extrema realização da minha poesia; aqui eu tinha o tempo se movendo *sem que eu tocasse nele*" [Carta a Ezra Pound, abril de 1927]. "Pessoalmente, penso que o *Ballet Mécanique* teve importância num ponto, e que foi concebido sob uma forma nova, que consistia em preencher certa tela temporal com abstrações musicais e materiais sonoros compostos e contrastados entre si, pensando mais em valores temporais que em valores tonais [...] No *Ballet Mécanique*, usei o tempo como Picasso poderia ter usado os espaços vazios das suas telas [...] Não hesitei, por exemplo, em repetir um compasso uma centena de vezes; não hesitei em não ter absolutamente nada nos rolos do meu piano por 62 compassos; não hesitei em tocar um sino contra determinada seção de tempo ou fazer o que quisesse com a tela de tempo desde que cada parte dela contraditasse a outra [...] Minhas ideias eram as mais abstratas entre as abstratas" [Carta de 1936 a Nicolas Slonimski, citada por Maurice Peress e por Gilbert Chase]. Comenta este, a propósito: "Se essa interpretação é correta, Antheil deve ser considerado precursor dos 'Compositores Abstratos do período de após Segunda Guerra', como John Cage e Morton Feldman, os quais têm feito experiências com conceitos de espaço-tempo em música. Antheil escreveu muitos artigos sobre esse assunto, em periódicos de vanguarda que apareceram de 1920 a 1930: *De Stijl* (Rotterdam, 1924-1925), *transition* (Paris, 1925) e *The Little Review* (1925)". Num estudo de 1952, a propósito de Cage e do tema do silêncio em sua obra, Henry Cowell registra: "Enquanto eu estava escrevendo este artigo, George Antheil chamou a minha atenção para a partitura de seu *Ballet Mécanique*, que tem uma seção em que compassos silenciosos de 8/8 aparecem periodicamente. Isto foi escrito em 1924 e suas ideias básicas derivaram de longas sessões com George Herzog em Berlim, ouvindo gravações de música da Índia, da China e de culturas mais primitivas. Por essa época Antheil se interessou pelo conceito de espaço-tempo e música em tempo absoluto; o livro de Ezra Pound sobre Antheil contém um relato dessas teorias".

Do lado oposto, o crítico inglês Wilfred Mellers (citado por Ned Rorem no capítulo "O Músico Ezra Pound" do seu livro *Música e Gente*, 1968): "[...] Antheil alega que [o *Ballet Mécanique*] foi composto matematicamente como conceito tempo-espaço, como engenharia musical, ou arquitetura moderna sonora. Ele admite que Varèse o precedeu nesse conceito. De qualquer modo, comparado com as obras de Stravínski e Varèse, o *Ballet Mécanique* tem apenas interesse histórico, e não musical [...] Ele utilizou as durações aritméticas do silêncio, já em 1924, parcialmente em consequência de ter estudado a música oriental [...] Não obstante, os ritmos principais da obra relacionam-se à música ocidental e ela não convence muito como conceito de espaço-tempo". Ou o americano Peter Yates, também citado por Ned Rorem, que acha a obra superficial, impugnando algumas inovações como os vários pianos, "tomados de empréstimo do emprego muito mais bem-sucedido dado a eles por Stravínski em *Les Noces*", e a hélice do avião, que proviria do moinho de vento do *Don Quixote*, de Richard Strauss.

Os argumentos de precedência – ampliados por outros críticos aos futuristas e a Erik Satie (*Parade*) – parecem-me insuficientes para amparar esse *negative approach*. O futurista Russolo antecedeu a todos, mas quem ouviu os seus *intonarumori*[4]? A mais ponderável influência – a de Stravínski – é indiscutível, e o próprio Antheil a reconhece ("Ele foi meu herói... Eu venerava o cérebro que tinha concebido a colossal *Sacre* que abalou o mundo"). Mas ecos de Stravínski se ouvem também em Bartok, em Varèse, em Nancarrow, em Messiaen, em Villa-Lobos e muitos outros sem que se lhes recuse identidade própria ou se invalide a sua música. De resto, como dissera Ezra Pound no seu jargão provocativo: "*Noces* cai aos pedaços. Depois do *Ballet* soa como alguns fragmentos de Wagner, um coral russo (bastante bom), alguns fragmentos de Chopin, algumas notas agudas 'pianolísticas'". O fato é que Antheil catalisou e potencializou as experiências com ruídos e silêncios dos seus antecessores, numa fase em que Stravínski, em declínio criativo, já trafegava pelos caminhos restauradores do neoclassicismo. Nem a precedência, que também poderia ser invocada neste contexto, do *Étude for Pianola* de Stravínski, estreado em Londres, em 1921, é de grande valia, pois esse ligeiro "capricho espanhol" do inquieto mestre russo soa como um *divertissement*, um realejo erudito, nas antípodas do brutalismo timbrístico e da radicalidade percussiva da peça de Antheil.

Em 1926, Antheil foi considerado "inquestionavelmente o primeiro compositor da nossa geração" por Virgil Thomson, que com ele participou de concertos em Paris. Quarenta anos mais tarde, Thomson retificou parte desse elogio, dizendo que "a avaliação que fizera dele poderia ter-se justificado se não

4. Em 1913 Luigi Russolo (1885-1947) redigiu o seu manifesto conhecido como *A Arte dos Ruídos*. Com Ugo Pratti criou os aparelhos de produção de sons e ruídos que chamou de *intonarumori*. Suas composições (de que restaram alguns títulos e partituras não convencionais) são uma incógnita. Os aparelhos originais foram destruídos. Dele, sim, se pode dizer, até prova em contrário, que tem interesse apenas histórico. Além dos raros concertos futuristas na Itália, na década precedente, três apresentações de sua música foram realizadas, em junho de 1921, precisamente no... Théâtre des Champs-Élisées. Pound estava na Itália, como se depreende de uma carta de 4 de maio, de Veneza, em que anuncia a William Carlos Williams que não voltará a Paris antes de 7 de julho. Antheil chegaria a Paris dois anos depois. Mais desencontros...

se verificasse depois que, apesar de toda a sua facilidade e ambição, não havia nele o poder de crescer. O 'jovem mau da música' cresceu apenas para se tornar um bom rapaz. E o *Ballet Mécanique*, escrito antes de ele completar 25 anos, permanece a sua obra mais original". Deve-se lembrar que Thomson, embora tenha dado boa demonstração de *fair play* ao aplaudir a ópera de Pound[5] – a que assistiu, em Paris, também em 1926 –, tornara-se um adversário do poeta e do músico, desde que passou a orbitar em torno de Gertrude Stein, a quem fora apresentado por Antheil e cujos textos utilizou em *Capital Capitals*, *Four Saints in Three Acts* e *The Mother of Us All*. Com receio de desagradar a Gertrude, sempre terrivelmente ciumenta de suas amizades, chegou a renunciar ao convite de James Joyce para musicar um trecho do *Finnegans Wake*... Registre-se, ainda, que Thomson confessa não ter ido à apresentação parisiense do *Ballet*, e não deixa claro se assistiu à do Carnegie Hall...

Outro compositor, Aaron Copland, que esteve no Théatre des Champs-Élisées e que, como se viu, atuou como pianista na *performance* de Nova York, fazia coro com Thomson numa carta da época ao compositor Israel Citkovitz: "tenho que repetir minha inquebrantável convicção: este jovem é um gênio". Dez anos depois, já manifestava o seu desapontamento: "Em 1926 Antheil parecia ser 'o mais dotado de todos os jovens americanos'. Mas algo sempre parece impedir a sua completa realização. É difícil saber se isso é devido a uma falha de integridade artística ou a uma inusitada suscetibilidade a influências".

O próprio Cage foi severo com o compositor em artigo datado de 1946 – *The Dreams and Dedications of George Antheil*. Começando por reconhecer que em diversos dos seus aspectos importantes a música moderna dos anos 20 só era conhecida por ouvir dizer (ele cita Russolo, Ives, Ruggles e Varèse), admite que, no caso de Antheil, é impossível saber se a falta de sua música dos anos 20 nos anos 40 é de fato uma perda. Mas o artigo não contém nenhuma consideração propriamente técnica sobre essa música, e sim alusões à posterior má influência de Stravínski (especialmente do Stravínski neoclássico). Como seu próprio título sugere, o artigo se fulcra no questionamento ético da contradição entre os "sonhos" do jovem que abandonou uma exitosa carreira de concertista para se concentrar na composição inventiva e o compositor maduro que se entregou ao comercialismo de Hollywood, espelhado nas altissonantes dedicatórias da sua *Quarta* e *Quinta Sinfonias*, respectivamente, "a Hedy Lamarr e todos os heróis vivos de todos os países" e "aos jovens mortos desta guerra, aos jovens mortos de todos os países". Cage termina se perguntando se as novas formas e os conceitos musicais admirados por Pound, Satie, Cocteau e outros não seriam "meras

5. "Não era propriamente a música de um músico, mas talvez a mais bela música de um poeta desde Thomas Campion [...] e o seu som permaneceu na minha memória" (*Virgil Thomson*, por Virgil Thomson, 1966).

fachadas para um vazio nada". Uma dureza compreensível se se pensa na luta que Cage travava, à época, pela própria sobrevivência da música experimental, da qual Antheil, em pleno vigor físico e intelectual, se demitia inexplicavelmente.

Mas até que ponto se pode considerar mais do que conjectural e subjetivo o julgamento daqueles que pouco ouviram, ouviram mal ou literalmente não ouviram as mais importantes composições de Antheil – o "mau", não o "bom" menino?

Após a "recriação digital" de Maurice Peress, não tenho a menor dúvida, será difícil escamotear a presença do *Ballet Mécanique*: ele me parece definitivamente incorporado ao elenco das obras relevantes da música em nossa época. Não soa como obra "datada", mas como uma realização de enorme impacto sonoro, com uma luz própria que a sombra do colosso Stravínskiano não chega a esmaecer. A concepção de espaço-tempo de Antheil, agora mais evidente e inteligível, com a reincorporação dos silêncios desmesurados e das repetições em *looping* do *Ballet* (expurgados das apresentações anteriores) reforça a convicção de ser Antheil um precursor das especulações sonoras de Cage e, como querem Maurice Peress e Charles Amirkhanian – este um dos principais responsáveis pela redescoberta e divulgação da obra de Conlon Nancorrow –, da estética minimalista, se não, ainda (acrescento eu) das alucinantes precipitações rítmicas das pianolas do próprio Nancarrow, uma das maiores revelações musicais dos últimos anos. Mas, acima de tudo, o *Ballet*, a *Sinfonia de Jazz* – que, na sua versão autêntica, se coloca, sem favor, no mesmo plano das composições metajazzísticas de Stravínski e Milhaud –; as aventuras percussivas, dissonantes e colagísticas dos anos 20, como a *Airplane Sonata* e a *Sonate Sauvage* (e mesmo *La Femme 100 Têtes after Max Ernst*, já de 1933), todas para piano; as esplêndidas sonatas para violino e piano[6] e o primeiro quarteto de cordas (ao qual um resenhista da época qualificou significativamente de "festival gargantuesco de cacofonias") constituem obras que despertam renovado e irresistível prazer, um prazer que nem sempre encontramos em muitos que desdenharam o compositor (mais pelo que ele fez depois – é verdade – do que pelo que fez antes). Quando Antheil compôs o seu *Ballet*, o disco engatinhava. Hoje o "concerto" nos chega via CD, sem cortes nem censuras, atendidas e respeitadas todas as demandas técnicas "impossíveis" que fazia. Livre dos excessos performáticos e do alarido dos parvos, do escândalo dos noticiários e da estultice dos críticos, a música, finalmente, se ouve. E merece ser ouvida.

6. Essas peças tiveram um registro recente pela pianista Marthanne Verbit no CD *Bad Boy of Music* (Albany Records). No mesmo disco, uma transcrição para piano do "Tango", *leitmotiv* da ópera *Transatlantic*, e *Little Shimmy* (1923), e obras da última fase, *Sonata n. 4* (1948) e *Valentine Walzes* (1949), que nada acrescentam. É o que ocorre, também, com a *Sonata n. 4 para Violino e Piano* (1947-1948), que Reinbert de Leeuw e Vera Beths interpretam no já mencionado CD da Audivis. Antheil bem comportado é uma lástima.

NONO QUASAR

"a lonjura nostálgica utópica futura"

Luigi Nono: A Lonjura Nostálgica, Utópica, Futura*

Na década de 50, causaram grande impacto nos meios artísticos a imprevista conversão de Stravínski ao serialismo e a revelação de seu devotamento a Anton Webern, ao qual ele então proclamou "o justo da música". A polarização entre Schoenberg e Stravínski dividira, na primeira metade do século, a música moderna em dois partidos antagônicos, a tal ponto que John Cage chegaria a afirmar que, ao iniciar-se como compositor, viu-se na contingência de escolher entre os dois grandes mestres (ele optou por Schoenberg, de quem veio a ser aluno).

Não importa aqui aferir o valor das composições seriais de Stravínski, para alguns meros exercícios de estilo, elegantes e rigorosos; para outros, um novo salto qualitativo na obra caleidoscópica do inquieto compositor russofrancoamericano. No mínimo, a derradeira guinada Stravínskiana foi uma leitura crítica que lhe permitiu digerir a evolução da linguagem centro-europeia e dialogar com a renovação operada nos anos 50 por alguns dos maiores compositores da geração afluente, como Stockhausen e Boulez. Superando dialeticamente a antinomia que outros (como Adorno) haviam sido incapazes de resolver, Boulez, de resto, num ensaio memorável – *Strawinsky Demeure* (*Stravínski Permanece*), de 1953 –, colocara o conflito sob novo enfoque, perfazendo a necessária síntese, ao localizar na complexidade das células rítmicas de Stravínski (o da *Sagração* e da fase russa especialmente) a contraparte revolucionária da renovação morfológica e sintática do vocabulário musical efetivada pelo Grupo de Viena (Schoenberg, Webern, Berg). De qualquer forma, peças como *Septeto*, *3 Songs from Shakespeare*, *In Memoriam Dylan Thomas*, *Agon*, *Movements*, *Threni*, todas da década de 50, atestam a incrível capacidade de renovação do compositor. Sobrevivente físico da batalha estética da sua geração (Alban Berg, Webern e Schoenberg já haviam morrido, este em 1951), Stravínski aturdiu a todos com a lição de humildade que o levou a situar-se "sob a proteção da arte de Webern", cuja memória cultuou, a ponto de deslocar-se, já idoso, com o maestro Robert Craft, em peregrinação, para visitar em Mittersil,

* Publicado na *Folha de S. Paulo*, 13.2.1994, sob o título "Virada na Música de Nono Revela Compositor Refinado".

uma pequena aldeia da Áustria, o túmulo modesto do "herói desconhecido" da música moderna. Anton Webern, como se sabe, morrera em 1945, no pós-guerra, assassinado pelo tiro afoito de um soldado norte-americano, sob a indiferença universal. Através do estudo da obra de Webern – aquele, dentre os vienenses, cuja obra, pela clareza e distanciamento, mais se afeiçoava às concepções musicais de Stravínski – pôde este redirecionar o seu caminho e, afastando-se definitivamente das piruetas regressivas do neoclassicismo, reencontrar, com nova metodologia e nova liberdade de linguagem, o que havia de melhor em sua própria obra.

Não sei de nenhum outro caso de virada tão radical e consequente de direções artísticas como o de Stravínski, salvo talvez o que me foi dado recentemente identificar na obra do compositor italiano Luigi Nono (1924-1990), que figurou na primeira linha dos protagonistas da Música Nova, em Darmstadt, ao lado de Boulez e Stockhausen e dos seus compatriotas Bruno Maderna e Luciano Berio.

O caso de Nono, sem dúvida menos espetacular, devido à menor repercussão do compositor fora dos círculos especializados, tem características únicas no cenário da música moderna. Muitos compositores de formação elaborada, até dodecafônica, como aquele medíocre discípulo de Schoenberg, Hans Eisler, que a má consciência tentou inutilmente promover ao primeiro time, sentiram-se tocados pela vontade de expressar em obras musicais o seu engajamento político, geralmente em prejuízo da qualidade estética. Nenhum, como Nono, membro do Comitê Central do Partido Comunista Italiano desde 1952, foi capaz de equilibrar a tal ponto a consciência política e o rigor estético. Em se tratando de música, o mais abstrato dos gêneros artísticos, a receita do engajamento termina invariavelmente por impor duas condicionantes: o apelo à retórica verbal para dar conta da "mensagem" (que nunca está na música); a simplificação da linguagem para viabilizar a suposta comunicação com as audiências (supostamente largas). Duas imposições que, em raros casos, deixam de afetar a integridade do trabalho artístico. O rigor compositivo de Nono, porém, jamais lhe permitiu fazer concessões estéticas ou vulgarizar a sua música. Mesmo quando recorria a *slogans* ou textos políticos, não se pode dizer que tenha barateado o discurso, pois o radical tratamento musical ou eletrônico a que submetia as palavras, neutralizava, por assim dizer, o seu apelo retórico e muitos vezes perturbava até mesmo o seu entendimento imediato. É o caso de *Il Canto Sospeso* (1956), para três solos vocais, coro misto e orquestra, obra que mereceu minuciosa análise de Stockhausen na histórica revista *Die Reihe* (n. 6, 1960) e na qual Nono utiliza fragmentos de cartas escritas por membros da Resistência antes de serem executados. Da "ópera" *Intolleranza 1960*, com um libreto de Angelo Ripellino misturando citações de Eluard, Maiakóvski, Sartre e Brecht e *slogans* históricos. De *A Floresta É Jovem e Cheia de Vida* (1966), para soprano, vozes, clarineta, pratos de cobre e fita magnética, em que Nono colageia textos de um guerrilheiro do MPLA, de Lumumba, Fidel Castro, operários norte-americanos e italianos. Ou de *Non consumiamo Marx*, música eletrônica atravessada por *slogans* encontrados nos muros de Paris (como o próprio título) e ruídos dos combates de rua gravados por ocasião da rebelião estudantil de maio de 1968. Certamente por causa da intransigência do tratamento sonoro que deu às suas músicas vocais, apesar da solidariedade dos temas e dos textos que as caracterizaram, Luigi Nono não logrou aumentar a sua comunicabilidade e elas acabaram se tornando até menos conhecidas e divulgadas que as dos seus pares, Berio, Boulez, Stockhausen. Ele ficou identificado, no entanto, como protótipo do compositor exemplarmente engajado, ao longo de toda uma vida de composição dentro das correntes musicais mais avançadas do nosso tempo. Como escreveu Paul Mefano (*Musique en Jeu*, n. 2, 1971) sua obra explicita o paradoxo de "dar consciência à tragédia humana a partir de uma arte sem concessão alguma, em seu mais alto nível".

Nada mais surpreendente, portanto, que travar contato com as últimas criações de Nono, que não parecem guardar qualquer afinidade com seu ideário anterior. Refiro-me às composições *A Carlo Scarpa, architetto, ai suoi infiniti possibili* (1984), *No hay caminos, hay que caminar... Andrej Tarkovskij* (1987), *La lontananza nostalgica utopica futura* (1988-1989), "madrigal para mais 'caminantes'" com Gidon Kremer, violino-solo, oito fitas magnéticas, de oito a dez estantes e *"Hay que caminar" sognando* (1989), para dois violinos, todas elas registradas em disco após a morte do compositor, ocorrida em 1990. As duas primeiras com a Orquestra Sinfônica de Baden-Baden, sob a direção de Michael Gielen (CD Audivis Astrée E 8741, de 1990). As demais, integrantes do CD 435 870-2, da Deutsche Grammophon, editado no ano passado, tendo como intérpretes os violinistas Gidon Kramer e Tatiana Grindenko.

Há vinte ou trinta anos, era muito diverso em nosso país o repertório das casas de disco. Em algumas delas encontravam-se as últimas novidades em matéria de música contemporânea. Em 1952, eu, Haroldo e Décio compramos na loja Stradivarius, na Av. Ipiranga, as primeiras gravações em LP de Webern, Schoenberg, Varèse, Cage. O sofisticado proprietário da Stradivarius, Nagib Elchmer, acentuava, à época, no n. 1 (e talvez o único) da revista de mesmo nome, por ele editada, que o Brasil era o segundo importador de LPs dos EUA e o quarto país a fabricá-los no mundo. Podia-se até mesmo, com alguma facilidade, importar discos individuais nessas casas. Assim obtive os registros, hoje raros, de momentos mágicos como a ópera *Villon* de Ezra Pound e *Four Saints in Three Acts* de Virgil Thomson e Gertrude Stein. Hoje, é como se um furacão tivesse varrido as estantes de música erudita das casas de discos. Além de ópera italiana e do mais surrado repertório do legado romântico e clássico, só escombros erráticos da grande música medieval e renascentista e migalhas do presente, a despeito de os catálogos internacionais estarem repletos de novos registros da música do nosso tempo. Tal situação coloca o Brasil na posição de um dos países mais atrasados do mundo em informação musical. Nesse quadro, fica difícil a avaliação de uma obra complexa como a de Luigi Nono, quase toda ela ausente das prateleiras nacionais e mesmo escassa nos catálogos internacionais, nos quais não se veem disponíveis obras relevantes como as óperas *Intolleranza 1960*, *Al gran sole carico d'amore* (1975) e a mais recente *Prometeo* (1984).

Contudo, mesmo com esse *handicap*, faltando-me acesso a alguns itens importantes da musicografia de Nono, arrisco-me a estas conjecturas, movido pela funda impressão que me causaram as suas últimas obras e pelo desejo de dar notícia delas. Agradeço a Aldo Brizzi, jovem maestro e compositor italiano, especialista na música de Giacinto Scelsi, e ao crítico J. Jota de Moraes, a ajuda que me deram, suprindo as omissões da minha discoteca, quanto a outros itens.

Chama logo a atenção o fato de tais obras serem apenas instrumentais, notabilizando-se pela ausência (a não ser em mínimos fragmentos reelaborados em estúdio) da fala ou do canto. Estes ocupam lugar proeminente na criação de Nono, um "obcecado pela voz humana", como notou Mefano.

Na verdade, essa retomada da música pura, fazendo lembrar as primeiras especulações de Nono como as *Variazioni canoniche* (1950) e *Polifonica-Monodia-Rîtmica* (1951), surge logo após um dos mais notáveis experimentos vocais do compositor, a ópera *Al gran sole carico d'amore* (1975), cujo título provém significativamente do poema de Rimbaud, *Les mains de Jeanne Marie*, e que Nono propôs como "o repensar ideal de um fato fundamental da luta de libertação da classe operária e do movimento de libertação em geral – a Comuna de Paris". Um ano depois, ele veio a criar *...sofferte onde serene...*, para piano e fita magnética, interpretada por Maurizio Pollini – estranhíssima composição, a começar pelo título reticente, e que se revelaria um marco na reviravolta musical do compositor veneziano.

Diga-se desde logo que as "óperas" de Nono pouco tem a ver com a ópera tradicional ou com as facilidades do *bel canto*. Nono é, antes, um autor de "antióperas", peças vocais que incorporam a teatralidade, mas onde a severidade compositiva, a manipulação não ortodoxa dos textos, em colagens fragmentárias, e a desconstrução da fala e do canto, pulverizados pelas técnicas eletrônicas, afastam qualquer aproximação com as convenções do gênero.

Mas o fato é que num autor para o qual a palavra e a voz tiveram tanto significado e se tornaram, além de vetores da composição, um campo tão fértil de especulação sonora, causa espécie esse radical abandono, que assume as proporções de uma verdadeira renúncia, ainda mais acentuada pela natureza dessas últimas peças instrumentais. É que todas elas têm em comum a extrema abstração, a ausência de referentes, mesmo compositivos, como o modalismo ou a série, e o direcionamento para as perquirições ligadas à microestrutura, ou seja, à materialidade do som em si mesmo, representada antes pelas formas inusitadas de ataque e produção do som e pela exploração da dinâmica e da timbrística, espectralizadas pela filtragem eletrônica, do que pelas articulações melódicas, hormônicas e rítmicas da sua macroestrutura.

...Sofferte onde serene... (1976) se desenvolve como um diálogo entre o piano ao vivo de Maurizio Pollini e a sua reelaboração em fita magnética, explorando-lhe as ressonâncias percussivas, da dinâmica da digitação e dos diferentes ataques de som até as vibrações dos pedais. O objetivo, no entanto, não é puramente experimental ou analítico, mas uma meditação sobre – palavras do compositor, extraídas de Kafka – o "interior profundo", uma decantação de vivências e memórias musicais, alimentada, por exemplo, pelos ecos defasados dos muitos sinos que sinalizam, dia e noite, a melancolia da vida sobre a laguna de Veneza, talvez as "sofridas ondas serenas" do título. Ainda na década de 70, outro passo importante foi dado por *Fragmente – Stille, An Diotima* (*Fragmentos, Silêncios, A Diotima*), inspirada na poesia de Hoelderlin, composta entre 1979 e 80 e executada neste mesmo ano pelo Quarteto La Salle (que também gravou a música em 1986). O próprio grupo requisitara a Nono um quarteto para acrescentar ao seu repertório, mas teve de esperar cerca de 25 anos para que o compositor atendesse ao pedido. "Despertar o ouvido, o olho, o pensamento humano, a inteligência, exteriorizar ao máximo o que foi interiorizado – isso é o que importa hoje", afirmou Nono em 1983, segundo esclarece Jurg Stenze, em seu comentário ao disco. Ele enfatiza as grandes dificuldades de execução da obra, de estrutura descontínua, não linear. A partitura é semeada de 47 fragmentos da poesia de Hoelderlin, os quais, porém, não devem ser cantados ou falados durante a execução, funcionando como "cantos mudos", provocações poéticas que os integrantes do quarteto só devem "cantar interiormente". Na tradição dos quartetos radicais de Webern, Berg, Schoenberg, Bartok, exigem-se dos executantes registros agudos, toques rascantes perto do cavalete e uma dinâmica extravagante que chega ao limite do pianíssimo em certas passagens.

Depois de um novo e último surto vocal, a "ópera" *Prometeo* (1984), subtitulada "tragedia dell'ascolto" e autodefinida como "opéra négatif", para cinco cantores, sete solistas instrumentais, um pequeno coro de solistas, quatro grupos orquestrais e aparelhos eletrônicos, irrompe, afinal, o cortejo de soturnas composições instrumentais, de 1984 a 1989, *A Carlo Scarpa, No hay caminos, La lontananza, Hay que caminar*. É como se o compositor, finalmente, reconhecesse a inutilidade da fala e do canto e resolvesse calar as vozes de sua imaginação, deixando fluir, livre, a música pura, reprimida tantos anos pelo anseio generoso de participação e de solidariedade.

Não é à toa que a música dessa fase de Nono tem sido aproximada à do seu conterrâneo Giacinto Scelsi, o compositor zen do som único, redescoberto nos anos 80, por maior que seja a perplexidade que esse parentesco imprevisto possa suscitar. O musicólogo Heinz-Klaus Metzger declarou à revista *i suoni, le onde*... n. 3 (1992):

as últimas coisas de Cage e também as últimas coisas de Nono se assemelham muito, sob certos aspectos, ao último Scelsi, o dos quartetos e do trio... Um fenômeno muito estranho e muito significativo, quando se tem presente que tanto Cage como Nono chegaram a isso de modo absolutamente diverso do de Scelsi. As técnicas compositivas não podiam ser mais distantes e essa "proximidade" de resultados, obtidos com métodos tão diversos, pode-se dizer até opostos, é um fenômeno que me impressiona muito.

Numa de suas raríssimas entrevistas, datada de 10 de julho de 1988, cerca de um mês antes de sua morte – e publicada, aliás, postumamente, porque em vida o compositor não permitia a sua divulgação, menos ainda admitia fotos ou papos com a imprensa – o próprio Scelsi, a uma pergunta do seu editor, Luciano Martinis, sobre qual o momento da música ocidental que sentia mais próximo de si, mencionou, entre os contemporâneos, apenas Ligeti e Nono (*i suoni, le onde*... n. 2, 1991). Também Martin Kaltenecker, em comentário à composição *A Carlo Scarpa, Architetto, ai suoi infiniti possibili* (1984), que define como espécie de invenção sobre duas notas (o "dó" e o "mi bemol") em variações microtonais, realça a convergência surpreendente com Scelsi. Parece-lhe que, em tal obra, se patenteia uma "mística da escuta", que é também um protesto contra o empobrecimento da percepção musical cotidiana. O mesmo rigor se evidencia em *No hay caminos, hay que caminar* (1987), dedicada ao cineasta rebelde russo Andrei Tarkóvski, (o grande diretor de *Solaris*) que morrera aquele ano. Kaltenecker registra a "aparente lentidão" dessas últimas peças, acentuando, todavia, que, no nível da microestrutura, os eventos se sucedem rapidamente, com *alegros* timbrísticos e "ínfimas variações contínuas". Uma contramúsica parece nascer dessas fundas introjeções sonoras que recusam todo o adulçoramento, todo o compromisso comunicativo, e, no entanto, ao ouvido desperto, se afiguram carregadas de emoção e de dramaticidade.

Como ocorre com Scelsi, também aqui, no caso de Nono, a ausência de referentes estilísticos musicais ou de apoios semânticos não roubou às composições a dimensão humana e a inquietação universal, dir-se-ia até cósmica de suas especulações. Estas não se nos apresentam como meros experimentos (no sentido estrito de tentames laboratoriais) mas como experiências ao mesmo tempo sensoriais e metafísicas de grande intensidade. Antes, é como se essa radical incursão por sonoridades-limite, que nos faz descortinar horizontes quase meta-humanos da experiência auditiva, recobrisse um vazio ou uma carência existencial que a música ligeira, mesmo a mais sofisticada, na sua labilidade e no seu apego às camadas mais superficiais da dança e da lírica amorosa, não pode preencher. A essa música abstrata, imprevisível, sóbria e sombria, de silêncios contundentes, quase constrangedores, caberia, em sentido estrito, mais do que a qualquer outra, a expressão "pós-utópica" com a qual Haroldo de Campos caracterizou, em mais abrangente conceituação, a chamada "pós-modernidade". Música que parece traduzir, como nenhuma outra, sem pena e sem remissão, a tragédia das utopias (e a do engajamento, no caso específico de Nono). Esvaziadas de conteúdo pragmático, as palavras, ausentes das suas novas composições, migraram para a epigramática lapidar dos títulos, nos quais se fala de "infinitos possíveis", de "lonjuras nostálgicas utópicas futuras", e onde recorre como ominosa e reticente inscrição o lema dos "caminantes" (*no hay caminos, hay que caminar...*, *"hay que caminar" soñando...*, *madrigal para mais "caminantes"*). Conta-se que o autor (que antes coligira *slogans* panfletários grafitados nos muros de Paris em 1968) teria recolhido essa frase das velhas paredes de um mosteiro do século XIII em Toledo. Mas não se pode olvidar que Antonio Machado – de quem Nono já utilizara poemas nas composições *Ha venido. Canciones para Silvia* (1960) e *Canciones a Guiomar* (1962-1963) – escreveu também: "Caminante, son tus huellas / el camino, y nada más: / caminante, no hay camino, / se hace camino al andar". *La lontananza nostalgica utopica futura* (1988-1989), concebida para a execução do violinista Gidon Kramer, oito fitas magnéticas e de oito a dez estantes, é subtitulada *madrigal para mais "caminantes"*. As fitas, totalmente independentes entre si, constituem, na expressão do compositor, "oito caminhos", e resultaram da reelaboração eletrônica de improvisações de Gidon (sons livremente escolhidos apenas com formas de ataque ou de dinâmica sugeridas ocasionalmente pelo compositor). Sobre elas se processa o solo ao vivo do violinista, segundo a partitura de Nono, distribuída em pontos diferentes do palco por oito estantes pelas quais o intérprete deve caminhar sem qualquer predeterminação. Não é curiosa mais essa afinidade com Scelsi, um obcecado do número 8? Assim, nas palavras do compositor, "os sons se sobrepõem, se afastam e se perdem uns dos outros, voltam, desaparecem, para de novo sobrepor-se e desaparecer" criando "colisões – encontros – silêncios – interiores – exteriores – conflitos de superposição". Gidon sublinha as dificuldades que recaem sobre o executante: notas em registro altíssimo, extensas pausas e pianíssimos, exigências extremas de técnica de articulação e de uso do arco, frequentes e complicadas marcações como "con crini, senza vibrato, suoni mobili". Aqui, como na seguinte *"Hay que caminar" sognando*, para dois violinos (escrita para Gidon e a violinista russa Tatiana Grindenko), predominam, como observa Luigi Pestalozza, as especulações sobre o timbre e a dinâmica, num tempo suspenso, uma concepção que o crítico faz remontar a algumas tendências da primeira fase de Nono evidenciadas em *Il Canto Sospeso* em particular. Nessas aventuras acústicas, que nos conduzem a paragens rarefeitas de um universo sonoro inaudito, o compositor se avizinha também das estruturas micropolifônicas de György Ligeti. Uma proximidade que, de certo modo, já se delineava em obras de fases anteriores, ainda que por caminhos diferentes, se se pensa, por exemplo, nas oscilantes redes cromáticas dos corais de *Lux aeterna* (1966) do compositor húngaro, por um lado, e, por outro, nas vozes calcinadas pelos bombardeios eletrônicos de *Ricorda cosa ti hanno fato in Auschwitz*, que Nono compusera no ano anterior. Quando ouvimos *La lontananza* não podemos deixar de pensar no precedente *Lontano* (1967) de Ligeti. Mas na obra de Nono há menos massa e menos brilho, menos *volumina* (para aludir a uma outra obra da mesma família, *Volumina*, para órgão, criada entre 1961/1962 e revista em 1966 por Ligeti), muito maior ascese que em *Lontano*, concebida para grande orquestra. A descarnada contraposição do violino-solo e dos violinos eletronicamente desconstruídos em *La lontananza* (gerando uma angustiante instabilidade de sons estilhaçados, quase-sons, quase-vozes, que passam em *fade in* e *fade out* de um ouvido ao outro) é, ao mesmo tempo, mais incorpórea e menos mecânica, mais expressiva – porque os sons como que se humanizam, contaminados de gestualidade vocal – e menos previsível. Essa *lontananza* vai ainda mais longe que o *lontano*, soa como uma espécie de longitude física da lonjura, que remete para trás e para a frente, numa tensão infinita.

É evidente que não se trata de uma música de fácil assimilação. Assim como uma incursão física nas profundezas do oceano ou no espaço cósmico requer do protagonista um preparo e uma adequação particulares, no caso, ela demanda do ouvinte interessado uma disposição de escuta, uma concentração perceptiva incompatíveis com o lazer passivo das melodias acolchoadas e aconchegantes ou o mero reflexo condicionado dos ritmos primários. Tudo vai depender da vontade que se tenha de ampliar a experiência perceptiva ou simplesmente reconfortar-se no banho balsâmico do já conhecido. Cosmo ou cosmese. Nono, "caminante", diz duas vezes NÃO. Ele admite o "beco sem saída" (*no hay caminos*) mas insiste em querer caminhar sonhando pelos caminhos do imprevisto em busca de alguma lonjura nostálgica, utópica, futura – quasar quase humano – num presente esvaziado, onde tudo se deforma e se barateia, onde o homem, a cada dia que passa, mais decepciona com a triste medida do seu egocentrismo e da sua vulgaridade, e onde, a sério mesmo, parece haver pouco lugar para o que não seja desprezo e desencanto.

Postcriptum 1997 – Novas gravações ampliaram as possibilidades de audição da música de Nono. *Prometeo* veio finalmente a ser objeto de duas abordagens. Ainda em 1994, num CD denominado *Prometheus - The Myth of Music* (Beethoven - Nono - Liszt - Scriabin), com execuções públicas da Orquestra Filarmônica de Berlim, sob a regência de Claudio Abbado, foi incluído um conjunto de excertos (*Suíte 1992*) da composição, compreendendo duas partes: *3 voci (a)* (fragmentos de Walter Benjamin) e *Isola seconda: (b) Hoelderlin* (texto: Hyperions Schicksalslied). Gravação da Sony. Um ano após a Ricordi registrou a obra completa (na segunda versão, reduzida, de 1985). Gravação também ao vivo, feita no Festival de Salzburg de 1993, com o Ensemble Modern e o Coro de Solistas de Freiburg, sob a direção geral de Ingo Metzmacher. São documentos imprescindíveis para a compreensão da música de Nono, ainda que não possam deixar de ser precários pela própria natureza da composição e pelas limitações técnicas do registro. No texto que acompanha o CD da Sony, Gottfried Eberle afirma que com o auxílio de refinados procedimentos eletrônicos ao vivo a música se move circularmente pelo espaço, mas adverte, em nota, que tal movimento circular não pode ser reproduzido de modo adequado pela técnica estereofônica, já que entre dois alto-falantes somente é possível um vaivém bidimensional. Aldo Brizzi, que generosamente me presenteou com a versão completa, comenta, numa carta, que "acima de tudo desaparece o prodigioso efeito de espacialização, que é a concepção e a estrutura mesma da obra. Ecos e ressonâncias errantes, efeitos sutilíssimos de respostas no espaço não permitem aqui uma verdadeira *experiência de escuta*". E conclui: "Talvez o projeto de Nono não se adapte ainda aos atuais sistemas de reprodução do som". Trata-se, de qualquer forma, de oportunidades raras para entrar em contato com as mais arrojadas concepções do músico italiano. Se não dão configuração definitiva à obra, entremostram seus poderosos recursos criativos e impressionam pela dignidade e pela dramaticidade. Outras relevantes composições da última fase de Nono que tiveram registro em disco, na década de 90, foram:

1) *A Pierre. Dall'azzurro silencio, inquietum*, para flauta-baixo, clarinete--baixo e eletrônica ao vivo (1985), homenagem aos 60 anos de Pierre Boulez. *Quando stanno morendo. Diario polacco 2* (1982) sobre textos de Milosz, Khliébnikov, Blok, Pasternak e Ady, reunidos por Massimo Cacciari, para quatro vozes femininas, flauta, violoncelo e eletrônica ao vivo (1982). *Post-prae-ludium per Donau* (1987), para tuba e eletrônica ao vivo. Com exceção da primeira, gravações públicas (Ricordi CRMCD 1003, 1991).
2) *Das atmende Klarsein* (1980-1981), sobre fragmentos das "Elegias de Duíno" de Rainer Maria Rilke e excertos de hinos órficos gregos, em montagem de Cacciari, para pequeno coro, flauta-baixo, *live electronics* e fita magnética. *Con Luigi Dallapiccola* (1979), para seis percussionistas,

quatro pick-ups, três moduladores em anel e três geradores de frequências. Acopladas a *...sofferte onde serene...* (1976). Gravação ao vivo – Festival de Salzburg – "Col Legno", WWE 31871, 1994.

3) *Guai ai gelidi mostri* (1983), também sobre textos coligidos por Cacciari (de Lucrécio, Ovídio, Nietzsche, Pound, Rilke e Gottfried Benn, entre outros), para flauta, clarineta, tuba, duas vozes contralto, viola, violoncelo e contrabaixo, e *Omaggio a György Kurtág* (1983, 1986), para contralto, flauta, clarineta, tuba e eletrônica ao vivo. Ensemble Recherche. (Auvidis Motaigne MO 782047, 1995).

Dentre as peças anteriores de mais difícil acesso, *Intoleranza 1960* veio a ter edição discográfica em 1995 (selo Teldec), numa execução da Orquestra Estadual de Stuttgart, sob a direção de Bernhard Kontarsky, gravada ao vivo em 1993.

Ustvólskaia: A Esfinge Musical da Rússia*

A abertura progressiva do regime soviético pós-Stálin e o final desmoronamento do totalitarismo comunista trouxeram à tona a obra de diversos compositores que haviam sido marginalizados pelos burocratas do "realismo socialista". Nomes como os dos russos Denísov, Schnittke, Gubaidulina, ou o do estoniano Arvo Pärt, todos nascidos em torno dos anos 30, são hoje bastante conhecidos no Ocidente e os catálogos discográficos de música erudita estão repletos de suas criações, que, além do seu valor intrínseco, constituem testemunho eloquente da força irreprimível e universal da música contemporânea – a música do nosso tempo, queiram ou não os preguiçosos auditivos.

Desconhecida até há pouco, uma nova personalidade vem de acrescentar-se à constelação emergente de artistas silenciados pela ditadura. Trata-se de uma compositora de nome arrevesado, Galina Ivânovna Ustvólskaia, cuja obra começou a ser divulgada em 1993. De geração bem precedente à dos seus colegas mais difundidos, anterior mesmo à dos criadores da "música nova" dos anos 50 – Boulez, Stockhausen, Nono, Berio –, ela nasceu em São Petersburgo, em 17 de junho de 1919. Como se não bastasse a redescoberta, na década de 80, da obra magna de Giacinto Scelsi e de Conlon Nancarrow, criadores originalíssimos, que refogem às classificações, a recente revelação das composições de Ustvólskaia constitui mais um "achado musical" de extraordinária significação, uma verdadeira bomba informativa de efeito retardado, capaz de infundir inédita coloração e vigor ao universo da música de invenção, a mais desafiadora da nossa época, "música para fortalecer os músculos do ouvido, os músculos da mente, e talvez os músculos da Alma" – como diria Charles Ives.

Nem é negligenciável a circunstância de ser ela uma mulher, quando se sabe que, embora muitas mulheres se tenham notabilizado como grandes intérpretes, poucas se destacaram como compositoras. E quando se considera que os músicos de tendências modernistas que permaneceram na URSS foram todos eles, de Mossolov a Schostakóvitch, obrigados a enquadrar-se em linhas tradicionais e a renunciar à aventura da experimentação, é ainda mais

* Publicado na *Folha de S.Paulo*, 1.9.1996.

surpreendente constatar que precisamente uma mulher haja tido a coragem de recusar-se a quaisquer concessões para manter a integridade de uma obra que afronta todos os dogmas do "realismo socialista", de forma tão radical e transgressora. Naturalmente, o preço que pagou foi o da marginalidade e o do anonimato, que só agora começam a ser rompidos.

Inútil procurar seu nome nos dicionários musicais ou nos livros sobre música moderna. Não tem registro[1]. O que sei sobre Ustvólskaia está nos folhetos dos quatro CDs que consegui, todos editados nesta década. Os dois que trouxe comigo de uma recente viagem a Amsterdã – um presente de Jan Wolff, diretor artístico da casa de espetáculos De Ijsbreker, prestigioso centro de música contemporânea e experimental na Holanda – e que me revelaram a sua música: o primeiro contendo *Trio para Violino, Clarineta e Piano* (1949), *Dueto para Violino e Piano* (1964) e *Sonata n. 5 em 10 Movimentos* (1986), lançado sob a rubrica da Hat Hut Records, em 1993; o segundo, reunindo as *Composições 1, 2* e *3* (1970-75), sob o selo da Philips, de 1995. Ambos interpretados pelo Schoenberg Ensemble, dirigido pelo notável pianista, regente e musicólogo holandês Reinbert de Leeuw. Quanto aos demais, um deles lançado pela Conifer Classics, em 1995, contendo *Octeto* (1950), a *Composição 3* (1974-1975) e a *Sinfonia n. 5* (*Amém*) (1990), ao lado do *Quinteto para Piano em Sol Menor*, Op. 57 (1940) de Schostakóvitch; o outro, pela Koch International Classics, em 1995, com o

1. Posteriormente à publicação deste artigo, obtive o livro de Frans C. Lemaire, *La Musique du XXe Siècle en Russie et dans les anciennes Républiques Sovietiques* (Paris, Fayard, 1994), excelente e bem informado panorama da música russa moderna. Lemaire, um dos primeiros divulgadores de Ustvólskaia, autor também dos comentários dos CDs da Megadisc (1995) reunindo obras da compositora russa sob a direção do seu compatriota Oleg Malov (MDC 7863 e 7865), dá-lhe destaque nesse compêndio, ainda que se mostre lamentavelmente tributário de uma visão diacrônica, quantitativa, que projeta como os dois maiores compositores da modernidade russa, no arco do século, Schostakóvitch e Schnittke, artistas que se marcam pela abundância e pelo ecletismo. O livro, aliás, patenteia *ad nauseam* as debilidades éticas e estéticas de Schostakóvitch, a despeito da boa vontade com que o vê o ensaísta. Nas antípodas, Boulez: "Troco toda a obra de Schostakóvitch por algumas pequenas composições de Stravínski como as três peças para clarineta ou as melodias russas". Por outro lado, em texto divulgado pela Internet (*The Lady with the Hammer/The Music of Galina Usvolskaya*), Ian MacDonald, autor do livro *The New Schostakóvitch* (Londres, 1996) e um entusiasta desse compositor, tenta arrefecer a idealização da figura de Ustvólskaia, sem deixar de reconhecer-lhe a radicalidade ("poucos homens, quanto mais mulheres, escreveram música tão violenta quanto esta"), enfatizando que mesmo ela, mormente na primeira fase de sua carreira musical, não pôde deixar de se render aqui e ali à mão de ferro soviética, com peças mais convencionais, como *O Sonho de Stenka Razin* (1948) ou *Fogo nas Estepes* (1958). Não fora assim, acentua, ela simplesmente não teria sobrevivido. Mas o certo é que Ustvólskaia renegou essas composições, eliminando-as drasticamente do seu catálogo, como já registrara Frans C. Lemaire, referindo-se a algumas delas em seu livro e nos comentários às gravações da Megadisc. Não há como comparar a audácia, o despojamento e a integridade da obra de Ustvólskaia com as oportunísticas idas-e-vindas da linguagem musical, já em si mesma moderada, de Schostakóvitch e suas incontáveis concessões à *nomenklatura*, que, de resto, ele passou a integrar, desde 1962, como membro do Soviete Supremo.

Grande Dueto para Violoncelo e Piano (1959), junto a duas composições de Sofia Gubaidulina, *In Croce, para Violoncelo e Órgão* (1979) e *10 Prelúdios* (1974). Se as belas criações de Gubaidulina, com sua desabrida exploração timbrística, se identificam plenamente com as da sua antecessora, o mesmo não se pode dizer do bem-comportado quinteto de Schostakóvitch, que, segundo informa Eric Rosberry, em sua monografia sobre o compositor, lhe valeu um comentário amistoso do *Pravda* ("liricamente lúcido, humano e simples") e um prêmio Stálin de 100.000 rublos... São polos opostos[2].

Ustvólskaia estudou, de 1937 a 1939, no Conservatório da sua cidade natal, tendo interrompido o curso durante a guerra para servir num hospital, e concluiu seus estudos musicais no Conservatório Rimski-Korsakov, onde foi aluna de Schostakóvitch, até 1947. Afirma-se que este a defendeu das acusações de "modernismo" na União dos Compositores Soviéticos e, tendo tido alguma influência sobre as suas composições de juventude, acabou influenciado por ela, no fim da vida, chegando a submeter suas próprias obras ao julgamento da compositora.

Poucos terão utilizado a dissonância com a violência e a diretidade com que Ustvólskaia a usa. Embora haja óbvios antecedentes na própria tradição moderna russa, em Stravínski por certo, mas também em manifestações quase-futuristas de autores da geração que a precedeu imediatamente, como Prokofiev, Mossolov e Popov, as mais ousadas antecipações parecem ensombrecer perto das compactas explosões sísmicas dos desacordes da compositora. Desde os exemplos mais antigos de suas obras, em torno dos anos 50, o *Trio para Violino, Clarineta e Piano*, o *Octeto*, *O Grande Dueto para Violoncelo e Piano*, sua personalidade se desgarra e se singulariza pelo ascetismo e radicalidade das intervenções sonoras, com um matiz percussivo obsedante, que levou, por sinal, Elmer Schoenberger a denominá-la "a dama do martelo". Complementam a dissonância cacofônica de suas obras uma extrema concisão, que se condensa em blocos sumários de encadeamentos de sons, atravessados de silêncios, e a formação contrastante, conflituosa,

2. Em carta ao autor (13.9.97), afirma Ustvólskaia: "Se você quer saber minha opinião sobre D. D. Schostakóvitch, aqui vão alguns extratos do meu depoimento divulgado pela Rádio Liberdade ("Svoboda") em 4 de abril de 1995 e incluído no programa *Além das Barreiras*: "Eu estou dizendo tudo isso com o fim de ao menos reestabelecer a VERDADE sobre as minhas relações com Schostakóvitch bem como a VERDADE sobre o próprio Schostakóvitch como homem e como compositor. [...] Eu gostaria de acentuar o fato de que em nenhuma época, mesmo quando eu estudava em sua classe no Conservatório, nem sua música nem sua personalidade eram congeniais a mim. Eu poderia expressá-lo de maneira mais clara: tanto durante meus estudos como nos últimos anos a música de Schostakóvitch era inaceitável para mim e sua personalidade, lamento dizê-lo, somente agravava minha atitude dolorosamente negativa para com ele. Mas acho que não é adequado estender-me sobre esse ponto. Uma coisa fica evidente: a figura de D. D. Schostakóvitch, com toda a sua aparente eminência, nunca foi eminente aos meus olhos. Ao contrário, sua personalidade me oprimiu e aniquilou os meus melhores sentimentos. Eu sempre pedi a Deus que me desse força para realizar a minha obra e ainda continuo a pedir-Lhe a mesma coisa".

do instrumental. Quando a reunião dos instrumentos não é inusitada, como no *Dueto para Violino e Piano*, os registros contrastam agressivamente, graves contra agudos, massas sonoras contra sons isolados, *clusters* contra pontilhismos, fortíssimos contra pianíssimos, glissandos diante de *staccatos*, ataques *versus* silêncios, numa tensão rítmica permanente. Noutras criações os estranhos grupos instrumentais acoplados já são, por si sós, expressões de conflito. É o caso da *Composição 1 – Dona Nobis Pacem*, de 1970-1971 (flautim, tuba e piano), da *Composição 2 – Dies Irae*, de 1972-1973 (oito contrabaixos, caixa de 43 x 43 cm e piano) e da *Composição 3 – Beneditus qui Venit*, de 1974-1975 (quatro flautas, quatro fagotes e piano). Mas a timbrística contrastante é explorada da maneira mais radical possível, agravada por ataques bruscos dos instrumentos, cachos de sons em regiões incomuns vazados por sopros e pianos pianíssimos. A *Sonata n. 5 em 10 Movimentos*, com sua dinâmica exaltada pelo martelamento de células sonoras obsessivas, concebida quando Ustvólskaia já chegava aos 67 anos, mostra que a idade não lhe atenuou a rebeldia. E se em criação ainda mais próxima, a *Sinfonia n. 5*, de 1990, o Padre Nosso recitado enfaticamente pelo narrador parece contradizer a austeridade da obra – a menos que se trate de "uma escolha irônica" de Ustvólskaia, como sugere Louis Blois, ou de uma interpretação extrovertida (contra a expressa recomendação da compositora: "com emoção interior") – a dureza e a secura do percussionismo orquestral confirmam ainda as propostas anteriores, mantendo basicamente a sua coerência.

O elementarismo formal e a agressividade ruidística de sua obra levaram um outro estudioso, Theo Hirsbrunner, a invocar Stravínski e Maliévitch: "Como Stravínski em *A Sagração da Primavera*, a compositora retorna aos tempos pré-históricos. Os instrumentos são obviamente modernos e já têm sido usados das mais diversas formas na música europeia. Mas aqui tem-se a impressão de que foram tomados por seres selvagens que impõem a sua natureza enlouquecida sobre eles, não para menoscabar uma audiência culta, mas para enviar gritos de socorro nascidos da aflição. Nesse sentido, a música se torna um sinal: ela não mais gesticula mas se petrifica em alguns poucos símbolos esparsos, tais como os que podemos observar nos quadros de Kasimir Maliévitch. Ustvólskaia está escrevendo música suprematista muito depois dos pintores de quadros suprematistas, que se tornaram peças de destaque nos museus do mundo ocidental, mas foram banidos na União Soviética. Durante os anos 70, ninguém em Leningrado pensava em *glasnost* e *perestroika*, mas em suas composições Ustvólskaia ligou-se à tradição da vanguarda russa: com intransigência reconsiderou *ex novo* os elementos musicais, deixando-os no seu estado primigênio, ainda não tocado pela civilização". Para Alain Poirier sua música lembra "a obra eruptiva de Varèse", parecendo num primeiro momento "totalmente desvinculada de qualquer tradição, ainda que sua essência e sua justificativa estejam enraizados numa herança modal consideravelmente colorida e enriquecida por poderosos efeitos de ressonância". Louis Blois evoca a imagem de personalidades independentes como Giacinto Scelsi, que lhe parecem afins em espírito, senão em estilo.

A mim, sua "arte de recusas" me faz pensar em duas outras grandes mulheres – na revolução silenciosa e solitária dos poemas de Emily Dickinson, que ficaram inéditos durante a sua vida, e, dentro da própria União Soviética, na trágica insubordinação dessa descendente espiritual de Emily, a poeta-suicida Marina Tsvietáieva, uma das muitas vítimas do stalinismo. Ustvólskaia é – quem sabe – a Tsvietáieva pós-suprematista da música moderna.

Ela própria não nos ajuda a desvendar o enigma de sua obra: "É muito difícil falar sobre a própria música. Minha habilidade para compor infelizmente não é igualada por minha habilidade para escrever sobre minhas composições. Além disso, há quem diga que uma exclui a outra. Peço a todos os que realmente amam a minha música que renunciem a sua análise teórica".

Refletindo, não obstante, sobre as suas *Composições 1 a 3*, Alain Poirier, guiado pelos títulos que a autora lhes deu, julga ver aí uma "missa em miniatura", que passaria em arco do apelo à paz ao "dia da ira" e à expectativa do Redentor. Se assim for, trata-se também, ao que parece, de uma alegoria da penitência e da esperança do povo soviético. Mas é tal a sua explosividade sonora, que eu me pergunto se essas peças não teriam algo de uma "missa negra", como de certa forma aquela *Sonata da Chiesa*, que Virgil Thomson produziu em 1926, obra notável na opinião de John Cage, compactando culto negro protestante americano, ritmos de tango sincopado e uma "fuga para acabar com as fugas" (expressão de Cage) num concerto dissonante onde trocam de papel cinco instrumentos disparatados – uma clarineta em mi bemol, um trumpete em ré, uma viola, uma trompa em fá e um trombone. Só que Ustvólskaia vai ainda mais longe, no trovejante "rumoratório" (para aludir ao *roaratorio* cageano) da sua minimissa laica. A começar pelo inusitado solo de tuba que inicia as células fugais da *Composição 1 – Dona Nobis Pacem*, entrecortada de gemidos do flautim e do piano em sinistro acoplamento sonoro. Aglomerando-se às vezes em quase-canons burlescos, essas figuras martelantes se chocam, durante todo o desenvolvimento da fuga, com imprevisíveis ruminações surdinantes do piano, do flautim e da tuba, para mais adiante serem revisitadas por explosões percussivas das caixas e *clusters* contrabaixísticos (*Composição 2 – Dies Irae*), até esmorecerem nos sopros e pianíssimos agonizantes da *Composição 3 – Beneditus qui Venit*, que Louis Blois avizinha da *Pergunta sem Resposta* de Charles Ives. Sem querer semantizar o insemantizável musical, não há como evitar a sensação de perceber nessa conflagração sonora um *pathos* de tragédia pessoal e coletiva. De um lado, a truculência da tuba e do flautim em registros extremos, a empostação bufo-marcial das caixas, as intrusões do piano e dos contrabaixos em massas opressivas. De outro, o estertorar agônico do piano e dos demais instrumentos em humílimas intervenções na fímbria do silêncio. "As minhas obras não são religiosas no sentido literal, mas estão cheias de espírito religioso e, no meu modo de sentir, soariam melhor no interior de uma igreja, sem introduções e análises de caráter acadêmico. Nas salas de concerto, ou seja, em ambiente 'profano', resultariam diferentes" – afirma, sempre enigmática, a compositora.

Não é possível ainda definir com precisão o espaço da música russa em nosso século, sacrificada como o foi pelo interdito stalinista. Entre Scriabin e Stravínski há um vazio que só será preenchido quando a obra teórica e prática de Obuhov (1892-1950) e Vischniegradski (1893-1979), expatriados russos, pioneiros da música atonal e microtonal, puder ser melhor conhecida, assim como a dos ultracromatistas Nikolai Roslavetz (1881-1944) e Arthur Lourié (1893-1966). Mais significativa do que parecia é a música da fase não policiada dos "modernistas" como Mossolov (1900-1973) e Popov (1904-1972) – o CD *Music of the First October Years*, do selo Olympia, editado em 1988, nos dá alguma ideia dessa produção, potencialmente rica, como o comprovam a *Sinfonia de Câmara em Dó Maior*, Op. 2 (1927) de Popov, os *4 Anúncios de Jornal* e os *3 Esboços Infantis*, Op. 18 (1926) de Mossolov, um compositor que chegou a interessar a Giacinto Scelsi quando foi divulgada na Europa a *machine music* futurista de sua obra Zavód (*Fábrica*), extraída do balé *Stal* (*Aço*), de 1927. Três anos depois, Pierre Monteux dirigiria, em Paris, o poema sinfônico *Rotative*, para três pianos, metais e percussão, de Scelsi, na mesma linha de perquirições. Algumas obras pianísticas dos anos 20 desse compositor russo, que podem ser ouvidas no CD *Mossolov – Works for Piano* (editado pela gravadora Le Chant du Monde, em 1991), mostram-no laborando num instigante enclave entre o cromatismo pós-scriabiniano e o brutalismo ruidista da música-da-máquina[3]. Como se vê, são informações recentes sobre um período por muito tempo rasurado da história musical do nosso século pela censura stalinista. Ustvólskaia não há de ter sido indiferente a essas afinidades com a marginalidade vanguardista russa.

Se as aproximações nos auxiliam, suprindo a reticência da compositora, a compreender e situar, no contexto de sua pátria e da música contemporânea, o significado da esfíngica presença de Ustvólskaia – ainda viva, com 77 anos –, é preciso que se diga que, de fato, e apesar de todos os precedentes, em última análise sua obra não se parece com nada. E aí reside a sua grandeza. Sem apelações, sem chorar, sem cantar, sem contar, em completo isolamento,

3. Outro bom documento da época é o CD *Soviet Avant-Garde*, da Hat Hut Records (1994), que mostra uma interessante seleção da produção pianística das primeiras décadas, em execução de Steffen Schleiermacher. Mas um nome relevante, o de Sierguei Protopopov (1893-1954), acrescenta-se aos de Mossolov, Lourié e Roslavetz, ganhando particular destaque as explorações ultrascriabinianas, aventurosas e concisas, desses dois últimos, especialmente em *Syntheses* (1914) e em *Formes en l'air* (1915) de Lourié.

ela responde com sua música insólita pelo que há de mais íntegro, mais ético e mais insubornável na dignidade espiritual do artista e do ser humano. Conseguiu ser ela mesma, contra todas as pressões e opressões. Ao mesmo tempo, talvez pela própria solidão periférica de seu trabalho em relação aos centros de gravitação europeus, logrou criar uma obra original, à margem de todas as originalidades da música do seu tempo. Extraiu branco do branco. Silêncio do silêncio. Um silêncio que grita. Grito tão alto e de tanta intensidade que talvez não seja escutado pelos ouvidos anestesiados da maioria silenciosa, mas que, ao menos, já não pode ser silenciado.

Obras Catalogadas de Ustvólskaia

1. 1946 – *Concerto para Piano*
2. 1947 – *Sonata n. 1 para Piano*
3. 1949 – *Sonata n. 2 para Piano*
4. 1949 – *Trio para Violino, Clarineta e Piano*
5. 1949/1950 – *Octeto para 2 Oboés, 4 Violinos, 2 Tímpanos e Piano*
6. 1952 – *Sonata n. 3 para Piano*
7. 1952 – *Sonata para Violino e Piano*
8. 1953 – *12 Prelúdios para Piano*
9. 1955 – *Sinfonia n. 1*
10. 1957 – *Sonata n. 4 para Piano*
11. 1959 – *Grande Dueto para Violoncelo e Piano*
12. 1964 – *Dueto para Violino e Piano*
13. 1970/1971 – *Composição n. 1 (Dona Nobis Pacem) para Piano, Violoncelo, Flautim e Tuba*
14. 1972/1973 – *Composição n. 2 (Dies Irae) para 8 Contrabaixos, cubo (43 x 43cm) e Piano*
15. 1974/1975 – *Composição n. 3 (Benedictus qui Venit) para 4 Flautas, 4 Fagotes e Piano*
16. 1979 – *Sinfonia n. 2*
17. 1983 – *Sinfonia n. 3*
18. 1985/1987 – *Sinfonia n. 4 (Prece), para Trumpete, Gongo, Piano e Contralto*
19. 1986 – *Sonata n. 5 (em Dez Movimentos) para Piano*
20. 1988 – *Sonata n. 6 para Piano*
21. 1990 – *Sinfonia n. 5 (Amen), para Oboé, Trumpete, Violino, Percussão e Recitante*

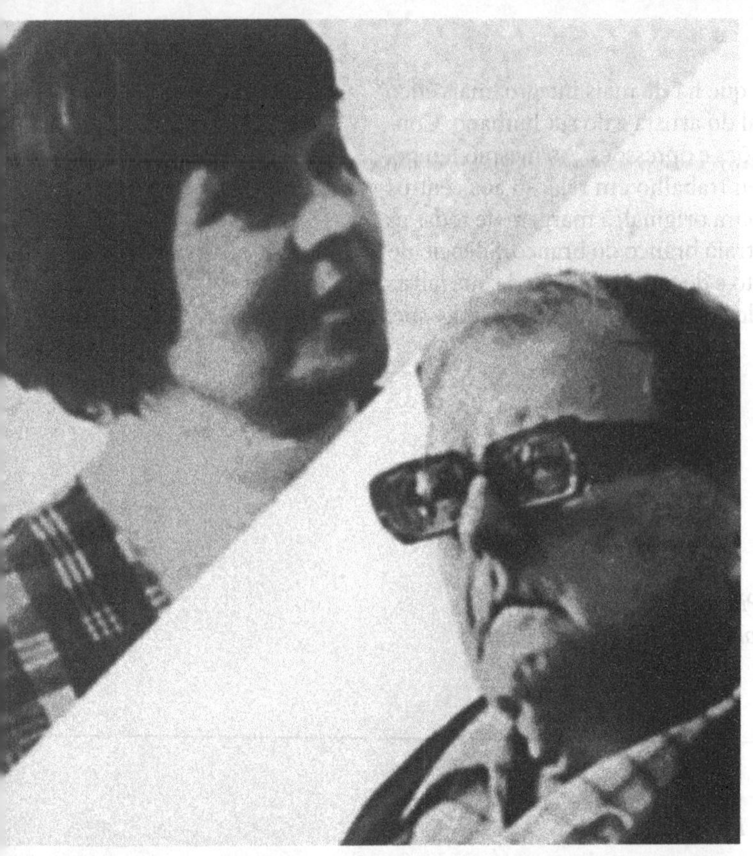

Raras fotos de Ustvólskaia. Com Schostakóvski, em pólos opostos, tal como aparece na capa do CD 75605 (Conifer Classics), de 1994, e em foto divulgada no "web site" de G. Schirmer Inc. e na quarta capa dos CDs da Megadisc Classics (MDC 7863 e 7865), de 1995.

"Sua música é como o feixe de luz de um raio laser, capaz de atravessar o metal." (Boris Tichtchenko)

Sendo tão escassa a informação disponível sobre a compositora russa, pareceu-me útil juntar a este artigo a lista cronológica das suas obras, para orientação do leitor interessado. São, conforme o catálogo publicado pela Casa Hans Sikorski de Hamburgo, em 1990, apenas 21 composições (menos de seis horas de música). Quase todas elas já estão registradas em disco. No entanto, Ustvólskaia, na mesma carta referida em nota ao meu artigo, faz severas restrições a várias das gravações até aqui aparecidas, tendo-as como imperfeitas e inadequadas. Ela destaca a excelência das gravações sob a regência de Reinbert de Leeuw, comentadas em meu estudo, assim como as dos *12 Prelúdios* e da *6ª Sonata* pelo pianista David Arden (CD Koch Internacional Classic KIC 37301-2, lançado em 1995) e das seis sonatas para piano pelo inglês Frank Dreyer (CD Conifer Records 75605 51262 2, também de 1995). Observação à parte: é tal o rigor seletivo de Ustvólskaia, que ela, louvando a execução de Arden, parece não se importar com o tratamento discriminatório que a Koch lhe reservou, omitindo o seu nome da capa do CD, onde aparecem com destaque, em primeiro plano, o nome de Górecski, e em segundo o de Arvo Pärt. Isso apesar de ser dela a maior fatia do disco. De todo modo, as duas curtas composições de Pärt, peças circunstanciais e pouco significativas, assim como o brilhantismo algo superficial de Górecski, empalidecem ainda mais diante das obras de Ustvólskaia, sua "ferocidade e veracidade", para usar as palavras de Mark Swed, o autor das notas do disco. Ela também aprova com entusiasmo a gravação do seu *Concerto para Piano e Orquestra*, regido por Heinrich Schiff, tendo como pianista Alexei Liubimov. E afirma que a melhor interpretação do *Grande Dueto para Violoncelo e Piano* é a de Rostropóvitch e Liubimov, gravada em novembro de 1996 e recentemente divulgada no disco-bônus que acompanha a caixa comemorativa dos 70 anos do célebre violoncelista, sob o título *The Russian Years 1950-1974*, contendo 13 discos (EMI Classics, 1997). Ainda em 1997, em 21 de agosto, no 33º Festival Música Nova, o pianista brasileiro Paulo Álvares, residente em Colônia, Alemanha, interpretou pela primeira vez entre nós as dificílimas *Sonatas n. 5* e *6*, a meu ver, com muito brilho, lembrando, em entrevista, que a compositora "indica, na partitura, que o barulho dos ossos do pianista batendo nas teclas deve ser ouvido pela plateia".

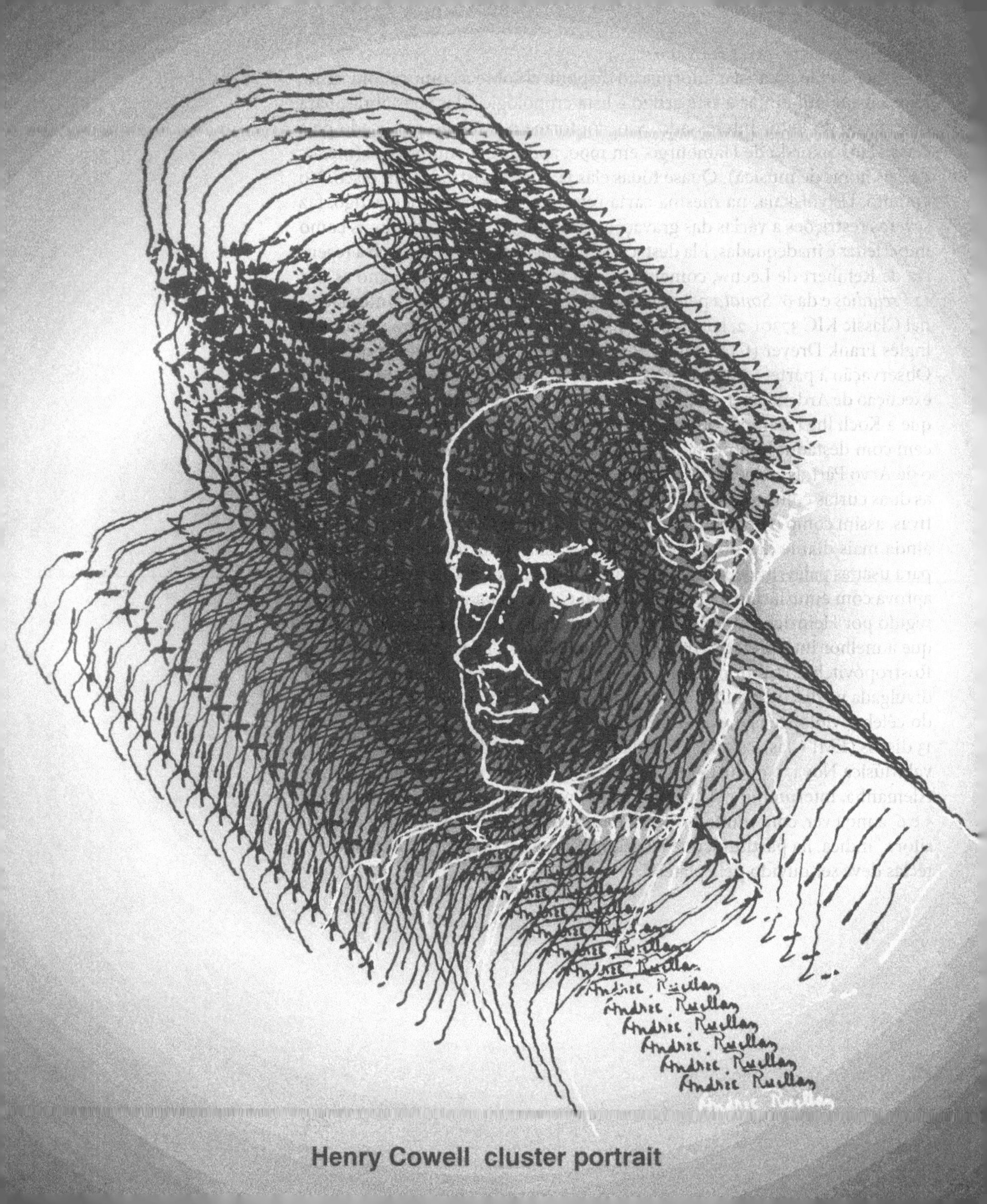

Henry Cowell cluster portrait

Henry Cowell: Sons de "Agora"*

Passou em níveas nuvens, entre nós, o centenário de nascimento de Henry Cowell, o notável compositor norte-americano cujas ideias e criações tanto contribuíram para mudar o panorama da música do nosso tempo, a música de "agora". Aquele a quem John Cage definiu, certa vez, como "*o abre-te Sésamo* da Música nova da América". Estou com Stockhausen: "Devemos ouvir a música 'velha' um dia por ano e nos outros 364 dias devemos ouvir música de 'agora' ". No Brasil, é o contrário. Ouve-se música "velha" 364 dias por ano... Morreu, no ano passado, aos 66 ou 67 anos, Édison Denísov, um dos melhores compositores da nova geração da música moderna que floresceu à margem dos interditos stalinistas, na ex-URSS. Dos jornais brasileiros, só um noticiou o seu desaparecimento, em duas linhas, trocando o nome do compositor por "Desinov"... Se este tratamento desidioso é o que reservam os nossos meios de comunicação para a música contemporânea, não há o que fazer senão conferir a degradação e a mediocrização do gosto artístico. E tome *tchan*.

Henry Dixon Cowell nasceu em Menlo Park, Califórnia, em 11 de março de 1897, tendo falecido em 1965. Desenvolveu intensa atividade como compositor, musicólogo, professor de música, crítico e produtor musical. É o grande teórico dos *clusters* (cachos de sons), agregados sonoros produzidos no piano com emprego do antebraço, do punho ou da mão espalmada, uma prática inteiramente nova e depois dele adotada com frequência pelos compositores modernos. Foi também um dos primeiros, senão o primeiro, a integrar às suas composições a produção de sons diretamente tocados na harpa do piano. Essa "despianização" do piano, ou a redefinição e reorientação de suas potencialidades no sentido do aproveitamento de suas qualidades percussivas e repercussivas, apenas vislumbrada nas *Noces* de Stravínski, seria objeto de uma coerente e concentrada perquirição por Henry Cowell e através dele chegaria a outro grande inventor da música contemporânea, o seu discípulo e conterrâneo (também californiano) John Cage, e a outras grandes invenções, como o "piano preparado".

* Publicado na *Folha de S. Paulo*, 8.6.1997.

Cowell estudou música inicialmente em Berkeley e Stanford (com o renomado musicólogo Charles Seeger). Tinha apenas 14 anos quando realizou a sua primeira composição com *clusters*, *Adventures in Harmony* (1911). No mesmo ano saiu a sua primeira obra publicada, *The Tides of Monaunaun*, também com emprego de *clusters* e que ele executaria pela primeira vez em 12 de março do ano seguinte, no San Francisco Musical Club, um dia depois de ter completado 15 anos. "Fui influenciado por Ives, Schoenberg, Stravínski e muitos outros antes mesmo de tê-los ouvido", comentaria anos depois humoradamente o compositor, acrescentando: "há uma força maior numa ideia quando ela brota ao mesmo tempo em vários lugares diferentes". Incentivado por Seeger, tratou de elaborar um livro que compendiasse e sistematizasse suas ideias sobre harmonia, ritmo e *clusters*. Assim nasceria o hoje clássico *New Musical Resources*, que ele completou em 1919 mas que só conseguiu ver publicado em 1930. Uma segunda edição, organizada e comentada por Joscelin Goldwin, veio a ser divulgada em 1969 pela histórica editora de vanguarda Something Else Press, de Dick Higgins, a mesma que se envolvera na publicação de obras raras da vanguarda e de novas obras provocativas, como as de Gertrude Stein e de John Cage e a *Anthology of Concrete Poetry*, selecionada por Emmet Williams e estampada dois anos antes.

New Musical Resources trata, mais precisamente, da influência da série harmônica, ou série dos harmônicos – os sobretons produzidos acima da nota fundamental pelas vibrações, quando um som é emitido – na produção musical e dos recursos por ela oferecidos para a música moderna. Como se sabe, os harmônicos se relacionam ao som fundamental, e entre si, em proporções matemáticas, e se estendem indefinidamente, soando ao mesmo tempo que ele ou depois dele. Cowell esclarece que os instrumentos antigos não eram tão ricos em harmônicos como os modernos, o que induzia a pensar que somente a tríade maior, formada pelos sons mais baixos da série harmônica, era consonante. Os instrumentos atuais, fazendo ouvir harmônicos mais altos, tornam o ouvido mais familiar com o que antes era considerado dissonante. Se combinarmos os harmônicos em acordes, verificamos que o ouvido tende a aceitar mais prontamente as combinações feitas com os tons mais baixos da série harmônica. Mas as chamadas dissonâncias nada mais são do que o resultado das combinações propiciadas pelos harmônicos superiores. Assim, conclui Cowell, a aceitação ou rejeição deste ou daquele complexo sonoro depende em grande parte da familiaridade do ouvinte com tal acorde, o que aponta para a relatividade dos conceitos de consonância e dissonância, fenômenos produzidos naturalmente pela vibração sonora e intrinsecamente articulados. Toda a música moderna se assenta na "emancipação da dissonância" (Schoenberg) e na incorporação dos mais variados segmentos da experiência auditiva, não só o som consonante ou dissonante, mas o não som, o ruído e o silêncio. E todo um movimento ou uma tendência de compositores da quadra mais recente, relacionados, direta ou indiretamente, à chamada música "espectral" – de Scelsi e Nono a Radulescu e Brizzi – além de outros, independentes, como Ligeti e Stockhausen (este, especificamente, em *Stimmung*) vem-se dedicando à exploração das virtualidades dos harmônicos superiores ou das harmonias sobre acordes de segunda. Daí a relevância que assume o tratado de Cowell, como um documento lúcido e premonitor com relação aos desenvolvimentos da música atual.

Mas não se pense em Cowell como um mero anatomista de fenômenos acústicos e musicais. Ele deve ser visto, antes, como um típico "inventor" americano, da índole de Ives e Cage, sendo em grande medida um autodidata que criou música altamente estimulante e inspiradora. Excelente pianista, começou sua carreira em 1912, em San Francisco, executando suas próprias composições. Desde 1923 fez muitas apresentações na Europa e nos Estados Unidos, tendo estreado no Carnegie Hall com um concerto fulcrado em suas músicas para *clusters* em 1924. Na década de 30, colaborou com Leon Theremin na criação de um aparato, o Rhytmicon, capaz de tocar 16 ritmos ao mesmo tempo, viabilizando muitos dos seus experimentos, que pareciam impraticáveis na fase pré-eletrônica e pré-digital. Não parou nos *clusters*. Cage credita-lhe algumas das primeiras incursões na música indeterminada, em composições como *Mosaic Quartet* e *Elastic Musics*, que admitem intervenções optativas do intérprete. Por outro lado, era um etnomúsico: interessou-se desde cedo por música das mais diversas procedências, abeberando-se em fontes irlandesas, a princípio, em função de seus ascendentes, mas pesquisando também música do Japão, da Índia, do Irã, da Islândia e de regiões menos frequentadas dos próprios Estados Unidos. Foi, na verdade, um dos primeiros estudiosos americanos a aprofundar-se no conhecimento da música oriental, preocupação que transmitiu a alunos como John Cage e Lou Harrison. Lecionou em diversas escolas e universidades e dirigiu várias entidades ligadas ao ensino, à divulgação, à edição e ao patrocínio de compositores modernos nos Estados Unidos. Além de *New Musical Resources*, publicou dois outros livros importantes, *American Composers on American Music* (1933) e (com sua mulher Sidney Cowell) *Charles Ives and His Music* (1955), que contribuiu decisivamente para a revisão crítica do patriarca da música moderna americana. Em 1927, fundou uma publicação especializada, *New Music*, onde divulgou pela primeira vez inúmeras partituras modernas, entre as quais a *Segunda Sonata para Piano* ("The Airplane") de Antheil, *Ionisation* de Varèse e a canção *Liebste Jungfrau* do ciclo de canções Op. 17 de Webern (chegou até a tentar trazer o compositor vienense para os Estados Unidos, em 1931, por intermédio de Adolph Weiss, discípulo americano de Schoenberg). Sempre voltado para os novos caminhos, escreveu regularmente para *The Musical Quarterly* e nessa revista publicou, em janeiro de 1952, a análise mais abrangente e detalhada das obras de Cage que até então se produzira, um estudo que ainda hoje se revela atual e pertinente.

A música generosamente exploratória de Cowell é abundante. Não é fácil fazer um juízo absoluto do valor do seu largo acervo de produções, até mesmo pela falta de mapeamento sonoro completo e, ainda mais, pela dificuldade de obter no Brasil aquilo que já está registrado. Conheço-a, no entanto, há muitos anos, através de um dos seus melhores documentos, a gravação de 19 obras para piano executadas pelo próprio Cowell, num LP de 1951, do selo Circle Records (*Piano Music of Henry Cowell*). O LP original se fazia acompanhar de um disco-filhote com um depoimento do próprio compositor comentando suas obras. A gravação, completa, veio a ser reeditada em 1963 e mais recentemente em 1993 pela Smithsonian/Folkways Recordings. Aí estão algumas das composições mais representativas da inventividade de Cowell. A inacreditavelmente precoce *Tides of Manaunan*, já mencionada, escrita entre 1911-1912. *Dynamic Motion* (1914-1915), em módulo de *machine music*, explorando as dissonâncias dos harmônicos superiores numa sucessão de *clusters* obsessivos e progressivos. Na mesma linha de agressividade, *Antinomy* (1914), com *clusters* massivos e furiosos e melodias dissonantes; ou *Advertisement*, do mesmo ano, com vertiginosos *clusters* de movimento contrário, em crescendo e diminuendo; e *Fabric* (*c.* 1917), em que cada uma das três vozes tem um ritmo independente, cinco batidas na linha melódica mediana contra seis ou sete na linha superior e três ou quatro na inferior em um mesmo compasso, formando um intrincado tecido polirítmico. Em polo oposto, os glissandos repousantes de *Aeolian Harp* (1923), tocada diretamente nas cordas do piano, seguida de *Sinister Resonance* (*c.* 1930), esta, de volta ao teclado, mas com manipulação das cordas de modo a obter harmônicos imprevistos e contrastantes ressonâncias percussivas; ou ainda, *Fairy Answer* (1924), em que se desenvolve um doce diálogo de ecos entre teclas e glissandos, *clusters* e cordas; ou as orientalizantes *Amiable Conversation* (1917) e *Snows of Fujyiama* (1922), que utilizam escalas e *clusters* pentatônicos. Uma tensão subliminar entre voz e som parece animar a impressionante *The Banshee* (*c.* 1925), que alude à criatura fantástica do fabulário irlandês, o espírito anunciador da morte: "gemidos" quase-humanos e timbres pré-eletrônicos brotam das cordas esfregadas longitudinalmente ou beliscadas, segundo várias técnicas, conjugadas à compressão silenciosa dos pedais do piano (por um segundo executante). Em contrapartida, em *Harp of Life* (1924), que simula a grande harpa cósmica da mitologia céltica, criadora da vida, os *clusters* arpejados crescem em ondas trovejantes a culminar em vibrações "simpáticas" de sons-fantasmas produzidos pela pressão dos dedos nas teclas, sem tocar. Uma dialética de som e silêncio que se expande em *Tiger* (*c.* 1928), obra sugerida pelo poema de Blake, onde macro-*clusters* dissonantes

Henry Cowell ao piano, executando uma de suas obras.

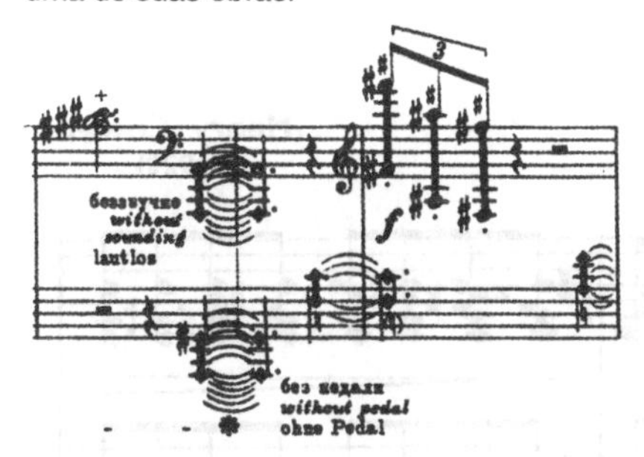

Alguns "clusters" extraídos da partitura de *Tiger*.

Primeiros compassos de *The Banshee*, com algumas das instruções de Cowell sobre a notação.

3. The Banshee

Henry Cowell
(1925)

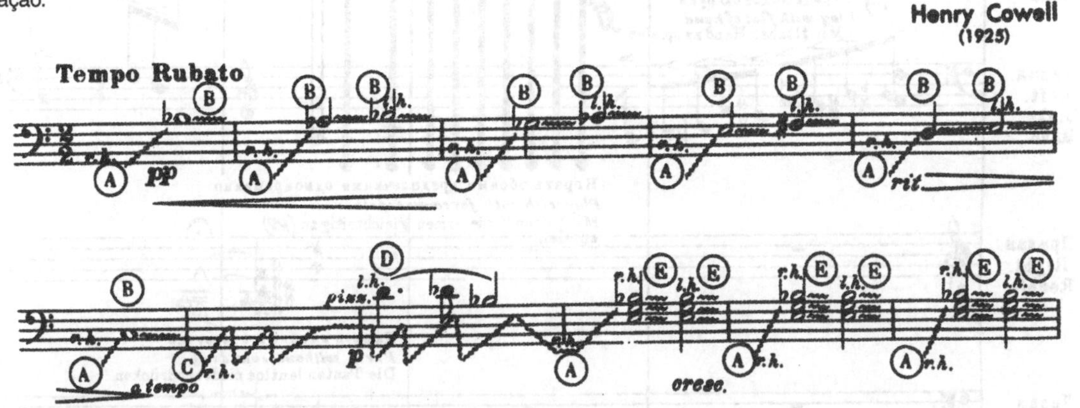

O executante toca diretamente nas cordas do piano, auxiliado por outro que deve manter o pedal abafador abaixado durante toda a execução. Abreviações: r. h. = mão direita, l. h. = mão esquerda.

(A) indica que se deve deslizar com a polpa do dedo da corda mais baixa até a nota.

(B) indica que se deve deslizar com a polpa do dedo ao longo da corda relativa à nota.

(C) deslizar para cima e para baixo do lá mais baixo para o mais alto si bemol da composição.

(D) tocar a corda com a polpa do dedo, onde estiver escrito, em lugar de uma oitava mais baixo.

(E) deslizar por três notas juntas na mesma maneira que (B).

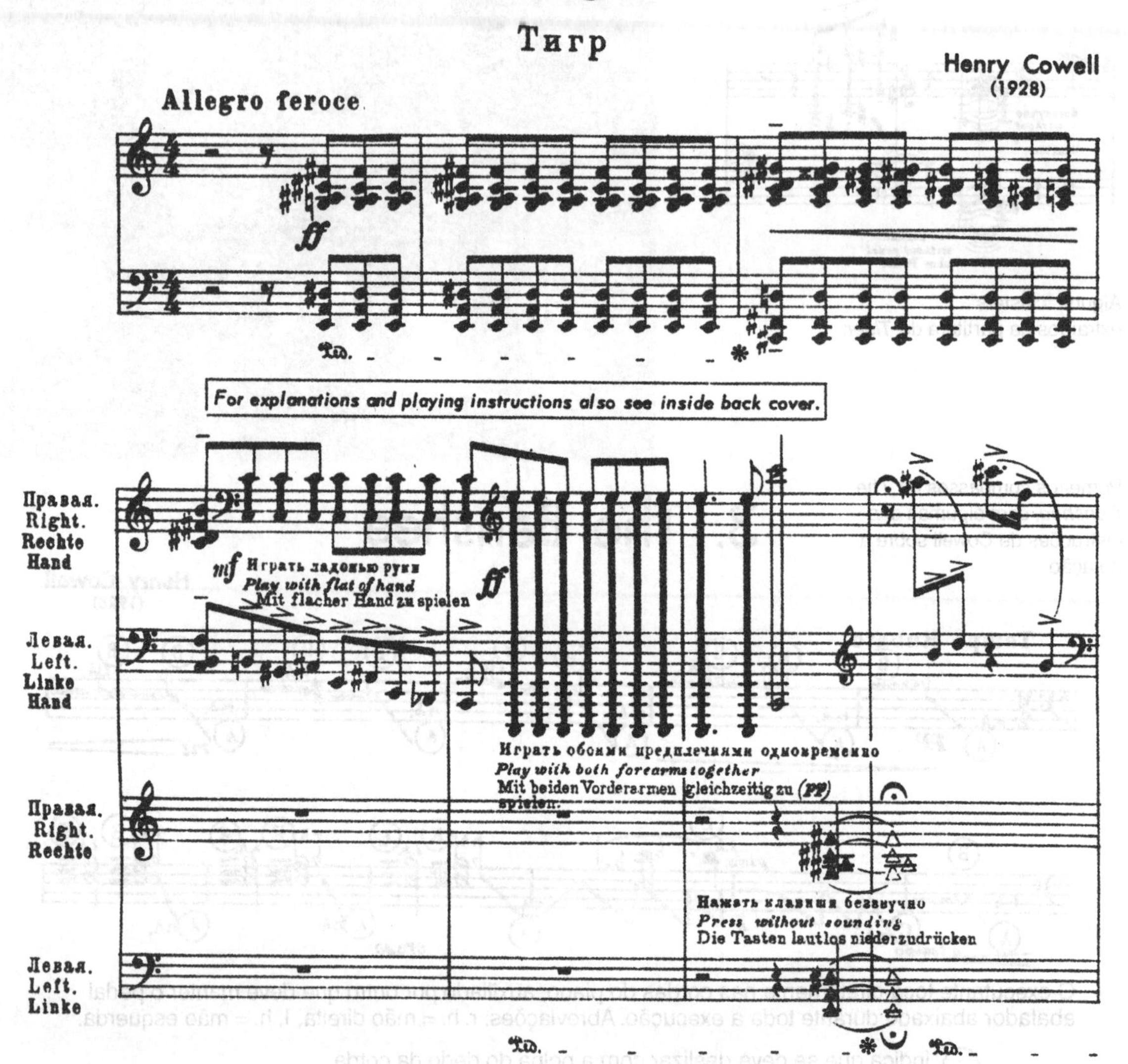

Página inicial da partitura de *Tiger*, de Henry Cowell, onde se vêem as marcações dos "clusters".

(que, como no caso anterior, chegam a atingir quatro oitavas, exigindo do intérprete o uso dos dois antebraços) se dissolvem nos macro-silêncios plenos de emanações "simpáticas" dos agregados negativos. Música maravilhosa e fascinante, capaz de silenciar toda e qualquer "clusterfobia"...

Uma curiosidade. *Tiger* foi editada pela primeira vez na Rússia pré-Stálin, na década de 20, tendo sido Cowell o primeiro pianista americano a se apresentar na antiga URSS, onde a "música da máquina" tinha, àquela altura, ativistas como Prokofiev e Mossolov, que em 1927 acertavam, os dois, o passo, respectivamente, o primeiro com *Zavód* (*Fábrica*), composição originada do balé *Aço*, conhecida no Ocidente como *Les Fonderies d'Acier* ou *Iron Foundry*, e o segundo com o balé *Le Pas d'Acier* ou *The Steel Stride*... Não é impossível que Ustvólskaia, a "dama do martelo", que faz largo uso dos *clusters* em suas obras, tenha tomado conhecimento da obra de Cowell, cuja partitura, hoje publicada pela editora Associated Music Publishers, de Nova York, ostenta ainda as instruções alternativas em russo. Assim parece pensar Jean Vermeil, ao escrever a sua introdução às *6 Sonatas para Piano* de Ustvólskaia, na execução de Marianne Schroeder, aventurando uma genealogia constelacional para as obras pianísticas da enigmática compositora russa, onde entrariam elementos da antirretórica de Satie, refletida no ascetismo da música de Cage, e instigações da linguagem dos construtivistas russos como Roslavetz e Lourié, dos sonoristas da máquina como Mossolov e Prokofiev (período parisiense) e dos *clusters* compactos de Cowell.

Outra composição antológica de Cowell é *Ostinato Pianíssimo* (1934), gravada pela primeira vez num LP do selo Mainstream do fim da década de 50, "Concert Percussion for Orchestra", com The Manhattan Percussion Ensemble, dirigido por Paul Price e John Cage – um item de colecionador, onde se encontram ainda, entre outras obras de Cage, Lou Harrison e William Russell, duas das *Ritmicas* (1930), do compositor cubano, precocemente falecido, Amadeo Roldán (Paris 1900, Havana 1939), que precedeu Varèse na composição de música só para percussão. *Ostinato Pianíssimo* foi concebida para um conjunto percussivo incomum: dois *string pianos* (pianos de cordas), nos quais as cordas embora percutidas normalmente por martelos são abafadas pelo toque das mãos, oito bacias de arroz de várias alturas, xilofone, marimba, dois blocos de madeira, um tamborim sem os retintins usuais, um *güiro*, dois bongós, três tambores e três gongos. "As partes dos vários instrumentos têm comprimentos diferentes e cada uma delas é repetida, constantemente, em diferente forma rítmica pelas 11 páginas da partitura", explica-se na apresentação do disco. Uma fantasia obsessiva monotemática, mas resolvida com uma técnica até certo ponto oposta à do *Bolero* de Ravel, num encontro de desencontros polirítmicos onde os timbres e pulsos não só se aditam mas se atravessam assimetricamente gerando inesperadas tensões e surpreendentes complexidades texturais.

Novas e ricas leituras das históricas invenções pianísticas de Henry Cowell foram empreendidas por Steffen Schleiermacher num CD da Hat Hut Records, de 1993, que reuniu Cowell, George Antheil e Leo Ornstein sob a rubrica antheiliana *The Bad Boys!*. Ao lado de peças hoje famosas como *The Banshee*, *Aeolian Harp*, *The Voice of Lir* e outras já interpretadas no disco modelar de Cowell, encontramos aí novas aventuras instigantes da primeira fase: *Time Table* (1914-1915), que completa a série de *encores* de *Dynamic Motion*, e *The Hero Sun* (1922). Antheil e Ornstein formam, com Cowell, uma gangue respeitável de ultramodernistas americanos que faz jus ao título do disco. Menos conhecido que Antheil, Leo Ornstein, nascido na Rússia em 1892, data de falecimento não assinalada, é um caso curioso. Pianista e compositor como Antheil, demitiu-se também como este, na maturidade, das estripulias iniciais. Mas as peças da juventude irada são cheias de vida: *Wild Men's Dance* (1914) e *Suicide in an Airplane* (1915), que aqui aparecem juntamente com as *Impressions de Notre Dame*, da mesma época, são bem anteriores às mais ou menos homônimas de Antheil (*Sonata Sauvage*, 1922/23, *The Airplane Sonata*, 1922), de quem é executada ainda a colagística *Jazz Sonata*, também de 22. Todas elas criações dinamogênicas, repletas de choques dissonantes, arremetidas escaliformes, pulsantes arritmias e enxurradas de células repetitivas; próximas da linha da *dynamic motion* de Cowell, prenunciam as tropelias polirítmicas das pianolas desenfreadas de Conlon Nancarrow.

Em 1953, o compositor e crítico Virgil Thomson assim se pronunciava a respeito do seu colega: "A música de Cowell recobre um âmbito mais extenso em expressão e técnica do que qualquer outro compositor vivo. Seus experimentos em ritmo e harmonia e sonoridades instrumentais, iniciados há três décadas, foram considerados extravagantes por muitos. Hoje constituem a bíblia dos jovens e, para os conservadores, ainda são "avançados". Nenhum outro compositor do nosso tempo produziu um corpo de obra tão radical e tão normal, tão penetrante e tão compreensivo". Mais tarde, em seu livro *American Music Since 1910*, publicado em 1970, acrescentaria: "Sua música não é complexa, mas ela canta. Não é extremamente refinada, mas tem estrutura. Não é também extraordinariamente ambiciosa, mas tem presença. E nunca é artificial ou vulgar ou obtusa ou falsamente inspirada. Cowell foi também um grande homem por sua mente atuante e sua conduta ética, bem como pela abundância de sua produção musical de alto nível".

Valham estas notas para celebrar, ainda que sem eco ou apenas com "sinistras ressonâncias", a obra desse compositor original e único, a quem a música do século tanto deve.

Pós-Música: Ouvir as Pedras*

Há alguns anos, sob o impacto do sucesso comunicativo do minimalismo americano, muitos supuseram que a música complexa decorrente das especulações dos compositores pós-webernianos tivesse deparado uma contradita fatal. O reducionismo dos veículos de massa e a inapetência coletiva para com a música não tonal favoreceram, por certo, essa "ilusão de acústica". Os caminhos da arte, porém, não se perfazem em poucos anos ou em poucas décadas. Nem são ditados pelo voto majoritário. E não seria crível que uma geração superdotada como o foi a de Boulez, Stockhausen, Nono, Berio, Maderna, Ligeti, Xenakis e tantos outros, depois do notável empreendimento crítico e criativo que operou a retomada da linha de experimentação e aventura a partir da liberação das vozes sufocadas de Webern e do Grupo de Viena, de Ives e Varèse, tivesse tão pouco fôlego e tão pouca consistência.

Não há dúvida que as arremetidas de Cage e de Feldman contra algumas ortodoxias europeias tiveram um impacto revigorante e permitiram corrigir rotas e descortinar sendas imprevistas, ao abrirem as janelas do caos e da indeterminação para a aventura do som. Mas foi o seu sucedâneo geracional – o minimalismo de marca tonalizante – que pareceu surgir como alternativa viável diante do impasse comunicativo tanto da música panserial quanto da sua antagonista dialética, a *chance music*. Menos pelo mínimo, ainda que confortavelmente hipnótico, do que pela máxima complacência tonal. No entanto, apesar do rápido êxito de recepção (sempre suspeito, quando se trata de arte), e de alguma contribuição incidental, mormente com a provocação da tautologia molecular das obras de Steve Reich, em pouco tempo a música minimalista revelou a sua fragilidade, dilatando-se e diluindo-se no anedotismo discursivo das óperas grandiloquentes e dos sinfonismos ambientais. Enquanto isso o próprio Cage, que por certos parâmetros inspirara esse radicalismo simplificatório, começava a mostrar-se interessado em obras qualitativamente mais complexas: "A superação das dificuldades. Fazer o impossível", proclamou ele na conferência "O Futuro da Música", divulgada

* Publicado na *Folha de S. Paulo*, 2.2.1997.

Trecho do Estudo 18, dos *Freeman Etudes*, Books 3 & 4 (1980, 1989-1990), de Cage. Nos pontos A) e B), as notas relativas às compactas linhas verticais, amplificadas nas pautas menores, devem ser tocadas o mais rápido possível.

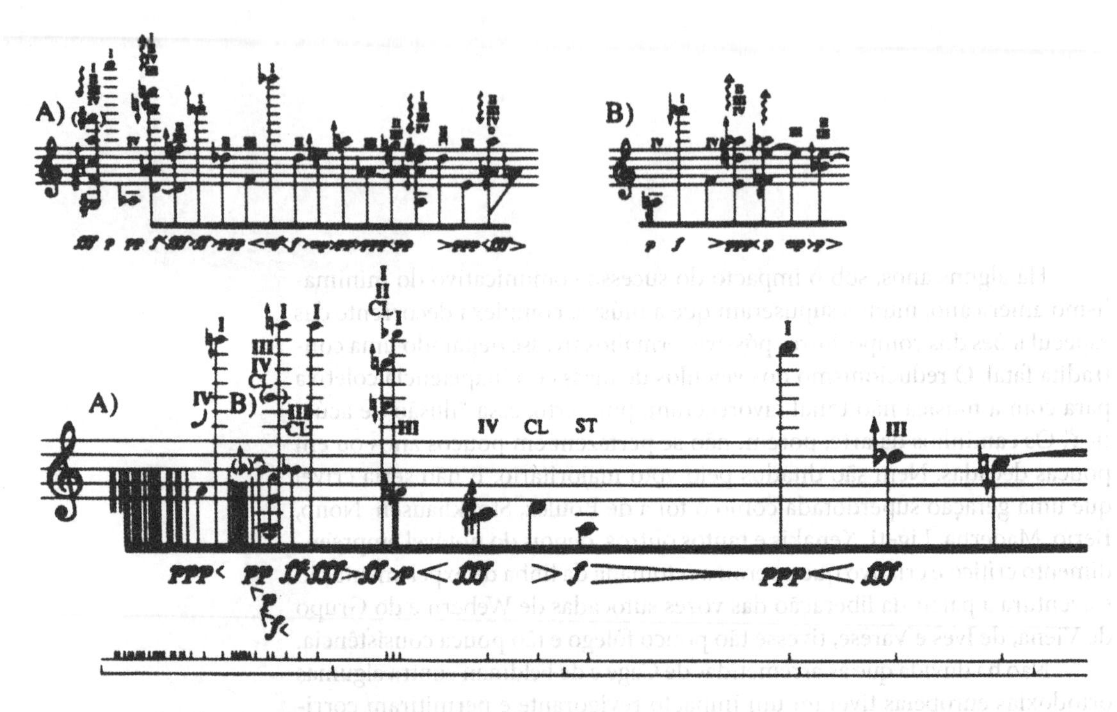

Irvine Arditti executada os *Freeman Études* para Cage.

no livro *Empty Words* (*Palavras Vazias*), em 1979. E criou, entre as "obras difíceis", iniciadas em 1974, os *Freeman Études*, cuja segunda série, composta entre 1980 e 1990, Paul Zukofski, um dos maiores violinistas do século, chegou a considerar impossível de tocar, embora viesse afinal a ser interpretada e gravada por Irvine Arditti. Exemplar no sentido de dilatar as fronteiras do possível, o *Estudo nº 18* é dividido em ilhas sonoras que chegam a ter 37 diferentes ataques, cada qual com a sua dinâmica, num mesmo compasso. Irvine acabou executando os compassos dessa composição, aparentemente inviável, numa duração média de dois segundos, ultrapassando as previsões do próprio compositor. Contraditor de Cage nos anos 50, Luigi Nono partilharia de semelhantes preocupações em 1983: "...ENTÃO SÃO POSSÍVEIS / tantas mais possibilidades diversas e outras / a colher justamente no até agora impossível".

Por outro lado, com as montagens de clicherias do belcanto das suas *Europeras* (1987-1991) – que, em inglês, trocadilham provocativamente: "Your Operas", como que insinuando uma "extradição" sonora –, Cage ironizou a mania operística europeia que pareceu contaminar os minimalistas e não deixou de afetar a própria vanguarda nas últimas décadas. De Stockhausen a Nono, passando por Ligeti, Kagel, Berio, Maderna, poucos foram os compositores europeus que não fizeram a sua "ópera", ainda que pensada em termos de criação não ortodoxa ou crítica, até chegar à antiópera – "ópera negativa", "tragédia da escuta", como Nono batizou *Prometeo*, onde não há nem encenação nem ação teatral e as raras palavras que atravessam seus sussurros musicais são ininteligíveis. O próprio Boulez não deixou de pelo menos cogitar da ideia de ópera (pensou num texto de Genet). Ele, que dissera, certa vez, que era preciso explodir os teatros de ópera! Feliz ou infelizmente (felizmente, para mim) não cedeu à tentação. Em compensação continuou criando seus diamantes sonoros, entre os quais duas pequenas obras-primas que só vieram a ser divulgadas em disco nos últimos anos: *Messagesquisse* (*Mensagesboço*, ou como prefiro traduzir, *Mensagensaio*), de 1976, e *Dialogue de l'Ombre Double* (*Diálogo da Sombra Dupla*), 1982-1985 (gravações da Erato, de 1990-1991). A primeira, uma peça curta, para sete violoncelos, onde a prismatização das harmonias, a partir de uma célula-base, é transferida do instrumento solista para os demais e vice-versa, em varreduras de cordas tensionadas. A segunda, uma viagem por regiões não visitadas do universo sonoro, guiada pela melodia ondulatória (com inusitada sobreposição de trinos, trêmolos e vibratos) com a qual a clarineta, em registros e ataques de grande densidade timbrística, entra em diálogo com os sons pré-gravados do instrumento (a sua "sombra"), multiplicados estereofonicamente por seis alto-falantes. A clarineta é ligada por um microfone de contato com a caixa de ressonância de um piano posicionado atrás do palco, cujas vibrações produzem a reverberação sonora característica da peça. Essas composições, que enfatizam a materialidade sonora, especialmente nas camadas timbrísticas, parecem sugerir, para além de conceitos e sistemas, um diálogo mais amplo com outras tendências recentes da música de invenção. "Diálogos de sombras duplas" ocorrem também em obras como *...sofferte onde serene...*(1976) e *La lontananza nostalgica utopica futura* (1988-1989), de Luigi Nono, onde piano e violino exorcisam os fantasmas sonoros de seus replicantes pré-gravados, num interagir de inteligência e intuição capaz de levar a novas percepções. Obras que privilegiam o timbre, integrando-se ao que Tristan Murail (no estudo *Scelsi De-Compositore*) classifica como "um grande movimento da música ocidental, em que o timbre, antes insignificante com respeito à escritura, é recuperado, reconhecido primeiro como fenômeno autônomo e a seguir como categoria predominante – terminando quase por submergir ou absorver as outras dimensões do discurso musical, de sorte que as microflutuações do som (glissandos, vibratos, mutações do espectro sonoro, trêmolos...) passam do estado de *ornamento* ao de *texto*".

As últimas décadas têm assistido a um recrudescimento da experiência com os sons como sons. A reviravolta estética de Nono e as pesquisas que desenvolveu a partir dos anos 70 com vistas a um aprofundamento da audição de música liberada dos parâmetros convencionais de melodia, harmonia e ritmo; a descoberta, na década seguinte, de novos universos complexos como o dos precursores mantras infrassônicos de Scelsi; o desenvolvimento da música "espectral" (baseada na exploratória dos harmônicos do som), de que constituem exemplo significativo os "plasmas sonoros" do rumeno Horatiu Radulescu; a revelação das polirritmias alucinantes das pianolas de Nancarrow – em cuja "complexidade polimétrica" Ligeti vê uma das contribuições básicas dos anos 80 –, e finalmente a recuperação, na década de 90, da tradição radical da vanguarda russa nas demolidoras rajadas de percussões e dissonâncias de Ustvólskaia, tudo isso parece entremostrar uma nova face das especulações musicais, que, longe de constituir um retorno a padrões mais convencionalizados, revitaliza as linhas experimentais que animaram as iniciativas dos anos 50. A "nova complexidade", de que é sintomática a microscopia "estrutural e escritural" de um compositor como Ferneyhough, assim como a "praticabilidade do impossível" patenteada nas "obras difíceis" do último Cage, convergem também nessa direção. Antes assim. Depois de assistir à mais estupenda luta que a história da música já conheceu para ampliar o horizonte do conhecimento e da percepção auditivos, é preferível que o século termine não com um "gemido", mas com um "estampido". *With a bang, not with a whimper*, na variante de Pound (Canto 74) da famosa linha de Eliot.

Há, certamente, dúvidas e diferenças. Talvez o que separe o cerebralismo cristalino de Boulez das explorações topológicas de Scelsi, Nono ou Ustvólskaia, por diferentes que se configurem estes entre si, seja o amarramento do compositor francês ao conceito homogeneizante de estrutura, ainda que ampliado pela opção controlada dos jogos aleatórios. O sempre inquieto e generoso Ligeti, com suas micropolifonias, poderia ser um ponto de interseção entre essas linguagens, já que ele, além de interlocutor de Scelsi, é confessadamente influenciado por Nancarrow e talvez se tenha contaminado também pelo radicalismo de Ustvólskaia – comparar o 2º movimento do *Concerto para Piano e Orquestra* (1985-1988), na solidão fantasmagórica das intervenções de flautim e piano sobre um pedal de contrabaixos, com os ascéticos e desesperados disparates de flautim, piano e tuba do 3º movimento da *Composição I* (1971), de Ustvólskaia. As elucubrações sonoras de Scelsi e Nono a partir da microintrospecção do som, assim como os conglomerados ruidísticos da compositora russa tendem a deslocar da estrutura para a própria materialidade sonora o foco da experiência musical. Mas nas suas angustiadas sondagens nos limites da sonoridade há ainda mais. É, nesses compositores, tão intensa e tão dramática a indagação musical, tão poderoso o *pathos* ético da sua impostação que as salas de concerto parecem, no mínimo, técnica e socialmente inadequadas para suas viagens interiores. Obras como essas não pedem aplausos nem bravos, mas meditação e silêncio. Não à toa Ustvólskaia afirma que suas composições seriam melhor ouvidas num templo que numa sala de concertos. Há qualquer coisa de incompatível na fruição dessas experiências-limite, vizinhas da inaudibilidade e da insuportabilidade física do som, como acepipes musicais de um refinado banquete sonoro, quando o que elas propõem não é uma festa auditiva mas uma viagem acidentada pelas artérias labirínticas, minadas de explosivos sonoros, de sua metamúsica. Não se trata de obras-primas mas de obras-traumas – consciência da consciência. (Semelhante incompatibilidade ocorre, por outro lado, com as obras-eventos e com as obras-difíceis de Cage ou com os silêncios sonorizados por Feldman, intervenções anticlímax que desestabilizam e provocam, sem nenhum aceno ao hedonismo auditivo). Daí que algumas das recentes composições de Boulez, com toda a sua grandeza, tendam a ser assimiladas como joias da modernidade pelo público mais sofisticado dos concertos, enquanto as dos outros compositores pareçam encontrar melhor acolhida nas catacumbas e casamatas artísticas, onde seus informes protestos espectrais ressoam entre as pedras, musgo e músculo da música.

Num belo texto de 1983 (*L'errore come necessità*), afirma Nono: "O silêncio. É muito difícil escutar. É muito difícil escutar, no silêncio, *os outros*. Outros pensamentos, outros ruídos, outras sonoridades, outras ideias. [...] Em vez de escutar o silêncio, de escutar os outros, espera-se encontrar ainda uma vez a si mesmo. [...] Escutar a música. É muito difícil. Creio que hoje é um fenômeno raro. Escuta-se alguma coisa de literário, escuta-se o que foi escrito, escuta-se a si mesmo [...]". E conclui: *"Risvegliare l'orecchio, gli occhi, il pensiero, l'intelligenza, il massimo di interiorizzazione esteriorizzata: ecco l'essenziale oggi*" (Despertar o ouvido, os olhos, o pensamento, a inteligência, o máximo de interiorização exteriorizada: eis o essencial hoje). Em outro texto, da mesma época, a propósito da composição *Guai ai gelidi mostri* (*Ai dos Monstros Gelados*), onde se cruzam fragmentos espectrais dos *Cantos* de Pound com outros de Lucrécio, Ovídio, Nietszche, Rilke e Gottfried Benn, insiste: "Infinita disponibilidade para o surpreendente, para o insólito, para colocar em discussão, ainda que na maior incerteza (certeza na incerteza), na maior *verzweifelte Unruhe*, inquietude desesperada (*Ruhe in der verzweifelten Unruhe*) – a procura infinitamente mais importante que a descoberta. Escutar! como saber escutar as pedras brancas e vermelhas de Veneza ao nascer do sol – como saber escutar o arco infinito das cores sobre a laguna ao pôr-do-sol". Suas últimas obras mobilizam os recursos menos convencionais, articulando a microtimbrística de instrumentos e vozes com *live eletronics*, até a fímbria do inaudível, em prol da regeneração da escuta, a partir do som-silêncio, do som-sopro, do som-voz, do ur-som – o "som das pedras"!

Descontadas as discordâncias projetuais ou idiossincráticas, pode-se dizer que há um denominador comum nessas aventuras sonoras que vão da ultra-sistematização à não sistematização do som, autonomamente considerado, como gerador celular de experiências perceptivas, reafirmando o prestígio da linguagem complexa, fragmentária e antinormativa frente ao discurso redundante das pós-medianias e dos neomodismos regressivos. Do "delírio de lucidez" de um Boulez, esse *maquis* da renovação musical infiltrado no coração do sistema, às imprevistas explosões marginais de Scelsi, Nancarrow, Ustvólskaia e do novo Nono (*Caminante, no hay camino, / Se hace camino al andar*) e às programáticas *impossibilia* de Cage e Ferneyhough, renasce a voz contestadora dos que buscam na perquirição do som, como instância física e metafísica, para além de todas as convenções, uma reescuta sensível do universo. Trata-se aqui não da música como entretenimento ou veículo de emoções e de tensões motoras, que cumpre outros desígnios, mas de música entendida como fenomenologia do som e sua percepção artística. Não só uma questão de estética, mas de *ethos*, contra a passividade da escuta. No fundo, uma só questão, se, como quer Wittgenstein, ética e estética, indefiníveis e apenas demonstráveis ou semostráveis, são a mesma coisa. Sob essa perspectiva, a encruzilhada voltou a se abrir. A música, felizmente, é de novo um enigma. Sem nostalgia a não ser a do futuro.

NONO BIG BANG
"ouvir as pedras"

Morre Nancarrow, o Pioneiro das Pianolas*

Um dos maiores compositores do século, Conlon Nancarrow, morreu no dia 10 de agosto, aos 84 anos, no México. Sua música, originalíssima, composta em grande parte para pianolas ou pianos mecânicos, ficou à margem durante muito tempo e só começou a ser divulgada a partir dos anos 70, com repercussão cada vez maior nas décadas seguintes.

O húngaro György Ligeti não teve meias palavras. Declarou, em 1981, considerar as composições de Nancarrow "a melhor música feita por qualquer compositor vivo", e proclamou-o a maior descoberta desde Webern e Ives, "algo grandioso e importante para toda a história da música". Poucos o conheciam, embora Elliott Carter já o mencionasse com respeito num estudo sobre o ritmo, de 1955. John Cage, um dos primeiros a valorizá-lo, o homenageou com um poema, em que dizia: "a música que você faz não é igual a nenhuma outra / nós lhe agradecemos". E até mesmo Boulez, sempre em guarda com as estripulias dos americanos, não pôde deixar de reconhecer o interesse de suas práticas rítmicas, em entrevista divulgada na publicação *Éclats/Boulez*, de 1986. Entre nós, Arthur Nestróvski chamou a atenção para a sua obra, denominando-o "o mago da pianola". Entusiasmado com a audição dos seus primeiros discos, publiquei, também eu, na *Folha de S. Paulo*, em 14.09.1985, um artigo que não deixava por menos: "A Pianola Explosiva de Nancarrow".

Nascido em Texarcana, Arkansas, em 27 de outubro de 1912, Nancarrow começou como trompetista de jazz e estudou com Slonimsky, Roger Sessions e Walter Piston. As teorias de Henry Cowell, o criador dos *clusters* pianísticos, o influenciaram. Em 1936, um episódio marcante, extramusical, mudaria sua vida. Foi à Espanha, com a Abraham Lincoln Brigade, combater o exército de Franco. Na volta, hostilizado por suas ideias socialistas, emigrou, em 1940, para o México, onde passou a viver, tendo-se naturalizado em 1956. Só revisitou os EUA uma única vez, em 1947, para encomendar uma máquina de perfurar rolos de piano mecânico. A paixão pela polirritmia e pela polimetria (composição de vozes simultâneas em andamentos diferentes)

* Publicado na *Folha de S. Paulo*, 1.9.1997, sob o título "Nancarrow Traduz o Século XX".

e pelas altas velocidades, inviabilizando a execução ao vivo, o haviam levado a interessar-se pelas desusadas pianolas. Com a perfuradora, cujo mecanismo ele aperfeiçoou, e dois pianos mecânicos convenientemente "envenenados" e instalados em sua casa no México, veio a compor, ao longo de quarenta anos, os seus hoje celebrados *Estudos para Piano Mecânico* – cerca de sessenta, mas que não ocupam mais de quatro horas de escuta. Cada uma dessas peças, durando de um a dez minutos, exigiu dele meses a fio de paciente composição e perfuração. É uma música surpreendente, feita de vertiginosos cânons, polirritmias e polimetrias inabordáveis pela mão humana, mas de uma incrível vitalidade, gerando sonoridades "cataratantes" (para usar uma expressão de Rimbaud), que remetem vagamente a células jazzísticas e a certas sutilezas dos ritmos africanos. "Metralhadora *staccato*", batizou-a o crítico Peter Garland.

As novas tecnologias digitais fizeram de Nancarrow um precursor, ao mesmo tempo que viabilizaram a transcrição computadorizada de várias de suas composições. De outra parte, com o apuro das técnicas de interpretação, virtuoses das novas gerações, como o pianista Yvar Mikhashoff e o Quarteto Arditti, passaram a apresentar em concerto algumas de suas "impossibilidades" criativas, tendo ele mesmo voltado a compor obras para instrumentos comuns. A partir de 1981, os EUA tornaram a receber a visita do compositor expatriado, para concertos e merecidas homenagens. A gravadora 1750 Arch Records começou a documentar os seus estudos para piano mecânico em uma série de LPs, aos cuidados de Charles Amirkhanian, nos anos 70. Mais recentemente, a Wergo relançou, em vários CDs, um conjunto similar, mas mais completo, dessas peças a partir de gravações digitais feitas em 1988, no estúdio de Nancarrow. O Arditti gravou um novo quarteto do compositor – um cânon politemporal em quatro velocidades diferentes simultâneas, que se diria inexecutável. As suas primeiras composições, ainda com inflexões jazzísticas, mas trazendo a sua marca inconfundível, foram registradas pelo grupo instrumental nova-iorquino Continuum. Quem não ouviu Nancorrow e o Niágara sonoro de suas pianolas eletrizantes simplesmente ainda não escutou o século XX.

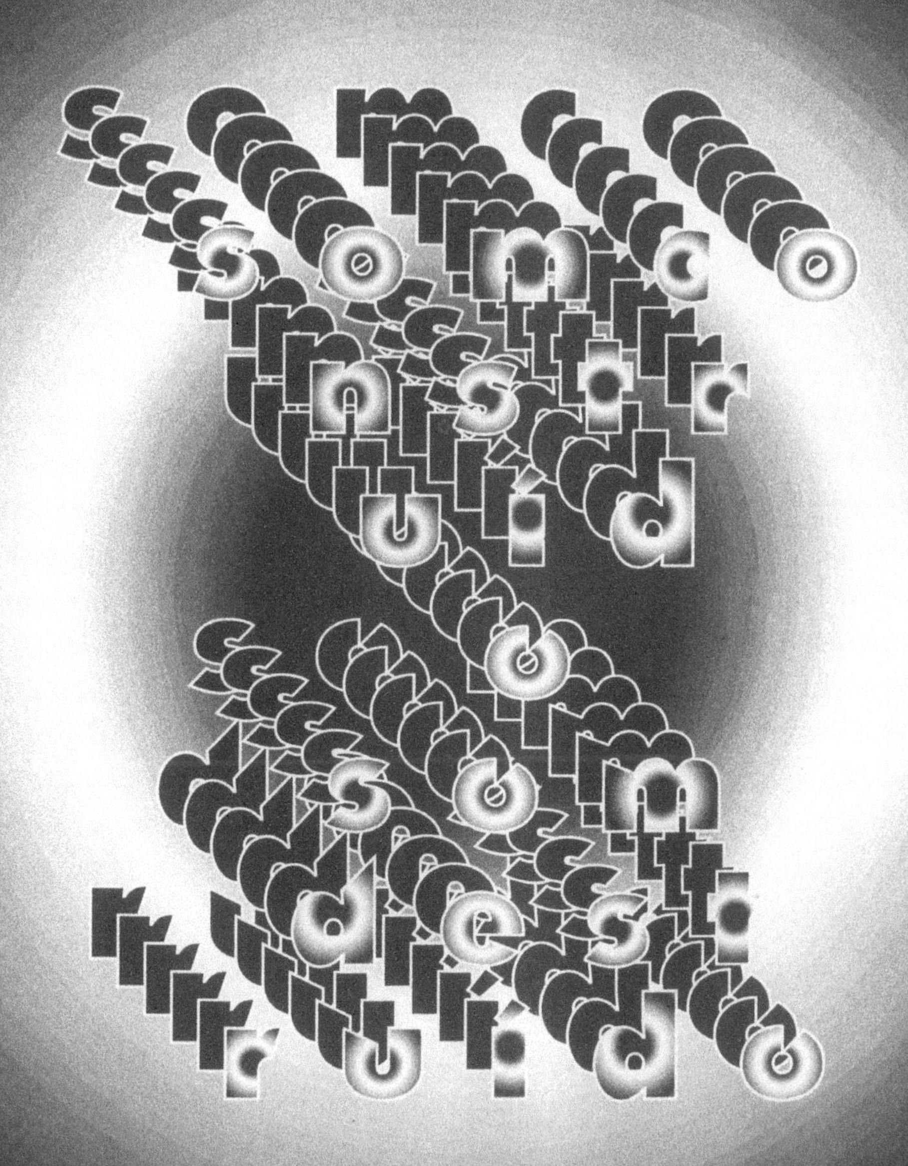
s o m c o
n s t r
u í d
o
s o m
d e s t
r u í d o

Apêndice 1
Notas sobre Notas

Melodia de Timbres*

A expressão "melodia de timbres", do alemão *Klangfarbenmelodie*, foi empregada pela primeira vez por Arnold Schoenberg (1874-1951), o criador do dodecafonismo, em seu livro teórico *Harmonielehre* (*Tratado de Harmonia*), redigido entre 1909 e 1911 e publicado neste último ano. Designa a fragmentação e distribuição da frase musical por instrumentos de diferentes timbres.

Em seu tratado, Schoenberg observara que, dentre as propriedades fundamentais do som (altura, duração, intensidade, timbre), este era a menos sistematicamente explorado e se propunha dar-lhe o devido relevo. Assim, em lugar de identificar uma melodia pelas relações de altura – como tradicionalmente se fazia – Schoenberg imagina uma melodia caracterizada apenas pelo timbre, pela cor sonora. Dizia Schoenberg: "Não posso concordar inteiramente com a distinção entre cor (timbre) e altura. Parece-me que uma nota é percebida pela sua cor, da qual uma das dimensões é a altura. A cor é, portanto, o grande domínio, a altura apenas uma de suas províncias... Se o ouvido pudesse discriminar entre diferenças de cor, seria possível inventar melodias constituídas só de cores (*Klangfarbenmelodien*). Mas quem ousaria defender tais teorias?"

Embora a idealização da "melodia de timbres" se deva a Schoenberg, foi indubitavelmente o seu discípulo Anton Webern (1883-1945) o primeiro e o mais radical praticamente dessa nova espécie de melodia. Em 1909 Webern já antecipava a teoria schoenberguiana com as suas *Seis Peças para Grande Orquestra*, Op. 6, cuja primeira audição se deu em Viena sob a direção de Schoenberg, em 1913. O próprio Schoenberg só ilustraria a sua teoria com obras concebidas em 1911 – *Herzgewächse* (*Folhagens do Coração*), Op. 20 – e em 1913-1915, nos *Quatro Lieder com Orquestra*, Op. 22, ainda que começasse a experimentar com os timbres no movimento *Farben* (*Cores*) das suas peças orquestrais Op. 16, de 1909. E nunca o fez tão clara e precisamente como Anton Webern, para o qual a "melodia de timbres" passou a se constituir numa característica estrutural, desenvolvida por ele até as últimas consequências.

* Publicado como parte do verbete "Melodia" da *Enciclopédia Abril* nº 108 (1973).

É em Webern que a "melodia de timbres" adquire os contornos nítidos com que veio a se definir: uma melodia contínua, deslocada de um instrumento para o outro, mudando continuamente sua cor. Em outras palavras: os instrumentos se revezam tocando fragmentos da melodia, a qual, no entanto, não deve soar fragmentariamente, mas como um contínuo melódico. Nas *Seis Peças para Grande Orquestra*, de 1909, as alternâncias timbrísticas ainda produzem algum efeito ornamental. Mas a "melodia de timbres" vai adquirir aspecto estritamente funcional nas obras de maturidade de Webern – a *Sinfonia*, Op. 21 (1928), o *Quarteto para Sax-Tenor, Clarineta, Violino e Piano*, Op. 22 (1930) e o *Concerto para 9 Instrumentos*, Op. 24 (1934) – onde a cor sonora, jamais decorativa, tem função estrutural. O compositor aplicou ainda, em 1935, o tratamento da "melodia de timbres" à transcrição do "Ricercare" a seis vozes, n. 2, da *Oferenda Musical* de Bach.

A *Klangfarbenmelodie*, tal como foi entendida e praticada por Webern, iria ter grande influência nos músicos da segunda metade do século, contribuindo para dar origem ao estilo pontilhista que se manifestou nos compositores da geração europeia "pós-weberniana", como Boulez e Stockhausen.

Por outro lado, o americano John Cage, que foi aluno de Schoenberg, chegaria também, por volta de 1938, a uma espécie de "melodia de timbres", com os procedimentos do seu "piano preparado", cujo efeito ele próprio descreve como os de "uma orquestra de percussão sob o controle de um único executante". Consistem tais métodos em colocar entre as cordas de um piano pedaços de borracha, roscas de metal, plásticos e outros materiais que alteram o timbre do instrumento, dando-lhe diferentes colorações sonoras, que vão do som determinado ao indeterminado, aproximando-se de sonoridades tão diversas como as de harpa, banjo, gongo, tambores e outros instrumentos percussivos. *Bacchanale* (1940), *Amores*, para piano preparado e percussão (1943), *Sonatas e Interlúdios* (1946-1948) e *Concerto para Piano Preparado e Orquestra de Câmara* (1951) são algumas das principais obras em que se pode ouvir a particular "melodia de timbres" do compositor norte-americano.

Microtonalismo*

Na música ocidental, o menor intervalo utilizado, ou seja, a menor diferença de altura entre dois sons é o semitom, correspondente ao intervalo sonoro entre duas teclas contíguas de piano, incluídas as pretas. Todavia, em certos países orientais, sempre se usaram intervalos menores que o semitom, como na Índia, onde são chamados *srutis*. Na antiga música grega também há notícia de microintervalos, os *chroai*. O teórico Aristógeno de Tarento (IV século a.C.) chega a mencionar quartos de tom. Mas o seu uso foi abandonado pela civilização cristã e nem mesmo é registrado na notação tradicional.

A revisão que se operou, no século XX, em todos os domínios da música ocidental não deixou intacto também esse aspecto de som. Em sua perquirição de novos caminhos para a música, vários compositores modernos puseram-se a experimentar intervalos menores que o semitom, dando origem a realizações e sistemas de compor que podem ser compreendidos sob a rubrica de microtonalismo.

A princípio as teorias e experiências nesse âmbito não foram além do "bicromatismo", isto é, a divisão matemática do semitom de forma a se obter quartos de tom, ou seja, 24 notas em vez de 12. Já em 1892 G. A. Behrens Senegalden patenteara um piano de quartos de tom, que, entretanto, não foi fabricado. Richard H. Stein (Halle, 1882) publicou em 1906 duas *Peças de Concerto em Quartos de Tom para Violoncelo e Piano Microtônico*.

Também o compositor e teórico Ferrucio Busoni (1866-1924) cogitou da expansão do sistema semitonal em seu *Esquema de uma Nova Estética da Música*, de 1906, não chegando, porém, a compor com microtons. Em lugar do bicromatismo propunha a divisão do tom em três partes, de que resultaria uma oitava de 18 graus de 1/3 de tom.

Outros nomes que podem ser alinhados entre os precursores do microtonalismo são Jörg Mager, autor de um opúsculo sobre quartos de tom, o teórico italiano Silvestre Baglino e Willi Mölendorf, que, influenciado pelas ideias de Busoni, construiu um harmônio bicromático em 1917.

* Publicado na *Enciclopédia Abril* n. 110 (1973).

Mas foi o compositor tcheco Alois Haba que se tornou, em teoria e prática, o grande arauto do microtonalismo. Nascido em 1893, Haba compôs em 1919 e seu primeiro quarteto de cordas em quartos de tom, apresentado em Donaueschingen, em 1921. Dois anos depois fundava no Conservário do Estado, em Praga, uma cadeira de composição para a música microtonal que atraiu alunos de diversos países. Pesquisando a música folclórica tchecoslovaca, para a qual convergiam influências ocidentais e orientais, Haba verificou a ocorrência de microintervalos, o que veio reforçar suas teorias, compendiadas no *Novo Tratado de Harmonia* (Praga, 1928). Estimulado pelo compositor, o fabricante August Foerster construiu em 1924 um piano em quartos de tom. Haba não se limitou ao bicromatismo. Compôs para terços e sextos de tom (*5º Quarteto de Cordas*, 1923, *Duo para Violinos*, 1927) e chegou a utilizar 1/12 de tom, ou seja, uma oitava de 72 graus. Empregou o sistema inclusive numa ópera – *Makta* (*Mãe*) – acompanhada de um pequeno conjunto instrumental em quartos de tom, a qual teve sua estreia em 1931.

Outro nome importante, na área de microtonalismo, é o do compositor de origem russa Nikolai Obuhov, que explora as possibilidades harmônicas do microtom em obras como *Poemas Litúrgicos* e *Livro da Vida*, gigantesca composição sinfônica para vozes solistas. Obuhov teve a precedê-lo o russo Ivan Vishniegradski, desde 1922 fixado em Paris, o qual desenvolveu o conceito do bicromatismo em suas composições e publicou um *Manual de Harmonia em Quartos de Tom* (Paris, 1933), além de construir o seu próprio piano nesse sistema.

Na América, o microtonalismo teve um pioneiro no mexicano Julián Carrillo (1875-1965), um incansável pesquisador que emprega intervalos de 1/4, 1/8 e 1/16 de tom, a partir da descoberta do que chamou de "som 13", obtido entre as notas sol e lá da quarta corda do violino. E chega a obter 96 sons dentro da oitava. Entre as numerosas composições de Carrillo podem-se citar *Tepepan*, para vozes em ¼ de tom e uma harpa-cítara de sua invenção, com cordas para 96 subdivisões dentro da oitava: *Sonata quase Fantasia*, estreada em Nova York em 1926, e *Concertino*, regida por Stokósvski em 1927.

Charles Ives (1874-1954), o grande compositor norte-americano, precursor de quase todas as correntes musicais do nosso tempo, também experimentou o microtonalismo em suas *Três Peças para Piano*, de 1923-1924, que podem ser tocadas por um piano em quartos de tom ou dois pianos afinados à distância de ¼ de tom. Outro compositor norte-americano, Harry Partch, nascido em 1901, desenvolveu, igualmente por volta de 1923, pesquisas em torno do microtonalismo, construindo uma série de instrumentos para uma escala de 43 sons por oitava, entre os quais um harmônio (*chromelodeon*) e um órgão (*ptolemy*) providos de teclados especiais, cítaras, marimbas e guitarras elétricas adaptadas para escalas microtonais. Das muitas composições que escreveu para tais instrumentos destacam-se *17 Líricas de Li Po, Dois Excertos de James Joyce, Ciclo Monofônico, Castor & Polux.*

Mais recentemente, John Cage serviu-se de escalas de até 56 sons por oitava na composição *HPSCHD* (1967-1969), para cravos e computadores, produzida em colaboração com Lejaren Hiller. Isso pode significar que as possibilidades criativas do microtonalismo não estão esgotadas, apesar do advento da eletrônica, que substitui toda a escala ou gama com seu procedimento de *continuum* sonoro.

Stravínski*

Um dos pilares da música moderna, Igor Feodorovitch Stravínski (1882-1971) tem sido frequentemente comparado a Picasso e a Pound pelo vigor e pela versatilidade de seu talento. Nascido na Rússia, que deixou definitivamente em 1914, trocaria duas vezes de nacionalidade: em 1936 naturalizou-se francês, optando, em 1945, pela nacionalidade norte-americana. Aluno de Rimsky-Korsakov, escreveu em 1909 e 1910 suas primeiras composições de relevo, ainda influenciadas pelo maestro – uma ópera, *O Rouxinol*, e um bailado, *O Pássaro de Fogo*. Mas a sua personalidade musical começaria a mostrar plena autonomia no ano seguinte, com o bailado *Petruchka*. Nesta, que é a sua primeira composição propriamente moderna, Stravínski experimenta ousadamente com a bitonalidade, ou seja, a superposição de acordes em duas tonalidades diferentes, procedimento então pouco utilizado, e que o encaminharia, a seguir, ao politonalismo.

Entre 1911 e 1912 se situa uma fase de transição na produção Stravínskiana, hoje considerada particularmente significativa. Nessa fase, o compositor russo se revela sensível ao atonalismo. Em 1911 compõe *Zwesdoliki, ou o Rei das Estrelas*, para coro masculino com orquestra, peça que o próprio Stravínski julgou, anos mais tarde, em certo sentido sua composição mais extremista e difícil. Debussy, aliás, recebeu-a com reserva por julgar que o compositor "se inclinava perigosamente para o lado de Schoenberg". Não se sabe, positivamente, se Stravínski já conhecia a música de Schoenberg, àquela altura. É certo, porém, que esteve presente a uma das primeiras apresentações do *Pierrô Lunar*, do compositor vienense, em 8 de dezembro de 1912, em Berlim. A influência de Schoenberg é patente em *Tsaraiuki* (composta na França em janeiro de 1913), a última das *Três Poesias da Lírica Japonesa*, para voz e pequeno conjunto instrumental; aí encontramos os largos intervalos da linha melódica, os saltos de flauta e outras características do estilo de *Pierrô*. Mas essas breves incursões no campo do atonalismo ficariam sem imediata continuidade na produção Stravínskiana, que iria encontrar uma

* Publicado na *Enciclopédia Abril* n. 164 (1973).

nova direção e um marco definitivo em *A Sagração da Primavera*, a composição que o celebrizou. Desse momento em diante, a música moderna se polarizaria por muito tempo em torno de dois grandes nomes – Stravínski e Schoenberg – trabalhando em campos aparentemente opostos.

Hoje tranquilamente incorporada ao repertório moderno, a *Sagração da Primavera* figura entre os grandes sucessos de escândalo das vanguardas artísticas do começo do século. Composto em 1912, o bailado estreou em 29 de maio de 1913, em Paris, no Théâtre des Champs-Élisées, ocasionando verdadeiro tumulto. Ao ouvir o inusitado solo inicial do fagote, em registro agudo, o compositor Saint-Saens perguntou ironicamente: – Que instrumento é este? – e se retirou indignado. O que chocava o público eram, sobretudo, de um lado as inovações rítmicas – as alternâncias abruptas de ritmos (incluindo, ao lado de ritmos convencionais, unidades métricas menos comuns), e, de outro, o politonalismo, a combinação simultânea de duas ou mais vozes em tonalidades independentes e, por vezes, em ritmos diversos. Pierre Boulez, que fez uma notável análise da composição em seu estudo *Stravínski demeure* (*Stravínski resiste*) e se revelou o melhor dos seus regentes, considera a *Sagração* uma obra-manifesto, "um ponto de referência para todos os que procuram estabelecer a certidão de nascimento do que é ainda chamado música 'contemporânea'". A seu ver, enquanto o Grupo de Viena (Schoenberg, Webern, Berg) inovava predominantemente a sintaxe e a morfologia musicais, em termos de melodia e harmonia, Stravínski, praticamente sozinho, renovava o domínio do ritmo, escassamente explorado na tradição ocidental.

Dentre as composições que se seguiram destaca-se uma série de obras aforismáticas – as *Três Peças para Quarteto de Cordas* (1914), em que Stravínski obtém estranhos efeitos de sonoridade percussiva dos instrumentos de cordas; os conjuntos de canções *Pribautki* (1914) e *Berceuses du Chat* (*Acalantos do Gato*), 1915, inspiradas no folclore russo. Duas peças de maior fôlego são então criadas: *Renard* (*A Raposa*), 1917, farsa musical que inaugura uma espécie de ópera de câmara, com sua insólita apresentação, derivada dos espetáculos circenses – a orquestra de câmara no palco, cantores imóveis e acrobatas; e *Les Noces* (*O Casamento*), contata coral iniciada em 1914, mas cuja instrumentação característica (quatro pianos e percussão) só seria terminada em 1923. Esses trabalhos encerram o chamado "período russo" do compositor, marcado por reminiscências musicais do seu país natal. O folclore russo não era, porém, usado por Stravínski de forma decorativa, mas explorado no que tinha de barbaricamente inovador em relação à tradição ocidental da música "clássica".

Depois dessa fase, notavelmente criativa e experimental, Stravínski muda subitamente de orientação estética. Com texto do escritor Ramuz, cria, em 1918, a *História do Soldado*, em que substitui o canto pela narração e pelo diálogo, acompanhados de um pequeno conjunto de sete instrumentos. Essa obra marca o abandono da inspiração das canções russas em prol de diretrizes mais internacionais, fundindo ritmos como a marcha, o *paso-doble*, a valsa, o tango e o jazz. No mesmo ano Stravínski comporia *Ragtime para 11 Instrumentos* (sopro, cordas, címbalo e percussão), reelaborando material de procedência jazzística, que o fascinava particularmente no tocante aos timbres e aos ritmos sincopados. Ainda de certa forma ligada às perquirições timbrísticas do compositor é uma peça que hoje está sendo revalorizada – as *Sinfonias para Instrumentos de Sopro* (1920).

A sobriedade do estilo musical de *História do Soldado* já prenuncia o neoclacissismo ou neotonalismo que será a constante da obra de Stravínski até meados da década de 50. Os ouvidos de um público ainda mal refeito das explosões rítmicas da *Sagração* passarão a assistir, perplexos, a uma série de retornos ao passado. *Pulcinella* (1919), balé baseado em fragmentos de Pergolesi, constitui uma evocação do século XVIII italiano. *Mavra* (1922), ópera burlesca em um ato, e *O Beijo da Fada* (1928) ressuscitam Tchaikóvski. A "volta a Bach" é a característica do *Octeto* (1923). Rossini é evocado em *O Jogo de Cartas* (1936). A austeridade e o hieratismo são traços fundamentais de peças como *Édipo-Rei*, ópera-oratório em latim com texto de Cocteau, de 1927, *Apolo* (1928), *Sinfonia dos Salmos* (1930), e da *Missa*, de 1948, que relembra Machaut. *The Rake's Progress* (*A Carreira de um Libertino*) de 1951, com texto de W. H. Auden e Chester Kallman, será a última peça desse período – a composição é um *pout-pourri* da linguagem operística, de Monteverdi a Mozart, de Rossini a Verdi. Apesar de todo o seu brilhantismo e das suas eventuais belezas, o período "neoclássico" de Stravínski é considerado, em geral, pelas gerações mais novas de compositores como um passo atrás na evolução musical do autor da *Sagração da Primavera*.

Mas Stravínski reservava uma última surpresa tanto aos seus admiradores como aos seus detratores. No início da década de 50, influenciado pelo regente americano Robert Craft, converte-se ao serialismo. Seu relacionamento com a corrente oposta não se fez, porém, em função de Schoenberg, mas em termos de uma apaixonada aproximação ao mais radical e mais obscuro de seus discípulos, Anton Webern, então redescoberto por Boulez e Stockhausen. A partir desse momento, Stravínski entra em nova fase criativa, com numerosa produção, desde a *Cantata* (1951-1952), o *Septeto* (1952-1953), as canções de Shakespeare (1954), *In Memorian Dylan Thomas* (1954), *Canticum Sacrum* (1956), o balé *Agon* (1957), *Threni* (1958), *Movimentos para Piano e Orquestra* (1958-1959), até as mais recentes composições *Um Sermão, Uma Narrativa e Uma Oração* (1961), *O Dilúvio* (1961-1962), *Abraão e Isaac* (1964), *Variações* (1965), *Requiem-Cânticos* (1966). O traço característico de todas essas peças é uma certa estilização ascética da técnica de doze sons, que, embora eficaz, não chega a recuperar a vitalidade inovadora dos tempos da *Sagração*.

Mais do que a realização propriamente dita, o que interessa na derradeira reviravolta de Stravínski, é o gesto de grandeza e discernimento de um compositor famoso que foi capaz de, aos 70 anos, reformular os seus conceitos musicais e afirmar com humildade: "para mim, Webern é *o justo da música* e não vacilo em amparar-me sob a proteção benéfica de sua arte ainda não canonizada". Exemplo raro e único, não menos chocante para os ouvidos convencionais dos anos 50 do que o bombardeio sônico da *Sagração da Primavera*, quarenta anos antes.

Apêndice 2
Polêmica

Boulez – Bilis – Bento*

Pierre Boulez, "a figura de proa dos músicos de vanguarda franceses", na palavra autorizada de Oliver Messiaen, não conta muito mais de 30 anos. Mesmo antes de se tornar um dos campeões da música eletrônica, já se notabilizara como um compositor de extraordinário talento, virtuose do piano e das ondas Martenot. Um dos primeiros a reconhecer sua competência foi Jean Louis Barrault, que lhe confiou a direção musical de sua famosa companhia teatral, não obstante a sua pouca idade. Um quarteto para ondas Martenot, sonatas para piano, *Polifonia para 17 Instrumentos Solistas*, *Estruturas para Dois Pianos*, a cantata *Le soleil des eaux* sobre um poema de René Char, *Polifonia X*, *Estudo sobre um Som*, *Le Marteau sans Maître* (de novo sobre texto de René Char), eis aí algumas de suas principais composições, a última das quais vem de ser apresentada em recentes festivais de Aix-en-Provence, Darmstadt e Donaueschingen. Além de ser, possivelmente, o maior compositor surgido nos últimos anos em França, Boulez é também o teórico mais completo da nova orientação musical.

Durante a última temporada de Barrault no Brasil, em junho de 1954, quando foi exibido o *Christophe Colombe* de Claudel, Boulez entrou em contato com os músicos, pintores e poetas de vaguarda de São Paulo. Na Escola Livre de Música pronunciou duas conferências e teve oportunidade de executar uma de suas sonatas para piano e proporcionar a audição de uma composição de Stockhausen, gravada em fita. Pouco antes já H. J. Koellreuter, que voltava de longa excursão pela Europa, Estados Unidos e Oriente, trouxera farto material em gravações e documentos de música eletrônica, tendo ilustrado com ele algumas conferências sobre os novos rumos da música contemporânea. Sob a influência pedagógica de Koellreuter, Diretor da Escola Livre de Música de São Paulo, vem-se formando um grupo de jovens musicistas e compositores (Diogo Pacheco, Damiano Cozzela, Willys de Castro, L. C. Vinholes, Ernst Mahle, entre outros) que concentram o melhor de sua atenção e pesquisas em torno da problemática da música eletrônica. Podemos

* Publicado no "Suplemento Literário", *Jornal do Brasil*, 10.3.1957.

informar que a Escola Livre de Música de São Paulo já possui um instrumento eletrônico – o melocórdio – importado por Ernst Mahle. As dificuldades que se opõem, presentemente, ao florescimento da música eletrônica e concreta entre nós são de ordem puramente material, uma vez que as pesquisas sonoras que ela implica estão a exigir a criação de um estúdio eletrônico completo, como o que já existe em Colônia (Alemanha).

Tais informações são dadas aqui, a título de de esclarecimento do público, à vista das declarações de um crítico irresponsável e tendencioso, que, sem nunca ter ouvido música eletrônica ou concreta, sem conhecer sequer os seus autênticos precursores (como um Webern, um John Cage, um Varèse), e tendo como única arma de combate um ódio cego e sempre surdo a tudo o que lhe cheira ao termo "concreto", saiu a campo para proclamar a morte de uma arte que mal começa a despontar, rica como nunca de possibilidades, chegando a afirmar, com lamentável leviandade que compositores como Boulez "não são artistas" [*sic*], e que "não têm feito boa música" (música que o tal crítico nunca ouviu). Referimo-nos ao Sr. Antonio Bento e seu deplorável artigo "A Arte Clássica e as Experiências Concretistas", publicado no *Diário Carioca* de 13.2.1957, no qual, pavoneando-se de grande familiaridade com a estética musical moderna, nada mais faz o Sr. Bento que resumir confusamente um artigo do Sr. Luís Cosme, estampado no mesmo jornal, em 27.12.1953, sob o título "Música Concreta". De caráter informativo e despretensioso, o artigo do Sr. Luís Cosme, grosseiramente sumariado pelo Sr. Bento, limitara-se, na parte técnica, a traduzir os 25 verbetes do "Esboço para um Solfejo Concreto", capítulo do livro *A la Recherche de la Musique Concrète* (1952), de Pierre Schaeffer, o criador da "música concreta" que, diga-se de passagem, não se confunde com a música eletrônica.

Aos leitores que se contentem em receber as deformadas informações de terceira mão de alguém que nem está afeito aos problemas da música, nem jamais ouviu nada que pudesse parecer-se à música eletrônica ou concreta, deixamos a liberdade de engolir, com ou sem náusea, a biliosa mãe-benta cozinhada pelo notável esteta do *Diário Carioca*, que é também o mestre-cuca de uma profunda distinção estilística: o clássico e o romântico. Testemunho eloquente das confusões que, com base nesse dualismo ameboide e todo-poderoso, tenta semear o Sr. Antonio Bento, são estas palavras de Pierre Boulez, definindo a sua própria posição frente às assim chamadas tendências clássicas e neoclássicas da música moderna: "Afora o legado técnico que nos deixa Webern, é preciso ter em conta esta vontade ferrenha de instaurar uma ordem musical sempre aberta à revisão, o que não parecem perceber bem tanto os 'discípulos' dodecafônicos 'classicizantes' como os 'neoclassicizantes'. Seja-me permitido empregar esses vocábulos desarmoniosos: qualquer das duas tendências, inspiradas no gosto do conforto, não merece palavras mais agradáveis" ("Momento de J. S. Bach", in *Contrepoints* n. 7). Disse Confúcio, há muito tempo: "o homem humano não fala de coisas que desconhece, sentir-se-ia embaraçado". Mas o sábio chinês falava pensando em homens honestos, o que parece infelizmente dia a dia mais raro entre nós.

A resposta à fogueira reacionária em que alguns inquisidores, enterrados em seu dogmatismo fúnebre, querem lançar toda e qualquer tentativa de evolução, seja ela científica, social ou artística, a resposta é, como sempre foi: "E Pur Si Muove". O artigo de Boulez, que traduzimos, não se destina àqueles que, nunca tendo ouvido a música de Webern, já têm opinião formada sobre ela. Dirige-se ao público mais largo, despreconcebido e honesto dos que têm ouvidos para ouvir. A esses, se estiverem interessados em travar conhecimento com os reais fundamentos da música concreta e eletrônica, recomendamos a leitura do ensaio "Eventuellement", de Pierre Boulez, em *La Revue Musicale*, n. 212, abril de 1952, Éditions Richard-Masse 7, Place Saint-Sulpice, Paris; recomendamos ainda as coletâneas de ensaios publicadas nas revistas: *Cahiers de la Compagnie Malelaine-Renaud / Jean Louis Barrault: La Musique et ses Problèmes Contemporains*. (R. Juillard 30 - Rue de l'Université-Paris, 1954) e *Domaine Musical nº 1* (Grasset Éditeur - 61 Rue des Saints Pères-Paris, 1955), esta dirigida por Boulez, e da qual foi traduzido o estudo sobre Webern. A primeira partitura de música eletrônica, o "Estudo II", de Karlheinz Stockhausen, que tivemos ensejo de ver em mãos de Diogo Pacheco, foi editada em 1956, sendo recentíssima portanto. Notícias chegam, procedentes da França, das primeiras gravações de música concreta em discos comerciais, lançadas sob os auspícios do Conselho Internacional de Música (Unesco) em colaboração com o Clube Nacional do Disco, de Paris. Para os interessados em Webern, não será difícil, talvez, importar ou adquirir (se ainda houver na praça) os dois LP, marca Dial, n. 7 e 17, dedicados à obra daquele que Boulez chama de "o limiar" da música nova. O primeiro desses discos compreende as seguintes composições: *Cinco Movimentos para Quarteto de Cordas, Seis Bagatelas para Quarteto de Cordas* e *Sinfonia Opus 21*; o segundo contém: *Concerto para 9 Instrumentos, Canções, Quarteto para Saxofone* e *Variações para Piano*.

Homenagem a Webern*

Pierre Boulez

Quanto a Webern, a epifania se define; logo se há de expurgar o rosto da ignorância, privilégio de uma maldição discreta mas eficaz. Critério o mais agudo da música contemporânea, eis como ele nos aparece, todavia, com uma obra que implica certos riscos perante os quais é difícil – senão impossível – o ludíbrio.

Esta obra encontrou dois obstáculos eriçados sobre o caminho de sua comunicação; paradoxalmente, o primeiro: sua perfeição técnica; o segundo, mais banal: a novidade da mensagem transmissível. Donde a acusação, reflexo de defesa mais do que gratuito, de cerebralismo exacerbado: eterno processo sempre perdido por aqueles que o intentam, e não obstante sempre intentado.

A novidade das perspectivas que a obra de Webern abriu no domínio da música contemporânea somente agora começa a ser compreendida, e com um certo pasmo, à vista do trabalho concluído. Esta obra tornou-se *o* limiar, a despeito de toda a confusão experimentada em face do que se chamou com demasiada afoiteza: Schoenberg e seus discípulos.

Qual a razão dessa posição privilegiada entre os três vienenses? Enquanto Schoenberg e Berg se ligam à decadência da grande corrente romântica alemã, e a completam em obras como *Pierrot Lunaire* e *Wozzeck*, pelo estilo o mais luxuosamente rutilante, Webern – através de Debussy, poder-se-ia dizer – reage violentamente contra toda retórica hereditária.

De fato, é Debussy o único que se pode aproximar de Webern numa mesma tendência que visa a destruir a organização formal pré-existente à obra, através do mesmo recurso à beleza do som pelo som, através da mesma elíptica pulverização da linguagem. E se podemos asseverar num certo sentido – ah, Mallarmé – que Webern era um obcecado pela pureza formal até o silêncio, a verdade é que ele levou essa obsessão a um grau de tensão que a música, até então, ignorava.

Poder-se-á ainda exprobar a Webern um excesso de escolástica: censura justificada, se precisamente essa escolástica não tivesse sido o próprio meio de investigação de novos domínios entrevistos. Será possível notar nele uma

* Publicado no "Suplemento Literário", *Jornal do Brasil*, 17.3.1957.

falta de ambição, no sentido em que se a quer entender usualmente, nada de obras vastas, nem formações importantes, nem grandes formas? Mas acontece que essa falta de ambição constitui sua mais ascética coragem. E mesmo que se acreditasse encontrar aqui um cerebralismo à margem de toda sensibilidade, seria justo notar que essa sensibilidade é tão abruptamente nova que seu contato tem todas as possibilidades de parecer cerebral.

Tendo mencionado o silêncio em Webern, acrescentemos que aí reside um dos escândalos mais irritantes de sua obra. É uma verdade das mais difíceis de colocar em evidência de que a música não é apenas "a arte dos sons", mas que ela se define, antes, como um contraponto de som e de silêncio. Única, mas singularíssima, inovação de Webern no campo do ritmo, essa concepção onde o som está ligado ao silêncio numa precisa organização para uma eficácia exaustiva do poder auditivo. A tensão sonora se enriqueceu com uma real respiração, comparável somente ao que realizou Mallarmé no poema. Em presença de um campo magnético tão atrativo, diante de uma força poética tão aguda, é difícil perceber consequências além das imediatas. A confrontação com Webern é um perigo exaltante, no sentido mesmo em que ela pode ser uma exaltação perigosa. Terceira pessoa que é da trindade vienense, guardemo-nos de assimilá-la às célebres línguas de fogo: o conhecimento não é tão subrepticiamente rápido. Webern é o limiar, nós o dissemos: tenhamos a clarividência de o considerar como tal. Aceitemos essa antinomia de poderes destruídos e de impossibilidades demolidas. Doravante, esquartejaremos seu rosto, pois não há por que abandonar-se à hipnose. Esse rosto, porém, a música não está prestes a imergi-lo no esquecimento.

Tradução de Augusto de Campos, 1954.

Apêndice 3
Atualizações

• Ao se reeditar este livro, é oportuno assinalar alguns fatos novos da maior importância para a reconstituição e reavaliação do *Ballet Méchanique* de Antheil. Uma nova versão, a partir da orquestração original, tendo Paul D. Lehrman como editor e programador, foi pela primeira vez executada com 16 teclados mecânicos ("disklaviers" Yamaha) e alguns instrumentistas, em 18 de novembro de 1999, na Universidade de Massachussetts, em Lowell, sob a regência de Jeffrey Fisher. O concerto está registrado no precioso DVD duplo "Bad Boy Made Good" (2006), que contém ainda. além de um documentário biográfico, "making of" e entrevistas, o filme homônimo de Leger também pela primeira vez sincronizado com a peça musical. Outra versão veio a ser apresentada, esta totalmente robótica, com instrumentos produzidos por LEMUR (League of Electronic Musical Urban Robots), na National Gallery of Art, de Washington, entre 12 de março e 7 de maio de 2006. Este espetáculo pode ser apreciado na Internet , no YouTube, ou em <http://lemurplex.org/ballet.mov>. O site <http://www.antheil.org> traz informações detalhadas sobre os principais concertos que ocorreram no período (alguns sincronizados com o filme). O Balé Mecânico chega, assim, à sua plena realização, abrindo o século 21 e levando às últimas conseqüências os sonhos do jovem compositor, quando era "mau".

• A compositora russa faleceu em 22 de dezembro de 2006, aos 87 anos, em São Petersburgo. A gravação, em 1999 e 2000, sob a regência de Oleg Malov, do Concerto para Piano, de 1946, e das cinco Sinfonias (Megadisc 7854 e 7856) veio completar o registro de suas peças, tornando acessível praticamente toda a obra relevante de Ustvólskaia, embora, exigentíssima, a "dama do martelo" tenha feito reparos a muitas dessas produções. Alegra-me ter-lhe feito saber que sua música foi ouvida no Brasil : "It is gratifying to know that my music has found its way to your wonderful country." – escreveu-me em 13 de setembro de 1997.

Índice das Ilustrações

p. 17. Trecho do livro *Hesternae Rosae*, de Walter Morse Rummel (e Ezra Pound), de 1913. Arnaut Daniel – iluminura de manuscrito do século XIII (Bibliothèque Nationale, Paris).

p. 18. Trecho inicial da partitura de *Chanson doil mot son plan e prim*, de Arnaut Daniel, na transcrição em notação moderna de Walter Morse Rummel/Ezra Pound. (Do livro *Hesternae Rosae*, de Rummel e Pound). Primeiras linhas da melodia de *Can vei la lauzeta mover*, de Bernart de Ventadorn (em tradução de Augusto de Campos), transcrição de Antonio Farinati.

p. 33. Virgil Thomson e Gertrude Stein com o libreto de *Four Saints in Three Acts*, 1927. Cena da "ópera" na produção original (Hartford, Connecticut, fevereiro de 1934).

p. 34. Trecho de *Four Saints in Three Acts* (Cena 10, "When") da partitura de Virgil Thomson. Music Press Inc. and Arrow Music Press Inc.

p. 35. Cartaz do concerto de obras de Pound e Antheil no Aeolian Hall, de Londres (10.5.1927). Olga Rudge conversa com Augusto de Campos no Castel Fontana, residência de Mary de Rachewiltz, em Merano, Itália (foto: Lenora de Barros, 1991).

p. 36. A violinista Olga Rudge, numa foto da época. Convite-programa da primeira apresentação de *Le Testament*, na Salle Pleyel (29.6.1926). Partitura (para voz e violino) da ária "Heaulmiere", da ópera *Villon* ou *Le Testament*.

p. 45. *Profilograma: Schoenberg* (foto + desenho do compositor ilustrando a série dodecafônica e suas formas-espelho). Montagem de Augusto de Campos.

p. 46. Trecho inicial da partitura abreviada para piano da canção n. 7, de *Pierrot Lunaire*, "Mond" (Universal Edition), com a versão do texto de Otto E. Hartleben por Augusto de Campos.

p. 74. *Projeto para um busto do Sr. Erik Satie (pintado por ele mesmo)* – autorretrato do compositor. Trecho da partitura de *Sports et Divertissements*, manuscrito de Satie. Éditions Salabert.

p. 86. Desenho do "cravotrevo", instrumento criado por Smetak.
Smetak (foto de Agilberto Lima). Arquivo da Associação dos Amigos de Walter Smetak.
p. 91. Webern, em foto de outubro de 1912. *Quarteto para Violino, Clarineta, Sax tenor e Piano*, Op. 22 (compassos 1 a 5). Universal Edition.
p. 92. Início do 3º movimento das *Variações para Piano*, Op. 27 (1936). Webern nos Alpes (1937). Montagem de Augusto de Campos.
p. 93. Página de abertura do *Concerto* op. 24, *para 9 Instrumentos* (1934). Diagramas da série especular utilizada por Webern, constantes do comentário introdutório (assinado F. S.) que acompanha a partitura (Universal Edition).
p. 94. O quadrado mágico paleocristão (século I) e as três cruzes do túmulo de Webern, em Mittersill, Áustria.
Webern regendo a 6ª *Sinfonia* de Mahler (Viena, Konzerthaus, 23 de maio de 1933).
p. 116. Edgard Varèse e Villa-Lobos: aquele abraço em Paris, 1926 ou 1929.
Varèse, numa foto de 1916.
p. 117. Foto de Varèse (1910). Trecho da partitura de *Ionisation* (1931). Montagem de Augusto de Campos.
p. 120. Página inicial de *Hyperprism* (1923). Varèse (foto de 1962). Montagem de Augusto de Campos. Colfranc Music Publishing Corporation.
p. 131. Dois poemas visuais: *profilograma 2: hom'cage to webern* (1972) e *pentahexagrama para john cage* (1977), de Augusto de Campos.
p. 132. John Cage preparando o piano.
Tabela e instruções para o preparo do piano (Henmar Press Inc.).
Detalhe de piano preparado para a execução das *Sonatas e Interlúdios* (1946-1948) pelo pianista Gerard Fremy (foto: Robert Cahen/ETC Records).
p. 136. Jantar no estúdio de Cage, 107 Bank Street, Nova York, em março de 1978. Foto: Ivan de Arruda Campos.
Mensagem de John Cage a Augusto de Campos (28.12.1977).
A bateria culinária de Cage. Foto: Ivan de Arruda Campos.
p. 145. Cage e Augusto de Campos, em 1985, na 18ª Bienal de São Paulo, 6 de outubro. Foto: Mila Petrillo. Partitura de *4'33"* (Henmar Press Inc.). Montagem de A. de Campos.
Cage e o autor em reunião, na casa de Anna Maria Kieffer e Rodolpho Nanni, em 3 de outubro de 1985. Foto: Avani Stein.
Augusto retira com o lenço o batom que uma fã deixara no rosto de Cage, na visita à Bienal. Foto: João Caldas/Folha Imagem.

p. 146. Mesóstico de Cage (das *Conferências de Harvard*): tema "equally loud and in the same tempo". Foto: Regina Vater / montagem: Augusto de Campos.

p. 165. Vaias para o *Muoyce* de Cage no Festival de Torino, em 1984 (montagem das manchetes dos jornais *La Republica*, 8.5.1984, e *L'Unità*, 9.5.1984).

Texto de *Muoyce*, escrevendo pela 5ª vez através do *Finnegans Wake* (página inicial). Em São Paulo, no concerto dedicado à sua obra, no Teatro Sérgio Cardoso, em 8.10.1985, Cage performa um trecho de *Muoyce* (foto do especial feito pela TV Cultura sobre o evento).

p. 166. *Postcard from Heaven* (Postal do Céu), de 1982, por um grupo de 11 harpistas, sob a regência de Abel Rocha, no Teatro Sérgio Cardoso (8.10.1985). Foto da publicação *Música* (18ª Bienal), Edição Arte-Xerox, coproduzida por Márcio Martinez, Anna Maria Kieffer e Caio Gaiarsa. Uma floresta de cordas e mãos desafinando harpas no palco do Teatro Sérgio Cardoso (foto do especial da TV Cultura).

p. 172. Trecho da partitura de *Quatro Pezzi per Orchestra* (*ciascuno su una sola nota*), 1959, Éditions Salabert. Símbolo e assinatura de Scelsi. Montagem de Augusto de Campos.

p. 177. Página inicial de *Rotativa* (1930), composição do jovem Scelsi, no espírito da *machine music*.

Poema de Giacinto Scelsi (manuscrito).

"Introdução: Pó de Tudo" (Scelsi), de Augusto de Campos (1993).

p. 178. *O mesmo Som* (homenagem a Scelsi), poema de Augusto de Campos (1989-1992). Mesóstico de John Cage dedicado a Scelsi (1992).

Escultura de Giacinto Scelsi (década de 60). Museu de Arte Moderna de Roma. Foto publicada na revista *I Suoni, le Onde...* n. 2 (1991), da Fundação Isabella Scelsi.

p. 189. Conlon Nancarrow, 1983 (foto de Jay Buchsbaum).

Início da *Toccata para Violino e Piano*, de Nancarrow (1937). Los Angeles, Ca., New Music, 1938.

p. 190. Trecho de composição de Nancarrow para piano mecânico (John Cage, Notations, Something Else, 1969).

Nancarrow, trabalhando na marcação dos rolos mecânicos, em seu estúdio. Foto de Keith D. Williamson (1983).

p. 194. O "bad boy" entrando pela janela em seu apartamento sobre a livraria Shakespeare & Co. (Paris, 1925).

p. 199. George Antheil e seu piano "movido a vapor". Caricatura de um jornal parisiense (1923).

p. 200. Antheil jovem, fotografado por Man Ray.

O compositor, visto pelo caricaturista mexicano Miguel Covarrubias (1904-1957), nos anos 20. George Antheil ao piano.

p. 210. *Nono Quasar* - Luigi Nono (foto dos anos 80) e Quasar 3C273 (o primeiro a ser identificado em 1963, distante mais de 3 bilhões de anos-luz). Fotomontagem de Augusto de Campos.

p. 228. Fotos de Ustvólskaia. Capa do CD 75605 (Conifer Classics), de 1994, e quarta capa dos CDs da Megadisc Classics (MDC 7863 e 7865), de 1995.

p. 230. *Henry Cowell cluster portrait* - arranjo gráfico de Augusto de Campos (sobre desenho original de Andrée Ruellan).

p. 235. Henry Cowell ao piano, executando uma de suas obras. Primeiros compassos de *The Banshee*, com algumas das instruções de Cowell sobre a notação. Alguns "clusters" extraídos da partitura de *Tiger*.

p. 236. Página inicial da partitura de *Tiger*, de Henry Cowell, onde se veem as marcações dos *clusters* (Associated Music Publishers, de Nova York).

p. 240. Trecho do Estudo 18, dos *Freeman Etudes*, Books 3 & 4 (1980, 1989-1990) de Cage (Henmar Press Inc.). Irvine Arditti executa os *Etudes* para Cage. Foto extraída do CD *Freeman Etudes* (Books 3 & 4), contendo a primeira gravação dessa parte da obra (edição da Mode Records, *Mode 37*, datada de 1994).

p. 245. *Nono Big Bang* - Luigi Nono (foto dos anos 80). Representação do Big Bang (Enciclopédia Mirador Internacional, 1975I/Het Spectrum BV - Michael Beazley Ltd). Fotomontagem de Augusto de Campos.

p. 249. (fontes Futura Vítima: Tony de Marco). *ruído* (1993) - poema de Augusto de Campos.

Morfogramas (flip-poemas de augusto de campos).

pp. 19-32. *gs x ep* (1996).
Foto de Gertrude Stein: George Platt Lynes, 1929
Foto de Ezra Pound: Arnold Genthe

pp. 95-111. *João webern* (1995).
Anton Webern: desenho de Oskar Kokoshka
João Gilberto: foto de *O Cruzeiro*

pp. 147-164. *cageboulez* (1997).
Foto de John Cage: Yashuiro Yoshioka
Foto de Pierre Boulez: Jeanne Chevalier

MÚSICA NA PERSPECTIVA

Balanço da Bossa e Outras Bossas, Augusto de Campos (D003)
A Música Hoje, Pierre Boulez (D055)
O Jazz do Rag ao Rock, J. E. Berendt (D109)
Conversas com Igor Stravínski, Robert Craft (D176)
Poesia e Música, Antônio Manuel e outros (D195)
A Música Hoje 2, Pierre Boulez (D224)
Jazz ao Vivo, Carlos Calado (D227)
O Jazz como Espetáculo, Carlos Calado (D236)
Artigos Musicais, Livio Tragtenberg (D239)
Caymmi: Uma Utopia de Lugar, Antonio Risério (D253)
Indústria Cultural: A Agonia de um Conceito, Paulo Puterman (D264)
Darius Milhaud: Em Pauta, Claude Rostand (D268)
Filosofia da Nova Música, T. Adorno (E026)
Para Compreender as Músicas de Hoje, H. Barraud (SM01)
Beethoven – Proprietário de um Cérebro, Willy Corrêa de Oliveira (SM02)
Schoenberg, René Leibowitz (SM03)
Apontamentos de Aprendiz, Pierre Boulez (SM04)
Música de Invenção, Augusto de Campos (SM05)
Música de Cena, Livio Tragtenberg (SM06)
Rítmica, José Eduardo Gramani (LSC)

Este livro foi impresso
nas oficinas da Meta Brasil,
para a Editora Perspectiva